W0096806

GÜTERSDIE
LOHERVISION
VERLAGSEINER
HAUSNEUENWELT

Für Jakob und Rebecca

Alexandra Borchardt

Mensch 4.0

Frei bleiben in einer
digitalen Welt

GÜTERSDIE
LOHERVISION
VERLAGSEINER
HAUSNEUENWELT

INHALT

Was von jenem Abend bleiben wird, vielleicht für immer, sind diese Augen. Vor Schrecken geweitet, einen anflehend aus dem Gesicht eines vielleicht sieben, acht Jahre alten Jungen, der sich an der Hand seiner Mutter in den Hinterhof des kleinen Hotels geflüchtet hat: »Da draußen wird geschossen«, sagt er und meint damit die Münchner Innenstadt. Gerade waren die Straßen rund um den Marienplatz noch Ort fröhlicher Freitagabendstimmung. Der warme Julitag verheißt ein sommerliches Wochenende, die letzten Eifrigen verlassen ihre Büros, die anderen sind schon angekommen zwischen all den Touristen in den Straßencafes, den Wirtshäusern, auf Last-Minute-Streifzügen durch die großen Kaufhäuser. Und plötzlich: überall Panik. Sollte die gefühlt sicherste Millionenstadt der Welt Schauplatz eines nach Pariser Vorbild orchestrierten Terrorangriffs geworden sein?

Es wird noch fast sechs Stunden dauern, bis klar ist: Es war kein Großanschlag in der City, sondern – dramatisch genug – ein einzelner Amokschütze, gut zehn Kilometer entfernt vom Ort des Geschehens, der Flaneure zum Rennen, Kneipengäste zum Sprung aus dem Fenster veranlasst, Berufspendler, Einheimische und Ortsfremde in Panik versetzt hatte. Und noch viel später wird man sich die Augen reiben ob der Bilanz: Anstelle eines einzigen hatte die Polizei 67 vermeintliche Anschlagsorte gemeldet bekommen.[1] Wie konnte das geschehen?

Angst, die sich schneller verbreitet als das gefährlichste Grippevirus, gewachsen auf falschen Informationen – selten zuvor konnte man diesen Prozess so hautnah erleben wie in der Amoknacht von München am 22. Juli 2016. Viele Menschen hatten die Terrorbilder von Nizza noch im Kopf, wo wenige Tage zuvor ein Attentäter seine Opfer mit einem Lastwagen auf der Strandpromenade niedergemäht hatte. Und sie hielten die Möglichkeit buchstäblich in der Hand, ihre schlimmsten Befürchtungen anderen mitzuteilen. Die Suggestionskraft von Twitter und Facebook, ausgespielt auf Hunderttausenden Computern im Hosentaschenformat, hatte auch jene ergriffen, die normalerweise eher einen kühlen Kopf bewahren, routinierte Polizisten, erfahrene Journalisten.

Das Smartphone, sonst Retter aus jeder vermeintlichen Not, war plötzlich gar nicht mehr so smart. Und hätte das Social-Media-Team der Münchner Polizei nicht so beherzt mitgespielt in der Kakophonie der Stimmen und es geschafft, letztlich eine Art beruhigende Melodie in das Ganze zu bringen, die Situation wäre womöglich weiter eskaliert. Selten zuvor wurde offensichtlicher als an diesem Abend, dass die in der digitalen Welt so gewichtige Weisheit der Vielen auch das potenzierte Unvermögen der Vielen sein kann, die Lage um sie herum richtig einzuschätzen.

Neue Technologien verändern den Menschen, das haben sie schon immer getan. »Das Medium ist die Botschaft«, schrieb Marshall McLuhan 1964 in einem heute noch beachteten Werk.[2] So wie über die Jahrhunderte hinweg der Buchdruck, das Radio und schließlich das Fernsehen die Sinne anders forderten und damit die Welt umformten, so prägen auch die digitalen Technologien das Leben neu – allein tun sie das drastischer und schneller als viele Erfindungen zuvor. Denn während Innovationen früherer Jahrhunderte stets zunächst lange nur einem kleinen Kreis von Nutzern vorbehalten waren, den Wohlhabenden, dem Militär, den gebildeten Eliten, hat das Smartphone binnen eines Jahrzehnts quer durch alle Gesellschaftsschichten selbst entlegene Winkel der Erde erobert.

Wo das stationäre Telefon nie eine Chance hatte, massentauglich zu werden, ersetzt das Smartphone nun Bankfilialen, Kaufhäuser, hält den Kontakt zum Rest der Welt. Weniger begüterte Eltern gönnen ihren Kindern zuweilen eher den Kleincomputer als eine warme Winterjacke. Flüchtlinge mögen ihre Schuhe durchgelaufen, ihre Habseligkeiten auf dem Weg über das Meer verloren haben, am Smartphone hängen sie, denn es ist ihre Nabelschnur.

Seitdem Apple die Welt im Januar 2007 mit dem ersten iPhone überraschte, ist nicht alles anders geworden, aber vieles. Denn es war eben nicht nur ein um eine Tastatur und einen hochklassigen Fotoapparat erweitertes Mobiltelefon wie andere Taschen-Kommunikationsgeräte zuvor. Binnen zehn Jahren hat sich das Smartphone zu einer Art erweitertem Gehirn entwickelt. Es verbindet den Menschen jederzeit mit der Welt, ja er wird ein Teil von ihr. Für so gut wie alles, was er braucht, sich wünscht, erledigt haben will, gibt es nun eine App, und auch diese Applikationen könnten schon wieder überflüssig werden, wenn uns erst einmal elektronische, sprachgesteuerte Assistenten jeden Wunsch zu erfüllen versuchen.

Rund um die Uhr und von überall aus kann man nun über das Telefon einkaufen, sich die Zeit vertreiben, ein Auto oder ein Zimmer mieten, mit Freunden und Feinden kommunizieren, sich informieren, eine Sprache lernen, einen Partner finden. Bald wird es normal sein, über die App seinen Gesundheitszustand zu kontrollieren, von Ferne elektronische Geräte in seiner Wohnung zu steuern oder sich – mit Hilfe von virtueller Realität – in Fernen zu begeben, von denen man bislang nur geträumt hatte. **7**

All das klingt nach Freiheit, es schmeckt nach einer herrlichen Welt voller Autonomie. Wir sind die Chefinnen und Chefs unseres kleinen Universums, wir können uns mit allem und allen verbinden und von unserer kleinen Kontrollzentrale aus die Läufe der Welt ein winziges bisschen beeinflussen. Noch nie standen den Menschen in so großer Zahl so viele Möglichkeiten offen, Wissen über die Welt zu sammeln und damit das Abenteuer Leben in den Griff zu bekommen, das lange in weiten Teilen als unberechenbar galt. In den verschiedensten Religionen billigte man allein den Göttern die Fähigkeit zu, Schicksale zu bestimmen. Möchte man das Bild strapazieren, könnte man sagen, Steve Jobs hat ordentlich dazu beigetragen, Gott arbeitslos zu machen.

Doch die große Frage ist: Gehen wir nun in eine Zukunft voller kleiner Götter? Wird Macht auf Milliarden Individuen verteilt, so wie es die Internet-Idealisten der ersten Stunde als Vision eines perfekt demokratischen Lebens skizziert hatten? Oder sind in Wahrheit gar nicht wir die Steuernden, sondern sitzen in der Schaltzentrale andere, und wenn ja, wer? Und werden das am Ende noch Menschen sein oder von Algorithmen gelenkte virtuelle Instanzen der Macht? Denn je stärker wir das Smartphone oder seine Nachfolger füttern mit allem, was uns ausmacht: unseren Wünschen, Vorlieben, Bewegungen, Handlungen, desto stärker wird es uns steuern.

»Es« ist natürlich nicht die Maschine als solche, sondern es sind die Datenpakete und Algorithmen, die uns Vorschläge machen, uns sanft motivieren, dieses zu tun und anderes lieber zu lassen – nudging heißt das in der Fachsprache. Das Smartphone wird deshalb nicht zur elektronischen Fußfessel werden. Es gleicht eher der Mutter oder dem Vater, die immer alles besser wissen, nur das Beste wollen, immer einen Tipp parat haben und das Kind auf diese Weise in Abhängigkeit halten. Es könnte ein Elternhaus werden, aus dem man nie ausziehen kann.

Philosophen und Neurowissenschaftler führen eine spannende Debatte darüber, ob der Mensch einen freien Willen hat oder eher von Impulsen seines Gehirns getrieben wird, dem Produkt seiner Erfahrungen und Erlebnisse; die Gehirnforschung hat gerade erst damit begonnen, das zu erkunden. In der digitalen Welt stellt sich diese Frage noch einmal ganz neu, wer eigentlich der Herr im geistigen Haus ist. Denn weil das Smartphone praktisch als erweitertes Gehirn funktioniert, das uns füttert, unseren Standort funkt, unsere Vorlieben speichert, uns überwacht, lockt, treibt, stimuliert und enttäuscht, bekommt das handelnde Ich eine neue Konkurrenz: Künftig werden Taten lauter sprechen als Worte. Wir müssen nicht reden und damit unseren Willen kundtun, wir müssen nur etwas tun, um durchschaut zu werden.

Vernetzt durch winzige Rechner, die in jedem Haus, jedem Auto, in jeder Tasche, jedem T-Shirt und womöglich sogar in unter der Haut eingepflanzten Chips stecken, werden wir kommunizieren, auch wenn wir schweigen. Sensoren und Ortungssysteme werden erfassen, wann wir schlafen und wachen, wohin wir gehen, was wir begehren und was uns langweilt. Wir werden Wissen schaffen, ohne es zu wollen. Und gleichzeitig wird uns das Unwissen überschwemmen. Schon sät die Ausbreitung von »Fake News« in allen Schattierungen Misstrauen. Was ist wahr, was ist falsch, wem kann man noch vertrauen? Dennoch gilt: Noch nie zuvor war der Mensch so vernetzt, so sehr Teil eines Rädchens in der Weltmaschine, und noch nie hat er sich dabei so autonom gefühlt. Während er noch denkt, er sei in seinem Cockpit der Kapitän, hat schon längst der Autopilot übernommen.

Sich dem zu entziehen, wird immer schwieriger, denn wir sind längst gefangen: Auf jedes Blinken und Summen, das eine neue Nachricht anzeigt, reagieren wir, ebenso auf unsere Impulse, man könnte doch jetzt noch mal schnell das Postfach checken, die sportliche Leistungskurve abrufen, nach dem Wetter schauen. Der moderne Mensch greift mindestens 150 mal am Tag nach seinem Smartphone, haben verschiedene Studien ergeben, Amerikaner verbringen täglich mehr als vier Stunden netto mit ihrem Gerät. Wir sind der Neugier erlegen und unseren Impulsen, denn Smartphones machen süchtig.

Würde jemand nach Jahren aus dem Koma erwachen, er verstünde die Welt nicht mehr: Menschen halten den Kopf geneigt, den Blick gesenkt und ihr Mobiltelefon in der Hand. Auf diese Weise entrückt prägen sie selbst dort das Bild, wo früher munteres Plaudern Standard war, auf Parties, am Restauranttisch, in der Kollegenrunde. Wir verlieren die Fähigkeit zum Zuhören, zum Gespräch, zur Konzentration, warnen Wissenschaftler wie die Psychologin Sherry Turkle von der amerikanischen Eliteuniversität MIT. Die weite Welt draußen und in den Tiefen der Datenräume scheint stets spannender zu sein als das, was um uns herum geschieht. Etwas zutiefst Menschliches könne dabei verloren gehen, sorgen sich Experten: die Empathie.

Wie immer gibt es auch Licht neben solcher Düsternis. Denn es verbinden sich große Hoffnungen mit dem sekündlich wachsenden Datenschatz, dem zunächst schmerzfreien Experiment am lebenden Objekt. Wieviel angenehmer, bequemer und an den Bedürfnissen des Einzelnen ausgerichtet wird sich die Welt gestalten lassen, wenn man sie endlich genauer kennen und jeden Bürger an das große Ganze angeschlossen haben wird? Jeder werde Zugang zu Dienstleistungen haben, die heute vielen verwehrt sind: Kommunikation, Geldgeschäfte und der Handel werden keine Privilegien mehr sein. Hunger werde sich bekämpfen, bösartige Krankheiten heilen, ja das Leben sich verlängern lassen.

Der Antrieb dieser Revolution ist der Glaube daran, dass jedes Problem lösbar ist. Man muss es nur in winzigste Einzelteile zerlegen – in die Einsen und Nullen der Digitalsprache – und dann angereichert mit neuem Wissen wieder zusammensetzen. Das ist ganz ähnlich wie damals, als die Standardisierung und das Zerlegen von Aufgaben in überschaubare Prozesse die industrielle Revolution befeuert hat. Die Sehnsucht nach dem guten Leben, nach Unsterblichkeit, schwingt mit in der Begeisterung der Digital-Propheten, tatsächlich kann sie ansteckend sein.

Auf der anderen Seite stehen die Ängste: Werden wir noch unbeschwert leben, lästern, lieben können, wenn wir rund um die Uhr zwangsweise kommunizieren und damit unser Dasein offenlegen? Wer oder was steuert uns, und was können wir selbst noch steuern, wo Algorithmen doch so viel schneller berechnen, was uns zum Glück noch fehlen, was uns lieb und teuer sein sollte? Wie verarbeiten wir den Druck, der sich aus der Lücke ergibt, die auf ewig zwischen Perfektion und Wirklichkeit klafft? Wem gehören wir, wenn wir das Produkt unserer Daten sind? Können wir noch abschalten, in jedem Sinn des Wortes? Was zu der großen Frage führt: Werden wir noch frei sein und die Läufe dieser Welt mitgestalten können? Oder verwandeln wir uns in nützliche Idioten, die ein System füttern, das allein dem wirtschaftlichen Nutzen unterworfen ist? Und sollte das doch klappen mit der Freiheit, wie könnte sie aussehen in der digitalen Welt?

Wie er sein wird und sein könnte, der Mensch 4.0, damit beschäftigt sich dieses Buch. Es trägt Erkenntnisse aus der Psychologie und der Gehirnforschung zusammen, zieht Philosophen, Ingenieure, Soziologen und Politikwissenschaftler zu Rate. Es reflektiert über Macht und den freien Willen, entwirft ein Bild des künftigen Alltags.

Und es kommt zu der Erkenntnis: Es gibt sie nicht, die Blaupause des Menschen der Zukunft. So wie George Orwell in seinem Zukunftsroman »1984« erstaunlich viel vorausgesehen hatte und doch sehr deutlich danebenlag, wird auch Dave Eggers mit seinem Google-kritischen Werk »The Circle« nur eine Variante von Zukunft entworfen haben. Die Realität entwickelt sich mit Sicherheit anders. Denn tatsächlich haben wir es in der Hand. Die digitale Welt lässt sich gestalten, und zwar von uns. Um das aber zu können, müssen wir ihre Gesetze, die herrschenden Machtverhältnisse und ihr Potenzial zunächst einmal kennen. Die folgenden Kapitel bieten Aufklärung.

Was ein Segen sein soll, wird zuweilen zum Fluch. Die Atomkraft zum Beispiel sollte die Menschheit von Energiesorgen und schlechter Luft befreien, heute steht sie für unkalkulierbare Gefahren und ein gigantisches Altlastenproblem. Das Auto hat die Stadtentwicklung revolutioniert, seinen Besitzern Bewegungsfreiheit geschenkt, heute ersticken Großstädte und ihre Bewohner in Staub- und Abgaswolken und ertauben unter Lärmteppichen. Stadtbilder und Landschaften verkümmern ob des Zwangs zum Parkplatz- und Straßenbau. Einmal entfesselt lassen sich viele Technologien, die Probleme lösen, nur noch schwer einfangen, auch wenn sie andere, womöglich folgenreichere Schwierigkeiten erst kreieren. Was eigentlich befreien sollte, hat neue Zwänge geschaffen. Es sind dann neue Erfindungen gefragt, die den alten ihren Charme nehmen, solche technischer, aber auch politischer Art. Menschen, die sorglos schädliche Produkte gebraucht haben, müssen umlernen.

Auch das Internet sollte ein Segen sein. Als großartige Befreiungstechnologie hatten es seine Erfinder betrachtet, die das Individuum an die Welt anschließt. Auf diese Weise sollte es erstmals jedem Menschen mit Netzanschluss möglich sein, die Welt auch zu beeinflussen. Was den Anschluss angeht, hat das überraschend gut funktioniert. Zwar gibt es immer noch einen beträchtlichen digitalen Graben: Von den ungefähr 7,5 Milliarden Erdbewohnern hat bislang erst ungefähr jeder zweite Zugang zum Internet.[1] Aber Dank des Smartphones, das den Computer auf Jackentaschenformat geschrumpft hat, haben Menschen in manchen armen Ländern mehr

Schwierigkeiten, an sauberes Trinkwasser zu kommen als an eine Internet-Verbindung.

Die revolutionäre Technologie löst allerdings derart gewaltige Nebenwirkungen aus, dass heute selbst ihre Erfinder entsetzt sind. Tim Berners-Lee, einer der Väter des World Wide Webs, äußerte sich im März 2017 – fast 30 Jahre nachdem er die erste Website freigeschaltet hatte – entsetzt über die Auswüchse der digitalen Welt. Menschen hätten die Kontrolle über ihre persönlichen Daten verloren, falsche Informationen verbreiteten sich rasant und Wähler würden durch Werbung an der Nase herum geführt, wetterte er in einem Gastbeitrag.[2] Aus der Demokratisierungs-Maschine ist eine Maschine geworden, die Demokratie und Menschenrechte aushöhlen kann. Staaten und mächtige Konzerne missbrauchen persönliche Daten, Hassrede traumatisiert ihre Opfer. Eine neue Klassengesellschaft entsteht: Die Welt teilt sich in die Besitzer der Daten und die von ihnen Abhängigen, in die Ausspäher und die Ausgespähten. Wie konnte es dazu kommen?

Um das zu begreifen, muss man zunächst die Prinzipien der Digitalisierung verstehen, die sich über mehrere Stufen entwickelt hat. Zunächst bedeutete Digitalisierung nicht viel mehr, als dass Maschinen mit Hilfe digitaler Software gesteuert wurden. Dabei übernahmen die Rechenoperationen die Rolle des Menschen. Gab es einen Software-Fehler, funktionierte die Maschine nicht, sonst passierte nicht viel. Verbindet, »vernetzt« man softwaregesteuerte Maschinen allerdings über das Internet, bekommt das Ganze eine neue Qualität. Jetzt können die Geräte nicht nur von Ferne gesteuert werden wie ein Modellflugzeug, sondern sie beginnen zu kommunizieren und melden permanent Daten zurück. Auf diese Weise lassen sich Fehler ausmerzen, unnötige

Aktionen streichen, Leerlauf vermeiden. Die Steuerung wird besser und besser.

Als Beispiel kann man das beliebte vom Kühlschrank nehmen, der meldet, wenn keine Milch mehr da ist, eine Innovation, die vermutlich zu den eher überflüssigen gehört und trotzdem viele Menschen fasziniert. Den Milch-Mangel kann der Kühlschrank nun entweder als Nachricht an seinen Nutzer aufs Smartphone oder direkt an den Lebensmittel-Lieferdienst melden. Ist die Software ein lernender Algorithmus, erkennt sie irgendwann, dass die Milch womöglich immer dienstags alle ist oder dass am Freitag besonders viel gebraucht wird; entsprechend bereitet sich der Lieferant darauf vor.

Sind Maschinen und Geräte miteinander vernetzt, können also miteinander »kommunizieren«, spricht man in Deutschland von »Industrie 4.0«. Hängt die gesamte Wirtschaft erst einmal am digitalen Netz, lässt sich die Verknüpfung von Angebot und Nachfrage voll automatisieren. Keine Lager quellen mehr über mit Waren, die niemand will; jeder Wunsch, jeder Befehl am einen Ende setzt eine Kettenreaktion in Gang, um an einem anderen Ende das Gewünschte zu produzieren. Allerdings macht eine solche Vernetzung Systeme auch leichter angreifbar. Denn theoretisch kann alles, was mit dem Internet verbunden ist, von außen gehackt und damit manipuliert oder lahmgelegt werden. Schon so manch ein Unternehmen musste erleben, dass gegen Cyberspionage kein Nachtportier und keine Zugangskontrolle helfen. Industrie 4.0 funktioniert nicht ohne Sicherheit 4.0.

Um diese neue Welt zu verstehen, muss man sich eines vergegenwärtigen: Digitale Geräte, die miteinander vernetzt und eingeschaltet sind, können nicht nicht kommunizieren. Wer also ein Smartphone benutzt oder auch nur eingeschaltet mit sich herumträgt, sendet ständig Informationen: über seinen Standort, seine oder ihre Vorlieben, ihre Meinungen oder Gewohnheiten. Und natürlich empfängt sie gleichermaßen viel.

Sekündlich laufen auf diese Weise neue Nachrichten auf: Botschaften von Freunden, Meldungen über aktuelle Ereignisse, Wetterdaten, Angebote von Unternehmen, für deren Produkte man sich irgendwann einmal interessiert hat, Tipps für Aktivitäten rund um den Standort, an dem man sich gerade aufhält.

Um Fragen beantwortet zu bekommen, bedarf es nicht mehr des mühevollen Suchens nach einem Menschen oder einer anderen Quelle, die möglicherweise eine Antwort parat hat, man braucht nur noch Google. Oder man nutzt persönliche Assistenten wie »Alexa« von Amazon Echo, die ihre Nutzer kennen und verstehen wie Dienstboten, die ihren Arbeitgebern in jahrelanger Treue verbunden sind. Mehr als acht Millionen Amerikaner haben sich im ersten Quartal 2017 bereits auf Echo verlassen, das waren fast dreimal so viel wie im gleichen Zeitraum des Vorjahres. Und das obwohl bekannt ist, dass man sich mit Echo und seinen Geschwistern die perfekte Abhörtechnologie freiwillig ins Wohnzimmer holt.

All diese Möglichkeiten haben binnen weniger Jahre menschliches Verhalten zutiefst verändert, und das betrifft nicht nur die Generationen, die in die neue Welt hineingeboren werden und ganz selbstverständlich mit dem Smartphone aufwachsen. Was also ist anders am Menschen 4.0?

Individualisierung: Es geht um mich

Digitalisierung treibt die Individualisierung voran. Es geht um mich, und zwar auf Schritt und Tritt. Unternehmen vermitteln ihren Kunden das, indem sie ihnen rund um die Uhr vermeintlich passgenaue Produkte anbieten. Von der Stange war einmal, persönlich konfiguriert muss es sein. Und die Technologie macht es möglich. Die automatische Analyse der Daten, die der Kunde auf Schritt und Tritt sendet, ermöglicht es, ein immer detaillierteres Persönlichkeitsprofil zu erstellen. Man will aber nicht den Bürger genau kennen, sondern den Konsumenten.

Vordergründig geht es dabei darum, das Individuum zufriedenzustellen, indem Software seine vermeintlichen Wünsche in den Mittelpunkt rückt. Ziel ist es aber natürlich, Bedürfnisse erst zu wecken. Der Hunger nach Mehr, nach einer noch schöneren Reise, einer lukrativeren Karriere, einem noch beeindruckenderen Haus wächst im Leben des Menschen, dem ständig suggeriert wird, alles sei nur ein paar Tastenklicks oder Wischbewegungen entfernt.

Ein ähnlicher Mechanismus wirkt in der Welt der so genannten sozialen Netzwerke. Jeder, der sich dort hineinbegibt, wird in der großen Ich-Maschine Internet Täter und Opfer zugleich. Schließlich geht es stets um das persönliche Profil, je detaillierter, desto besser. Und kaum jemand, der erst einmal eingestiegen ist, kann sich dem Sog entziehen, möglichst viele Follower und Likes auf der Plattform seiner Wahl einzusammeln. Gelingt das, dann ist man drin in der Spirale. Denn wenn einen viele mögen, muss man ja irgendwie bedeutend sein, ein gutes Gefühl. Bald aber stellt man fest, dass andere offenbar noch viel mehr gemocht werden. Also geht es ans Eskalieren: ein noch witzigerer Tweet, ein noch schlauerer Verweis auf ein kluges Essay, ein noch cooleres Urlaubsbild müssen her.

Wer Mädchen im Teenageralter schon einmal dabei beobachtet hat, mit welcher Hingabe und Ausdauer sie über die App Musically Tanzszenen von sich selbst aufzeichnen und hochladen, um sie dann mit der Performance von Freundinnen abzugleichen, begreift den perfiden Mechanismus dieser Ich-Welt: Einerseits wird die eigene Bedeutung überhöht – auch du kannst ein Superstar sein, andererseits nagt der permanente Vergleich am Selbstwertgefühl. Ist jemand anderes womöglich cooler, beliebter, fantasievoller als man selbst?

Nicht jedem gelingt es dabei, Online-Persönlichkeit und Offline-Leben auseinanderzuhalten. Wer sich in der Netzwelt als Superstar fühlt, mag sich in der Familie, im Freundes- oder Kollegenkreis womöglich nicht mehr damit abfinden, ein ganz normales Mitglied einer Gemeinschaft zu sein. Die Frustrationstoleranz sinkt, denn die Erfahrung schmerzt: Geht es womöglich doch nicht nur um mich?

Nun ist Individualisierung im hiesigen Kulturkreis grundsätzlich etwas Positives. Eine freiheitliche Gesellschaft baut darauf, dass sie den Wert und die Würde des Einzelnen anerkennt: seine Bedürfnisse, Talente, Fähigkeiten, Meinungen und ganz eigenen Prägungen, mit denen er durchs Leben geht. Die Digitalisierung lässt sich ein auf diese Besonderheiten. Sie nimmt sie viel besser wahr und berücksichtigt sie, wie keine Technologie zuvor. Lernprogramme können darauf zugeschnitten werden, wie ein Mensch Dinge am besten versteht, ob er sie lieber sieht, hört, liest oder sich praktisch erarbeitet. Mit individualisierter Medizin hofft man, Patienten passgenauer behandeln zu können und auf diese Weise ihre Lebensqualität zu steigern.

Wird es dem Einzelnen erleichtert, sich zu Wort zu melden, entstehen deutlich mehr Innovationen als in einer Welt, in der Erfindungen von zentralen, hierarchischen Organisationen angestoßen und gesteuert werden. Die vom Silicon Valley geprägte, innovativ-eigensinnige Vordenkerin Nilofer Merchant spricht in ihrem jüngsten Buch von »Onlyness«, der Einzigartigkeit, als einem Grundprinzip der digitalen Welt.[3] Und natürlich steigt die Produktivität, wenn Arbeitnehmer als Individuen mit Bedürfnissen wahrgenommen werden, man auf ihre Stärken und Schwächen, ihre Rhythmen und ihre Belastbarkeit Rücksicht nimmt. Möchte man nicht nur, dass Beschäftigte gesund und motiviert bleiben, sondern auch ihre Innovationskraft ausschöpfen, gilt es, den Job dem Menschen anzupassen statt den Menschen dem Job.

Was aber geschieht, wenn die Sache kippt? Wenn es nur noch um den Einzelnen geht und nicht mehr um die Gemeinschaft? Und entsteht da nicht unter den am Smartphone klebenden Händen eine Gesellschaft voller Narzissten? Ohne Zweifel, das Silicon Valley ist durchsetzt von libertären Ideologen wie dem Großinvestor Peter Thiel, deren Freiheitsideal ein extremer Individualismus ist. Doch sie verkennen: Die Freiheit des Einen kann zum Gefängnis der anderen werden.

Der Hyperindividualist neigt dazu, seine eigene Bedeutung weit zu überschätzen, bis hin zu dem Bedürfnis, sich unsterblich zu machen. Man mag die Versuche, das eigene Leben mit Hilfe von Technologie in ein ewiges umzuwandeln, belustigend finden. In seinem Buch »To Be a Machine« hat der Journalist Mark O'Connell einige Menschen besucht, die das alles – man muss das jetzt so schreiben – todernst meinen.[4] Aber wer sich selbst überschätzt, unterschätzt die anderen, zum Beispiel auch nachfolgende Generationen.

Nun muss Narzissmus nicht grundsätzlich schlecht sein. Natürlich ist die Welt voll von Menschen, deren Ich-Bezogenheit anderen das Leben zur Qual macht. Andererseits können Narzissten auch Großartiges leisten. Sie schaffen fantastische Kunstwerke, kreieren, komponieren, erfinden Bahnbrechendes. Mozart, Picasso oder Frank Lloyd Wright waren auch deshalb so genial, weil sie rücksichtslos ihre eigenen Ziele verfolgt und die Bedürfnisse anderer ignoriert haben. Ohne Narzissten wäre die Welt ärmer.

Andererseits werden die Leistungen von Narzissten überschätzt. Menschen mit dieser Persönlichkeitsstruktur verstehen es zwar, den Scheinwerfer stets auf sich zu lenken. Langzeitstudien belegen aber zum Beispiel, dass Unternehmen auf Dauer besser dastehen, wenn sie von eher bescheiden auftretenden Persönlichkeiten geführt werden, die das Wohl der Firma über ihr eigenes stellen. Man kann das immer wieder bei Mannschaftssportarten beobachten: Die Summe an Stars macht noch keinen Sieg. Große Errungenschaften sind in den allermeisten Fällen Teamarbeiten.

Narzissten brauchen Grenzen, weil sie dazu neigen, ihre eigene Freiheit auf Kosten anderer auszuleben. Bekommen sie aber Werkzeuge wie soziale Medien in die Hand, die gefühlte Grandiosität ständig spiegeln, verschlimmern sich Größenwahn und Allmachtsfantasien. Nie zuvor wurde das so deutlich wie unter der Regierung von US-Präsident Donald Trump, der zunächst annahm, er könne Institutionen ignorieren und über Twitter durchregieren.

Der Zweifel an der Glorifizierung des Individuums macht sich aber nicht nur an Macht und Machtmissbrauch oder an Leistungsstudien fest. Eine große Frage beschäftigt Philosophen und Psychoanalytiker schon seit Jahrhunderten: Wie viel Freiheit verträgt der Mensch? Menschen wollen sich wertgeschätzt, aber auch geborgen fühlen. Sie brauchen Luft, um sich zu verwirklichen, aber auch Halt in der Gemeinschaft. Freiheit positiv zu erleben heißt auch, Sinn darin zu finden. Im Überfluss der Möglichkeiten lässt es sich leicht ertrinken. Ist jeder allein seines Glückes Schmied, dann ist dort kein Glück mehr, wo nicht ständig geschmiedet wird. Was für ein Druck!

Carlo Strenger hat in seinem Buch »Abenteuer Freiheit« entlang der Ideengeschichte gut dargelegt, in welche Spirale der Mensch gerät, wenn er immer neuen Bedürfnissen hinterherjagt.[5] Radikale Bewegungen und Religionsgemeinschaften rekrutieren ihre Anhänger häufig aus dem Kreise jener, die Freiheit nur noch als Leere empfinden. Es geht um innere Freiheit, und die muss jeder für sich selbst erringen.

Individualisierung kann deshalb nur glücken, wenn sie Grenzen setzt. Menschen sind sehr unterschiedlich darin, wie viel Freiheit sie brauchen, schätzen und ertragen können. Was der einen Flügel verleiht, verschafft dem anderen nichts als Panik. Was den einen zu Experimenten anspornt, versetzt die andere in Lethargie. Wer Kinder erzieht, weiß, wie wichtig klare Strukturen sind. Erst, wenn man an Grenzen stößt, kann man darum kämpfen, sie zu überwinden.

Simplifizierung: Ich will es sofort

Wenn das Smartphone immer greifbar ist, immer auf Empfang und Sendung steht, heißt das auch: Alles scheint sofort möglich zu sein. Jedes Bedürfnis kann theoretisch umgehend befriedigt werden. Man muss sich nicht mehr lange mit Fragen quälen, denn man kann googeln, wie der Text des neuen Adele-Songs wirklich lautet, wer das Internet erfunden hat oder ob es im August noch einen erschwinglichen Flug nach New York gibt. Natürlich kann man die Reise auch gleich buchen, und danach die Turnschuhe bestellen, die der Sohn gerade bei einem Freund gesehen hat und unbedingt haben will. Warten, Geduld, Ausharren, sich Dinge mühsam erarbeiten – all das erscheint dem Menschen 4.0 als Zumutung. Was nicht jetzt, gleich, hier und sofort passiert, rückt in die Ferne, das Interesse schwindet. Das Bedürfnis nach schneller Belohnung ist zügig antrainiert.

Dank des elektronischen Versandhandels muss sich niemand mehr mit Ladenschlusszeiten abfinden. Und war man in den Anfangsjahren von Amazon noch froh, wenn Bücher einem drei Tage nach Bestellung an die Haustür geliefert wurden, ist auch diese Geduldsprobe nicht mehr nötig, so man sich denn mit E-Books angefreundet hat. Macht einem eine gute Rezension Appetit auf mehr, lässt sich das Buch sofort auf den E-Reader laden. Sollte der Drei-D-Druck irgendwann massentauglich werden, muss man auch auf andere Dinge nicht mehr lange warten. Das, was einem noch fehlt zum Konsumentenglück, lässt sich dann jederzeit ausdrucken.

Jedes Unternehmen ist gut beraten, sich einzustellen auf den Kunden 4.0. Produkte und Dienstleistungen müssen zügig und unkompliziert verfügbar sein. Wer es nicht zum One-Klick-Shopping schafft, wird abgehängt. Denn Kunden werden die Geduld verlieren, wenn sie komplizierte Passwörter eingeben, Kreditkartennummern heraussuchen und Sicherheitsfragen beantworten, geschweige denn ausführliche Gebrauchsanweisungen lesen müssen.

Man kann sich gut vorstellen, dass der Zugang zur digitalen Welt bald zuverlässig über Fingerabdruck, Iris- oder Stimmerkennung oder eine Kombination von all dem und anderen individuellen Merkmalen erfolgen wird. Das iPhone X mit seiner umstrittenen Gesichts- erkennung ist ein Schritt dorthin. Die von Dave Eggers in seinem Roman »The Circle« beschriebene Idee, nach der jedem Baby ein Chip eingepflanzt wird, damit es sein Leben lang getrackt werden kann wie ein Joghurt, wird dagegen hoffnungslos altmodisch erscheinen.[6]

Kaum jemand hat so gut verstanden wie Apple, dass Bequemlichkeit eine menschliche Grundeigenschaft ist. Schnelle Erfolgserlebnisse machen zufrieden. Und was nützen die vielen zusätzlichen Features eines Produkts, wenn sie so tief in dessen Innenleben versteckt sind, dass sie niemand findet?

Dass (manche) Menschen dennoch bereit sind, stundenlang vor einem Apple-Store auf den Launch eines neuen iPhone-Modells zu warten, hat eher mit einem fast religiösen Ritual zu tun denn mit der Wie- derentdeckung der Geduld. Man huldigt inmitten einer Gruppe gleichgesinnter Jünger einem Kultprodukt, das Erlösung verspricht. Wer ein Produkt kreiert, das solche Verhaltensweisen hervorbringen kann, hat es wirklich geschafft in einem Zeitalter, in dem Konsum zur Reli- gion geworden ist.

Was aber macht all die Atemlosigkeit mit den Konsu- menten? Die Fähigkeit, Bedürfnisse aufzuschieben, sich die Belohnung für später aufzusparen, trägt wesentlich zu sozialer Intelligenz und Lebenserfolg bei, das ist erwie- sen. Am bekanntesten in diesem Zusammenhang ist das Marshmallow-Experiment, das der amerikanische Per- sönlichkeitspsychologe Walter Mischel entwickelt hat.[7] Vorschulkindern wurden in diesem Versuch Marshmallows angeboten. Ihnen wurde gesagt, sie könnten sofort einen davon essen, würden sie jedoch auf die Rückkehr des Versuchsleiters warten, bekämen sie danach zwei. In Langzeit-Beobachtungen stellte Mischel fest, dass sich die Kinder, die eine längere Wartezeit in Kauf genommen hatten, später besser in der Schule und im Leben schlugen als jene, die sofort zugegriffen hatten. Selbstkontrolle, die Fähigkeit, abzuwarten und mit klarem Kopf zu kalkulieren, mache Menschen widerstandsfähiger gegen Stress und letztlich erfolgreicher, so der Schluss des Psychologen.

Womöglich tut uns die Digitalisierung also keinen Gefallen damit, uns zu Wesen zu erziehen, die ihren Impulsen jederzeit und sofort folgen, sich umgehend Belohnung verschaffen wollen. Denn tatsächlich entsteht dann, wenn ein Bedürfnis erfüllt worden ist, immer ein Raum für einen neuen Wunsch. So wie das Kind womöglich in dem Moment eine kurze Leere verspürt, in dem alle Geburtstagsgeschenke ausgepackt sind, selbst wenn das ersehnte dabei war, fragen wir uns sofort: Was kommt als Nächstes?

Natürlich liegt nichts näher, als diese Leere sofort mit irgendetwas zu füllen, das man per Smartphone erreichen kann. Nachrichten oder die Timeline checken, einen Schnipsel lesen, einem Freund antworten, nach den Wetterdaten googeln, auch wenn sich diese höchstwahrscheinlich seit dem letzten Blick darauf nur unwesentlich verändert haben.

Innere Freiheit entsteht allerdings nur dann, wenn man sich solcher Zwänge entledigt. Dazu braucht man weder ein Wellness-Hotel noch ein Kloster, auch wenn sich aus solchen Angeboten für Offline-Zeit schon wieder eine ganze Industrie entwickelt hat. Einfach mal ohne Smartphone spazierengehen (ja, dann hat man die Kamera nicht dabei), ein Gespräch führen mit dem Handy außer Reichweite, auf einer Bahnfahrt den Gedanken nachhängen statt einen Film zu schauen – auch das kann man trainieren. Womöglich braucht der Mensch 4.0 Fastenzeiten, in denen er ausprobieren kann, was noch alles geht, wenn man nicht permanent »online« ist.[8]

Mobilisierung: Ich will mitmachen

Wer erinnert sich noch an die Tage und Wochen, die man »arabischer Frühling« nannte? Ein junger Tunesier hatte sich aus Protest gegen die Diktatur in seinem Land selbst angezündet und damit Aufstände ausgelöst, die sich mit Hilfe sozialer Netzwerke in einer Art Domino-Bewegung über die arabische Welt verbreiteten. Damals hofften viele, hinter jedem gefallenen Domino-Stein sprich Diktator würde wie von magischer Hand ein demokratischer Staat entstehen. Es müssen die Wünsche gewesen sein, die den Blick auf die Realität vernebelt hatten. Denn aus der Geschichte, speziell aus der deutschen, hätte man wissen müssen, dass Demokratie nur mit starken Institutionen wächst, die mühsam aufgebaut, verankert und verteidigt werden müssen. Die Lektion, die uns der »arabische Frühling« gelehrt hat, ist ernüchternd: Das Internet ist keine Demokratisierungs-Maschine, wohl aber eine Mobilisierungsmaschine.

»Ich will mitmachen« – dieser Reflex entsteht auch, wenn man mit dem Smartphone einen Lautsprecher in der Hand hält, der potenziell die ganze Welt beschallen kann. Manchmal provoziert ein Kommentar eine Antwort, manchmal ein Bild einen Kommentar. Wer viele Freunde und Follower in den sozialen Netzwerken hat, dessen Stimme übertönt zuweilen die derjenigen, die gemessen an formalen Hierarchien ungleich mächtiger sind.

Ein Video vom April 2017, in dem man sah, wie die Fluggesellschaft United Airlines einen Passagier von Sicherheitsleuten aus einem überbuchten Flug zerren ließ, weil er seinen Platz nicht räumen wollte, demonstrierte, welche Macht Kunden bekommen können, wenn ihr Anliegen dramatisch in Szene gesetzt wird. Unternehmen wie zum Beispiel der häufig von Konsumenten angefochtene Lebensmittelkonzern Nestlé haben deshalb *War Rooms* eingerichtet, um Social-Media-Aktivitäten rund um die Uhr überwachen und notfalls einschreiten zu können, wenn jemand allzu deutlich quengelt.

Mitmachen können ist die eine Seite, mitmachen sollen die andere. Der Konsument 4.0 wird praktisch zur Beteiligung erzogen, denn dahinter steckt ein Geschäftsmodell. Bucht er online ein Hotelzimmer, kauft er einen Eierkocher, liest er ein Buch, wird er prompt nach seiner Meinung dazu gefragt. Natürlich etablieren Unternehmen diese Mitmach-Ökonomie nicht aus Liebe zum Konsumenten. Sie sind auf dessen Daten aus. Jede Interaktion dient ihnen dazu, ihre Algorithmen zu verbessern und den Kunden für neue Aktivitäten zu ködern.

Diese neuen Beteiligungsmöglichkeiten haben mehrere Effekte. Zum einen provozieren sie Nutzer dazu, immer lustigere, verstörendere, drastischere oder anderweitig aufsehenerregende Inhalte zu posten. Denn je interessanter der Beitrag, desto größer wird die persönliche Anhängerschaft, und je mehr Follower man hinter sich versammeln kann, umso mehr Einfluss hat man theoretisch über die Netz-Kanäle. Allerdings zieht ein lustiges Kleinkind-mit-Hund-Video üblicherweise mehr Augen auf sich als ein politischer Kommentar; da ist die Online-Welt der Regenbogenpresse recht ähnlich.

Das Netz spricht den Voyeuristen im Menschen stärker

an als den Staatsbürger. Die bekanntesten Helden der Online-Welt sind deshalb eher nicht Revolutionsführer – was man nicht unbedingt bedauern muss –, sondern gänzlich unpolitische Youtuber.

Und dann gibt es die Opfer. Wenn es die einen drängt, sich mit besonders drastischen Beiträgen Popularität zu erkaufen, stehen auf der anderen Seite jene, auf deren Kosten Witze gerissen werden, auf die mit dem Finger gezeigt wird. Jeder, der schon mal Opfer eines Shitstorms wurde, weiß, wie schnell aus Voyeuristen Mitmacher werden und wie es sich anfühlt, von einer Masse von solchen Mitmachern überrollt zu werden.

Schon eine kleine Ungeschicklichkeit kann drastische Folgen haben. Um die Welt ging zum Beispiel die Geschichte einer Managerin, die vor einem Südafrika-Flug einen geschmacklosen Tweet zum Thema AIDS absetzte. Während sie in der Luft war, wurde der so häufig geteilt und kommentiert, dass ihr Arbeitgeber sie bei ihrer Landung mit einer fristlosen Kündigung konfrontierte.[9]

Trauriger noch sind die vielen Fälle, in denen sich Teenager das Leben genommen haben, nachdem sie in sozialen Netzwerken gemobbt wurden. Keine Frage, Mobbing gab es schon immer und auf jedem Schulhof. Aber heute lassen sich peinliche und verletzende Inhalte mit Hilfe sozialer Netzwerke in bisher nicht gekannter Reichweite verbreiten. Das traumarisiert die Opfer nicht nur, sondern Konsequenzen wie Schulwechsel und Umzüge wirken nur noch eingeschränkt. Das ruinierte Bild in der Online-Welt wird allgegenwärtig, die Demütigung grenzenlos.

Die vermeintliche Mitmach-Gesellschaft vermittelt dem Einzelnen allerdings auch ein falsches Gefühl von Macht. Denn sein Einfluss wird im richtigen Leben selten so gespiegelt, wie er das empfinden mag. Selbst

Donald Trump hat es nicht per Twitter ins Weiße Haus geschafft, auch wenn das gerne so dargestellt wird. Ihm half ein ganzes Bündel von Faktoren: eine schwache, zerstrittene, dennoch nach Macht dürstende Partei der Republikaner, eine bei vielen Amerikanern unbeliebte, bei einigen verhasste Gegenkandidatin, ein guter Anteil an Protestwählern und ein Gemisch aus latentem Rassismus und Sexismus in einigen Teilen der Bevölkerung, die nach acht Jahren Obama endlich mal wieder »the real thing« im Weißen Haus haben wollte, nämlich einen weißen Mann.

Punktuell mag ein Nutzer im Netz mit einem Beitrag die Welt aufrütteln. Aber je stärker er sich online offenbart, umso schneller wird er Opfer kommerzieller Interessen und staatlicher Überwachung. In den Konsumwelten der Marktwirtschaften sind »Influencer« nämlich Gold wert für Unternehmen, die mit ihrer Hilfe auf billige Weise Profite einfahren können. Schließlich ist es viel günstiger und wirksamer, ein paar beliebte Youtuber mit exklusiven Artikeln auszustatten, als selbst teure Marketing-Kampagnen zu finanzieren. Perfide ist, dass diejenigen, die sich ihren Followern als kultige Individualisten präsentieren, in Wahrheit Büttel einer Image-Ökonomie sind. Sie suggerieren Freiheit, unterwerfen sich und andere aber dem Diktat des Konsums.

In politisch repressiven Systemen wiederum können besonders aktive Internet-Nutzer ohne ihr Wissen ausgenutzt werden, um kritische Geister ausfindig zu machen und zu überwachen. Es ist doch viel interessanter, beispielsweise einen aktiven oppositionellen Blogger gewähren zu lassen und dann zu überprüfen, wie viele Freunde und Follower ihm nahestehen und seine Ideen positiv kommentieren. Je mehr der Mensch 4.0 mitmacht, desto gläserner wird er. Es wird in der digitalen Welt eine wichtige staatliche Aufgabe sein, die Freiheit der Bürger zu schützen.

Ökonomisierung: Lohnt sich das für mich?

Die Digitalisierung treibt den Kapitalismus auf eine neue Stufe. Mit ihrer Hilfe lässt sich praktisch alles, was menschengemacht ist, dem Diktat der Effizienz unterwerfen. Ist im Bayerischen Wald noch irgendwo ein Zimmer frei? Fehlt das Schoko-Müsli im Regal? Produziert das Windrad Energie, ohne dass sie abgerufen wird? Wenn alles mit allem vernetzt ist, lassen sich auch noch die letzten ungenutzten Kapazitäten aufspüren. Prozesse werden auf ihre Wirtschaftlichkeit hin abgeklopft, Leerlauf oder Überfluss müssen bekämpft werden. Das kann positiv sein, zum Beispiel für die Umwelt. Werden Ressourcen optimal ausgenutzt und der Energieverbrauch optimiert, kann man wenigstens hoffen, dass die Effekte nicht wieder durch ein Mehr an Konsum an anderer Stelle zunichte gemacht werden. Interessant ist aber in diesem Zusammenhang, wie der Trend zur Ökonomisierung den Menschen formt.

Unternehmen der so genannten *Sharing-Economy,* der Tausch- und Teil-Wirtschaft, haben es zum Beispiel über lange Zeit wunderbar verstanden, das Optimierungsdiktat als ökologisches Zauberkonzept zu verkaufen. Wer seinen Besitz teile, wenn er ihn gerade nicht selbst brauche, helfe jenen, die sich weniger leisten können, und schütze gleichzeitig die Umwelt, hieß es da gerne. Unternehmen wie der Fahr-Service Uber und der Zimmer-Anbieter Airbnb haben sich mit dieser Story zu milliardenschweren Firmen entwickelt, die sich um das Wohl ihrer Beschäftigten und der Gemeinden, in denen sie tätig sind, wenig scheren. Der amerikanische Autor Steven Hill beschreibt das gut in seinem Buch: »Die Start-up Illusion: Wie die Internet-Ökonomie unseren Sozialstaat ruiniert«.[10]

Zunächst erweckt es den Anschein von Freiheit, wenn Dienstleistungen und Produkte ohne Vermittler privat über eine Plattform und damit unreguliert vermarktet werden können. Die Konzepte hören sich unkompliziert und nachbarschaftlich an (ein Airbnb-Slogan: »Welcome home«), und irgendwie wirkt es cool, den lästigen Bürokraten eine lange Nase zeigen und damit auch noch Geld sparen zu können. In der Konsequenz bedeutet die *Sharing-Economy* eben aber auch, dass lange erkämpfte Verbraucher- und Arbeitnehmerschutzrechte geschickt umgangen werden können.[11]

Zudem entstehen im Windschatten solcher Firmen schnell kommerzielle Anbieter, die unter dem Deckmantel angesagter Plattform-Firmen Spekulationsgeschäfte betreiben, zum Beispiel Immobilien über Airbnb viel teurer vermieten, als dies auf normalem Wege möglich wäre. Es hat eine Weile gedauert, aber viele Städte und Kommunen erkennen das mittlerweile und reglementieren die Tätigkeit speziell großer Anbieter wie Airbnb und Uber erheblich.

Man könnte das als einen Sieg der Hotel-, Taxifahrer- und anderen Lobbys werten, die sich von den neuen Konkurrenten bedroht fühlen. Prosaischer kann man aber auch sagen: Die Demokratie schlägt zurück gegen einen Turbo-Kapitalismus, der sich ein Hipster-Image verpasst und sich hinter dessen Fassade sämtlicher sozialer Errungenschaften zu entledigen versucht.

Die Möglichkeit, alles irgendwie Werthaltige über eine Plattform vermarkten zu können, hat aber auch einen psychologischen Effekt. Wer früh lernt, dass man Sämtliches zu Geld machen kann, wird seine Bohrmaschine möglicherweise nicht mehr umsonst verleihen oder den Hund der Nachbarin aus purer Freundlichkeit ausführen. Verkaufsplattformen wie Ebay halten nicht nur den Handel mit gebrauchten Waren am Laufen, was prinzipiell ökologisch sinnvoll ist, sondern sie lehren auch, dass man für jeden Skianzug, aus dem das Kind herausgewachsen ist, noch Geld verlangen kann. Jede Handreichung, jede Dienstleistung, jedes für einen selbst längst wertlose Produkt bekommt auf diese Weise ein Preisschild.

Was zunächst wie eine soziale Wohltat wirkt, führt deshalb dazu, dass Reichtum weiter zugunsten der Besitzenden umverteilt wird. Wer viel hat, kann viel verleihen oder weiterverkaufen und so Gewinn daraus ziehen. Wer wenig hat, muss nun womöglich auch noch für Dinge zahlen, die er zuvor umsonst bekam.

Allzu leicht wird der Arbeitnehmer zudem selbst Opfer der Ökonomisierung. Was am Fließband schon lange üblich ist, zieht dank der digitalen Vernetzung nun auch in Büros, Home Offices, womöglich sogar Klassenzimmer ein. Es wird Firmen künftig ein Leichtes sein, ihre Mitarbeiter nur noch nach Stückzahl, nach abgelieferten Mengen und Ergebnissen zu bezahlen. Schließlich ist schon heute leicht nachvollziehbar, wie lange jemand an seinem Rechner eingeloggt war, was er in der Zeit getan und wie viele Aufgaben er erfolgreich erledigt hat. Das Vertrauen, jemand werde in den acht Stunden seiner Anwesenheit am Arbeitsplatz schon irgendetwas Produktives geleistet haben, wird ersetzt durch digitale Kontrolle und Auswertung. Man kann das Arbeiten von unterwegs als große Freiheit betrachten, die es einem ermöglicht, Beruf, Familie, Leidenschaften und Hobbys besser zu vereinbaren als je zuvor. Die lange Leine, an der Arbeitnehmer dann hängen, kann aber auch zu einer Art elektronischer Fußfessel werden.

Die so genannte Crowdwork, auch Cloud- oder Clickwork genannt, führt die Idee der Ökonomisierung von Arbeit ins Extrem, wenn Freelancer nur noch für jene Arbeitspakete bezahlt werden, die sie abliefern.[12] Man kann diese Gig-Economy lieben, weil sie einem suggeriert, ein selbstständiger Unternehmer zu sein. Aber diese Liebe erkaltet meistens schnell, wenn eine Familie zu versorgen oder ein Bankkredit abzubezahlen ist. Für Firmen ist diese organisierte Verantwortungslosigkeit bequem, zumindest vordergründig. Sie sparen sich alle Kosten, die mit einer Festanstellung entstehen. In der Konsequenz aber könnten sie das Nachsehen haben, denn Talente vergrault man auf diese Weise eher, als dass man sie hält.

Das Diktat der Effizienz und des Nutzwerts hat noch viel gravierendere Folgen. Denn die Natur, und dazu zählt auch der Mensch, ist nicht auf Effizienz ausgerichtet. Ganz wunderbar hat das der Chemiker Michael Braungart beschrieben, der gemeinsam mit dem amerikanischen Architekten William McDonnough das Cradle to Cradle-Konzept erfunden hat.[13] Braungart verwendet das Bild eines Kirschbaums, um klar zu machen: Die Natur funktioniert nicht nach dem Prinzip der Wirtschaftlichkeit. Der Kirschbaum blüht üppig, kurz und wunderschön, aber ohne Sinn für Effizienz. Nur ein Bruchteil der Blüten wird zu Früchten und nur ein Bruchteil der Früchte erreicht die Reife. Fruchtbarkeit und Blüte seien Sinnbilder für Überfluss und Verschwendung.

Das ist nicht effizient, aber sinnvoll, denn in der Natur regiert der Zufall. Ob das Küken eines Vogelpaares überlebt und zum Erhalt der Art beitragen kann oder nicht, ist nicht planbar. Darum ist die Art im Vorteil, die dem Zufall durch Masse ein Schnippchen schlägt oder sich in ihrer Nische am besten anpassen kann. Naturkatastrophen und Einmal-Ereignisse wie Erdbeben und Vulkanausbrüche, womöglich Einschläge von Asteroiden haben die Entwicklung der Erde und ihrer Arten geprägt. Eine effiziente Evolution wäre undenkbar.

Und auch Innovation funktioniert nicht unbedingt über Effizienz. So wie in der Natur Mutationen nicht durch Planung, sondern durch Zufall entstehen, kamen auch bahnbrechende Erfindungen häufig durch Zufälle oder Fehler in die Welt. So konnte Penicillin nur entwickelt werden, weil der Forscher Alexander Fleming seine Proben versehentlich während eines Urlaubs bei offenem Fenster hatte stehen und verschimmeln lassen. Charles Nelson Goodyear fiel nach jahrelangen Versuchen ein Gummi-Schwefel-Gemisch auf eine heiße Platte: die Vulkanisierung war erfunden. Das Potenzmittel Viagra sollte zunächst gegen Herzbeschwerden helfen; Probanden berichteten aber regelmäßig davon, häufigere und längere Erektionen gehabt zu haben. Alles Zufälle, die das Leben prägen.

Natürlich macht die Wissenschaft heute in vielen Bereichen gewaltige Fortschritte, weil Algorithmen in zuvor unvorstellbarer Geschwindigkeit Datenmassen analysieren und so neue Erkenntnisse zutage fördern können. Aber Entwicklungssprünge gibt es auch weiterhin dort, wo es zunächst niemand vermutet hat. Das iPhone zum Beispiel war keine Übung in Effizienz. Während sich die Ingenieure des finnischen Nokia-Konzerns sicher fühlten, indem sie der großen Produktpalette von Handys immer noch weitere neue und verbesserte Modelle hinzufügten, erdachte Steve Jobs mit seinem Team ein Gerät, das man nur am Anfang für ein Mobiltelefon hielt. Ein Kleincomputer für die Hosentasche, der das Zeug hatte, alle anderen Geräte überflüssig zu machen – das war eine Vision. Sie stand am Anfang einer, wie man so schön sagt, disruptiven Innovation, keine Wirtschaftlichkeitsstudie.

Auch der Mensch entwickelt sich nicht über Effizienz. Wer je ein Kind beim Sprechenlernen begleiten durfte, weiß, wie viele Wiederholungen nötig sind, wie oft Mutter und Vater reflexhaft die Laute des Säuglings imitieren, wie häufig manche Gute-Nacht-Geschichten vorgelesen werden müssen, damit das Gehirn des Kleinkinds daraus einen Sinn ableiten kann. Menschen lernen, in dem sie Dinge ausprobieren, erleben, wiederholen, einüben. Wer ein Musikinstrument oder eine Sportart perfekt beherrschen, es in seiner Disziplin in die Meisterklasse bringen möchte, braucht Redundanz.

Und Geistesblitze, grandiose Ideen kommen häufig in Zeiten des Leerlaufs, beim Laufen, aus dem Fenster schauen, in Phasen der Langeweile, der Lektüre eines Romans, zu dem man mit schlechtem Gewissen greift, weil eigentlich noch so viele für den Job relevante Sachbücher ungelesen auf einen warten. Nur gibt es solche Momente kaum noch, wenn wir, kaum haben wir ein paar freie Sekunden, sofort nach dem Smartphone greifen, unsere WhatsApp-Nachrichten, die neuesten Eilmeldungen oder Push-Mitteilungen auf unseren Bildschirmen checken. Die vermeintliche Effizienz – jede Minute muss zwanghaft gefüllt werden – versagt uns jene spontanen Erkenntnisse, die man genau dann hat, wenn man nicht danach sucht. Natürlich kann man, den Blick gesenkt, hektisch auf Tinder höchst effizient nach einem potenziellen nächsten Partner oder auf LinkedIn nach dem perfekten Job-Kontakt suchen. Aber dabei verpasst man

womöglich ein Gespräch mit einem Menschen gegenüber, das einem die Augen für ganz neue Themen und Ideen öffnen könnte.

Wer sich die Freiheit in der komplett vernetzten Welt erhalten möchte, muss es schaffen, dem Druck der Effizienz zu widerstehen, und sich herauswagen: in die Welt, in ungeplante Gespräche, in Gemeinschaften, die außerhalb der Echokammern liegen, die Algorithmen für uns bauen. Es ist das Verführerische an der Digitalisierung, dass sie das Leben bequem und vermeintlich sicherer macht, indem sie möglichst wenig dem Zufall überlässt.

Tatsächlich ähnelt das Prinzip dahinter der urchristlichen Vorstellung eines Gottes, der alles weiß und alles steuern kann. Schon die Schöpfungsgeschichte in der Bibel hat versucht, die Entwicklung der Erde und des Lebens als einen ausgeklügelten Sieben-Tage-Plan erscheinen zu lassen. Ohne den Zufall allerdings gäbe es kein Leben. Und Menschen sind genau im Umgang mit dem Zufall stark. Richtet der Mensch dagegen seine ganze Energie darauf, Effizienz zu optimieren, konkurriert er künftig vor allem mit Maschinen. Und dieses Rennen ist schon verloren.

Orientierung: Wo soll ich hin?

Die viel beschriebene Generation Y heißt nicht nur so, weil der Buchstabe Y im Alphabet nun mal nach dem X kommt, dem Stempel für die vorangegangene Alterskohorte. Y in der englischen Aussprache steht auch für »Why«, für das ewige *Warum?* einer Generation, die inmitten einer Vielzahl von Möglichkeiten zunehmend orientierungslos wirkt. Einerseits sind die heute 20- bis etwa 35-Jährigen ein Produkt der in diesem Kapitel aufgeführten Trends: Die eigenen Bedürfnisse stehen im Mittelpunkt, man will Mitsprache, alles soll sofort passieren und sich lohnen. Andererseits berichten Personalverantwortliche aus Unternehmen, dass gerade die jungen Mitarbeiter trotz ihrer hohen Ansprüche zutiefst verunsichert und wankelmütig sind, viel Feedback und Bestätigung brauchen, nicht bereit sind, Durststrecken bis zum nächsten Ziel auch mal aus eigener Kraft zu überwinden.

Ein Teil davon ist sicher das klassische Jammern, dass in der eigenen Generation ja alles besser gewesen sei. Auch sind solche Klassifizierungen immer nur bedingt hilfreich. In Studien zur Generation Y werden zum Beispiel vor allem junge Leute beschrieben, die in einigermaßen behüteter Umgebung und einem gewissen Wohlstand aufgewachsen sind und sich ihre Orientierungslosigkeit und Sinnsuche deshalb eher leisten können als jene, für die ein bestimmtes Monatseinkommen die maßgebliche Zielgröße ist, an der sie ihre Pläne ausrichten. Aber Menschen, die mit Suchmaschinen aufgewachsen sind, tun sich zwangsläufig schwerer damit, sich einfach einmal in das nächste beste Abenteuer hereinzustürzen und sich darin durchzuschlagen im Vertrauen darauf, dass es schon irgendwie gut gehen wird. Dutzende Möglichkeiten wollen abgewogen und verglichen werden. Es könnte ja immer noch etwas Besseres geben.

Die scheinbare Flut an Möglichkeiten, die einem eine Google-Suche bietet, ist tatsächlich für jeden Menschen eine Herausforderung, egal welcher Generation er angehört. Auch diejenigen, die früher ohne Probleme Stadtpläne und Landkarten lesen konnten, sind heute plötzlich irritiert, wenn das elektronische Navigationssystem einen in einer fremden Stadt manchmal sprichwörtlich im Regen stehen lässt. Und wer ist nicht schon mal an einer irrwitzigen Stelle abgebogen, nur weil es die nette Stimme aus dem Auto-Navi so angeordnet hat. Orientierungssinn muss man nicht nur lernen, man muss ihn auch trainieren.

Ein Leben ohne Navigationsgerät – und das auch im übertragenen Sinne – scheint uns aber in der digitalen Welt nur noch schwer möglich zu sein. Fahren wir in den Urlaub, müssen wir unbedingt sämtliche Reisetipps zur Region studiert haben. Bewerben wir uns auf einen neuen Job, screenen wir Gehältervergleiche; suchen wir einen Arzt, konsultieren wir vorher ein Vergleichsportal; wollen wir in einer fremden Stadt Pizza essen, rufen wir die Restaurant-Empfehlungen ab. Brachte die Mund-zu-Mund-Propaganda einem früher zwei, drei brauchbare Empfehlungen, stehen wir heute regelmäßig mit ein paar Dutzend da.

Wer sein Leben nicht im Zustand permanenter Unentschiedenheit, also als eine Art menschliche Suchmaschine verbringen will, hat in dieser Welt des Über-Angebots zwei Möglichkeiten. Bei Konsumentscheidungen vertraut er starken Marken, mit denen er eventuell gute Erfahrungen gemacht hat. Und bei den vielen anderen kleinen Entscheidungen des Lebens vertraut er Freunden oder anderen ihm nahestehenden Menschen, die ihm die spezielle Erfahrung voraushaben. »Ich bin in New York, weiß jemand ein ruhiges Cafe in der Gegend 29. Straße?«, »Ich bin in Sao Paulo und habe fünf Stunden Zeit, was muss ich mir unbedingt anschauen?« – selbst welterfahrene Managerinnen und top-vernetzte Entrepreneure posten solche Fragen oft lieber in ihrem sozialen Netzwerk, als dass sie Apples Siri konsultieren und die Antwort einem Algorithmus überlassen.

Für Institutionen und Unternehmen mit starken Marken ist dies eine Chance und eine Hoffnung zugleich.

Womöglich wenden sich diejenigen, die wahre und zuverlässige Informationen suchen, doch wieder dem vertrauten Medienhaus zu, statt sich auf zweifelhafte Welterklärer im Netz zu verlassen. Oder die Reisenden buchen doch bei der Fluggesellschaft, bei der sie sich gut behandelt gefühlt haben, auch wenn das Ticket dort 20 Euro mehr kostet als bei der Konkurrenz. Vielleicht finden Menschen doch irgendwann wieder bei großen Organisationen eine Heimat, ob das politische Parteien, Initiativen oder Kirchen sind, statt sich auf eigene Faust durch die Vielzahl der Freiheiten unserer Zeit zu kämpfen. Man kann nur hoffen, dass diese Organisationen dann nicht Sekten oder Terrorgruppen sind, sondern diejenigen, die Meinungsfreiheit und Menschenrechte hochhalten.

So etwas kann schon mal passieren, offenbar jedem. Der Mann war jahrelang Professor, hatte am Ende seiner Laufbahn acht Jahre für die amerikanische Regierung gearbeitet und verdiente immer noch reichlich Geld mit öffentlichen Auftritten aller Art. Doch all das half nichts. Als er seinen Hauskredit refinanzieren wollte, lehnte die Bank das ab. Dieser Fall, von dem Thomas Davenport und Julia Kirby in Ihrem Buch »Only Humans need Apply« berichten, wäre gar nicht so spektakulär, hätte es sich bei dem älteren Herren nicht um Ben Bernanke gehandelt, den früheren Chef der amerikanischen Fed, der weltweit wichtigsten Notenbank.[1] Bernanke, der für einen Auftritt schon mal eine Viertel Million Dollar kassiert, war Opfer eines Algorithmus geworden, einer der Rechenoperationen, die in einer digitalisierten Welt unser Leben bestimmen.

Algorithmen sind sie so etwas wie die Gehirnströme eines jeden Computers und jeder Anwendung darauf. Alles, was digitalisiert ist, baut auf Algorithmen auf. Sie sind Pakete an Regeln, dazu da, um Aufgaben zu lösen; ihr Ziel ist es, Vorgänge zu optimieren und effizienter zu machen. Erst einmal programmiert, sagen sie uns zum Beispiel, wo wir entlangfahren sollten, geben Buchempfehlungen und extrahieren aus einer Liste von Zutaten Kochrezepte, womöglich verknüpft mit Wissen über unsere Gesundheitsdaten. Algorithmen steuern Rasenmäher genauso wie Drohnen. Sie schlagen vor, in wen man sich verlieben könnte, helfen dabei, den Ausbruch von Krankheiten zu prognostizieren und werden irgendwann an unserer Stelle Autos lenken – und dabei deutlich weniger Unfälle bauen als wir. Sie stellen aber auch zunehmend wichtige Weichen im Leben: Algorithmen sortieren für Firmen Bewerber vor, prüfen die Kreditwürdigkeit und fällen letztlich ein Urteil darüber, ob man einem Menschen vertrauen kann oder nicht.

Wie Algorithmen Mensch und Gesellschaft beeinflussen werden, gehört zu den heißesten Forschungsfragen unserer Zeit. Selbst die Tech-Elite, erklärtermaßen rund um die Uhr in Sachen Weltverbesserung unterwegs, ist sich nicht wirklich sicher, ob der Geist, den sie selbst aus der Flasche gelassen hat, tatsächlich nur Gutes bewirkt. Einige der Klügsten unter ihnen zweifeln sogar daran, dass die Menschheit diesen Geist je wieder wird einfangen können. Denn schon jetzt »lernen« Algorithmen selbstständig, wie sie noch effizienter die ihnen vorgegebenen Ziele erreichen und besser in ihrer Vorhersagequalität werden. Durch dieses so genannte *Deep learning* können Algorithmen sich sehr weit von den Zielen entfernen, die ihnen ein Programmierer ursprünglich auf den Weg gegeben hat – und das ziemlich schnell. Als Microsoft am 23. März 2016 den Chatbot »Tay« (kurz für »thinking about you«) auf Twitter einsetzte, der sich mit Jugendlichen unterhalten sollte, gab der Sprachroboter binnen Stunden rassistische und sexistische Kommentare von sich. Er hatte von Nutzern gelernt. Nach nur 16 Stunden musste der Konzern den Bot wieder vom Netz nehmen.

Werden sich Algorithmen so selbstständig machen können, dass sie irgendwann nicht mehr einzufangen und zu steuern sind? Selbst Experten können diese Frage derzeit nicht beantworten. »Wir bewegen uns entweder in Richtung Superintelligenz oder auf das Ende der Zivilisation zu«, sagte Tesla-Gründer Elon Musk auf einer

Konferenz im kalifornischen Asilomar. Er und andere brillante Köpfe wie Steven Hawking, Demis Hassabis und Ray Kurzweil gehören deshalb zu den Unterzeichnern der 23 Prinzipien für eine gute künstliche Intelligenz, die dort unter Führung des *Future of Life Institutes* erarbeitet wurde.[2] Sie solle Nutzen stiften und von Werten unterfüttert sein, heißt es da zum Beispiel. Forscher und Politik müssten kooperieren, Geheimniskrämereien dürften keine Nischen finden.

Tatsächlich gibt es schon längst kein Zurück mehr aus einem Leben, das von Algorithmen geprägt wird. Wissenschaftler und Ingenieure sind sich allerdings alles andere als einig darüber, ob die Vor- oder Nachteile von Algorithmen gesteuerten Prozessen langfristig überwiegen werden. Das *Pew Research Center*, ein großes amerikanisches Meinungsforschungsinstitut mit Sitz in Washington, hat zu dem Thema im Sommer 2016 etwa 8.000 Fachleute befragt. Ungefähr 1.500 haben daraufhin ihre Einschätzungen abgegeben.[3]

Tatsächlich ergab sich aus der nicht repräsentativen Stichprobe von Forschern, Ingenieuren, Tech-Managern, Akademikern und Aktivisten ein geteiltes Bild. Während 38 Prozent schrieben, die Vorteile würden die Nachteile übertreffen, waren 37 Prozent der gegenteiligen Meinung. Ein Viertel derjenigen, die sich an der Befragung beteiligt hatten, schätzten, dass sich Vor- und Nachteile in etwa die Waage halten würden.

»Algorithmen können Leben retten, Dinge leichter machen und Chaos beherrschen. Experten fürchten aber auch, dass Algorithmen Konzernen und Regierungen zu viel Macht verleihen, Vorurteile perpetuieren, Filterblasen schaffen, Wahlmöglichkeiten, Kreativität und Zufallsentdeckungen einschränken und zu höherer Arbeitslosigkeit führen könnten«, resümieren Raine und

Anderson in der Pew-Studie. In einer Welt, die von Algorithmen getrieben wird, zeichnen sich auf jeden Fall ein paar generelle Trends ab.

Effizienz geht vor Fairness

Der flächendeckende Einsatz von Algorithmen kann für die Menschheit ein Segen sein, für einzelne Menschen ist er aber zuweilen ein Fluch. Die Rechenoperationen vereinfachen die in Wahrheit fast immer komplexe Wirklichkeit stark, sie arbeiten mit Wahrscheinlichkeiten und leiten aus Fakten und Erfahrungen der Vergangenheit Prognosen für die Zukunft ab. Deshalb liegen sie – je nachdem, wie gut sie programmiert sind und wie viele Daten sie zur Verfügung haben – mit ihren Handlungsempfehlungen oftmals richtig, im Einzelfall aber zuweilen komplett daneben. Sie können keine besonderen Lebensumstände abschätzen, gestehen Menschen nicht zu, dass sie sich verändern können, und geben generell der Masse den Vorzug vor Individualität. Die Mathematikerin Cathy O'Neil spricht deshalb von »Mathe-Vernichtungswaffen«, was im Englischen schöner klingt, weil *math destruction* und *mass destruction* lautmalerisch dicht beieinanderliegen.[4]

Was Ben Bernanke passiert ist, geschieht darum täglich Tausenden von Menschen, die nicht über dessen Kontakte und Möglichkeiten verfügen, aus einem Unrecht wieder ein Recht zu machen. Menschen bewerben sich zum Beispiel vergeblich ein ums andere Mal um Jobs, nur um eine Absage nach der anderen zu kassieren. Die Ursache kann ein kleiner Software-Fehler sein. Oder aber der Bewerber lebt in einem Ort mit einer Postleitzahl, aus dem überdurchschnittlich viele Kriminelle stammen. Womöglich häufen sich in den sozialen Netzwerken, in denen er unterwegs ist, aber auch nur Freunde und Bekannte, die als wenig vertrauenswürdig gelten. Jemand, der sich zum Beispiel beruflich oder ehrenamtlich sozial engagiert, in Problembezirken unterwegs ist und Kontakt zu vielen Menschen mit komplizierten Lebenswegen hat, könnte irgendwann aus genau diesem Grund selbst Probleme bekommen.

Nun ist das Leben auch ohne Algorithmen nicht fair. Wer die Bankdirektorin gut kennt, bekommt mit höherer Wahrscheinlichkeit einen Kredit. Wer in einem bildungsbürgerlichen Elternhaus aufgewachsen ist, Gesprächskultur schon als Kleinkind erlernt hat und im Zweifel auch mal Shakespeare zitieren kann, tut sich leichter mit der Karriere. Wer männlich und weiß ist und – je nach Umfeld – Anzug oder Hoodie trägt, findet mehr Gehör als eine schwarze Frau, sofern sie nicht Michelle Obama heißt. Ob die Baugenehmigung erteilt wird oder nicht, kann von der Laune der Sachbearbeiterin im Amt abhängen. Und eine Piepsstimme erweist sich womöglich als K.O.-Kriterium im Job, ganz unabhängig von IQ und Referenzen.

Menschen, die aus all diesen Gründen bislang nicht vorankamen, mögen in der Welt der algorithmisch berechneten Entscheidungen Glück haben und endlich ans Ziel kommen, weil andere, elektronisch erfasste Faktoren für sie sprechen. Womöglich bekommen unter dem Strich mehr Kunden Kredite als bislang, weil Algorithmen die Tatsache widerspiegeln sollten, dass die meisten Menschen anständig und pflichtbewusst sind. Digitale Rechenoperationen können gute Mittel sein gegen menschliche Willkür, den »Nasenfaktor«, bürokratische Hürden, Betrügereien oder Hochstapelei.

Aber Entscheidungen, die von Algorithmen berechnet wurden, können auch gnadenlos sein. Je mehr Daten aus unterschiedlichen Lebensbereichen dem Rechner zur Verfügung stehen und je mehr er davon verknüpfen darf, umso genauer werden elektronische Risikoprofile. Jeder kleine Fehler im Leben, sei es ein Ladendiebstahl in der Jugend oder eine Promille-Fahrt, jeder ungeschickte Kommentar in einem sozialen Netzwerk und jeder falsche Freund können theoretisch dafür sorgen, dass jemand bei der Jobsuche regelmäßig leer ausgeht, ohne genau zu wissen warum. Je stärker Gesundheitsdaten in Persönlichkeitsprofile einfließen, umso leichter wird es außerdem sein, Menschen zu identifizieren, die psychische Probleme oder eine Behinderung haben. Ein Algorithmus kennt aber weder Mitgefühl noch Empathie. Er wird solche Bewerber als aufwendig, anstrengend oder zumindest riskant abstempeln, es sei denn, für einen Job wird speziell nach einem Autisten, Exzentriker oder besonders skrupellosem Kandidaten gesucht.

Betrachtet man das Dilemma philosophisch, stehen sich an dieser Stelle Nutzwert-Ethik und moralischer Imperativ gegenüber. Wer das Gute immer dort sieht, wo unter dem Strich die meisten Menschen profitieren, wird mit der von Algorithmen getriebenen Welt sehr zufrieden sein. Die amerikanische Kultur zum Beispiel ist viel mehr von Nutzwert-Ethik und dem Leistungsgedanken geprägt als die europäische. Deshalb haben Amerikaner auch weniger Probleme damit, den Datenschutz zu lockern und die Privatsphäre einzuschränken, wenn Prozesse auf diese Weise effizienter werden und damit die Welt ein wenig »besser«.

Ein Extrem in Sachen Nutzwert-Orientierung ist China. Dort ist der Staat schon jetzt dabei, die Vertrauenswürdigkeit seiner Bürger algorithmisch zu erfassen und auszuwerten, wie Kai Strittmatter in einem großen Report beschreibt.[5] In Shanghai zum Beispiel können sich Bürger – alles noch ganz freiwillig – die App »Ehrliches Shanghai« herunterladen, die von 97 Ämtern gespeist wird und pro Teilnehmer mehr als 5.000 Einzelinformationen liefern kann. Wer sich dort als vertrauenswürdig erweist, darf zum Beispiel in der Bibliothek Bücher ohne Kaution ausleihen. In der Ostküstenstadt Rongcheng läuft derzeit ein Modellversuch, der Schule machen soll für das Land. Jeder Bürger bekommt ein Punktekonto; je nützlicher oder weniger schädlich sein Verhalten und seine Kontakte fürs Gemeinwohl sind, desto besser schneidet er ab – mit Folgen nicht nur für ihn selbst, sondern auch für die Chancen seiner Kinder.

In Gesellschaften, in denen der kategorische Imperativ des guten Handelns und der persönlichen Selbstbestimmung mehr zählt, wäre so etwas undenkbar. Die Würde und der Wert eines jeden Individuums ist dort Grundprinzip. Fehlentscheidungen eines Rechners wiegen deshalb besonders schwer, wenn sie diese Würde verletzen.

Die Angst, Maschinen ausgeliefert zu sein, ist dort besonders gewaltig, wo dem einzelnen Menschen viel zugetraut wird. Steuert ein Fahrer sein Auto versehentlich gegen einen Baum und alle Mitfahrer sterben, spricht man von einem tragischen Unglück, nimmt es aber hin. Unfälle passieren, Menschen sind fehlbar. Selbst die 3.500 Verkehrstoten pro Jahr bringen in Deutschland niemanden aus der Ruhe. Lenkt aber ein Computer ein Fahrzeug wegen eines Programmfehlers in den Gegenverkehr, muss die verursachende Firma sich auf erhebliche Empörung einstellen. Dies erlebte Tesla im Sommer 2016, als ein Fahrzeug der kalifornischen Firma angeblich einen weißen Lastwagen als freie Straße interpretierte und seinen Fahrer in den Tod steuerte. Erst viel später stellte sich heraus, dass der Fahrer den Autopiloten zum Weiterfahren gezwungen hatte.

Dieses Misstrauen der Technik gegenüber ist begründbar. Menschen akzeptieren unfaire Entscheidungen leidlich, wenn sie von Menschen stammen, denn Menschen kann man womöglich doch noch überzeugen. Man wartet einfach, bis man einen neuen Lehrer bekommt, der einen mehr schätzt oder bis die unkooperative Sachbearbeiterin in der Behörde Urlaub hat. Bei Fehlurteilen von Menschen gibt es meistens Möglichkeiten, diese anzufechten. Ein Nein von einer Maschine hingegen kann ein Nein für immer sein. Wenn Computer nur noch auf Computerdaten zurückgreifen, braucht man keine zweite Meinung, denn jede Maschine wird zum gleichen Urteil kommen, wenn sie dieselben Datensätze benutzt. Wer auf diese Weise zum Paria wird, kann nur noch darauf hoffen, vor einem menschlichen Richter Recht zu bekommen. Aber das funktioniert nur, solange die Justiz sich noch nicht ausschließlich auf künstliche Intelligenz verlässt.

Die Vergangenheit siegt über die Zukunft

Was vor einigen Jahren noch niemandem aufgefallen wäre, ist heute vielen Veranstaltern von Kongressen und Tagungen peinlich. Die so genannten All-Male-Panels, Podien, die ausnahmslos mit Männern ähnlicher Herkunft und womöglich Altersgruppe besetzt sind, gelten nicht mehr als Erfolgsrezept für gelungene Experten-Runden. Würden zum Casting von solchen Veranstaltungen ab sofort nur noch Algorithmen eingesetzt, dürfte sich das Bild kaum ändern. Denn der Rechner würde Charakteristika des typischen Gasts auswerten,

Daten über besonders erfolgreiche Podiumsdiskussionen sammeln und all das mit Listen von Spitzen-Rednern abgleichen, um dann ein Muster zu erstellen und eine Empfehlung abzugeben.

Wer die Welt verändern will, muss aber Muster durchbrechen. Und das können Algorithmen nicht. Es sei denn, man programmiert ihnen speziell ein, dass sie – im Fall der Podiumsdiskussionen – einen bestimmten Anteil an Frauen, Menschen mit asiatischen Namen, Hauptschulabgängern oder Philosophen empfehlen sollen.

Es ist deshalb auch gefährlich, sich bei der Personalsuche ausschließlich auf Algorithmen zu verlassen. So wird der Rechner beim Stichwort Ingenieur nur nach Bewerbern suchen, es sei denn, man gibt ihm ausdrücklich den Zusatz-Auftrag, Ingenieurinnen einzuladen. Weil das nicht immer passiert, bekommen Frauen auf elektronischen Job-Börsen erwiesenermaßen deutlich weniger Angebote als Männer – werden nicht gerade Erzieherinnen oder Krankenschwestern gesucht.

Dem Bemühen um mehr Vielfalt in Teams bis hin zur Chefetage könnte also demnächst schon wieder ein Ende gesetzt werden. Es ist absehbar, dass das mühevolle Vorsortieren von Bewerbungen künftig ausschließlich von Algorithmen übernommen wird. Schon jetzt trifft das in den USA auf mehr als 70 Prozent aller Bewerbungen zu.[6] Und unter dem Strich ist das Kalkül der Unternehmen nachvollziehbar: Falsche Personalentscheidungen kosten viel Geld, und weshalb sollte man etwas Unbekanntes riskieren, wenn der Algorithmus doch eine so viel höhere Trefferquote hat als der Mensch. Dass man auf diese Weise auch ab und an einen Star übersieht – man wird es nie feststellen.

Dieser Mechanismus gilt aber nicht nur für die Besetzung von Arbeitsplätzen, sondern für alle gesellschaftlichen Bereiche, in denen Veränderungen politisch gewünscht sind. Computer können die Bedingungen für Stabilität ausrechnen, nicht aber die Chancen für Innovationen. Denn Innovationen entstehen genau an den Stellen, an denen jemand bewährte Pfade verlässt und Prozesse auf eine ganz neue Stufe hebt. Im Zeitalter der Algorithmen gilt der Grundsatz: »Weiter wie bisher, nur noch effizienter«. Anders gesagt: Wer sich damit beschäftigt, das Fax besser zu machen, wird nie die E-Mail erfinden.

Die Zukunftsforscherin Amali De Silva-Mitchell ist überzeugt davon, dass Algorithmen, die, basierend auf Daten aus der Vergangenheit, Vorhersagen machen, individuelle Ausdruckskraft und damit Innovation und Entwicklung begrenzen werden. »Es wird eine Bevölkerung gezüchtet, die sich mit dem Löffel füttern lässt, während nur noch die Elite innovativ ist. Den Massen wird die Fähigkeiten abhandenkommen, komplexe Entscheidungen zu treffen«, sagt sie.[7]

Es gibt noch einen Grund, warum bahnbrechende Neuschöpfungen in einer rechnergesteuerten Welt eher nicht so häufig vorkommen werden: Algorithmen bestrafen Mut und Risikofreude. Menschen werden nichts mehr wagen, wenn sie wissen, dass jeder Fehler ihnen Minuspunkte auf dem Vertrauenskonto bringen könnte. Lieber schön dem Durchschnitt entsprechen und mit der Masse gehen, als irgendwo anzuecken, etwas auszuprobieren und damit womöglich auf den Bauch zu fallen. Es ist aber auch eine Art von Freiheit, zu scheitern und danach wieder aufstehen zu können. In der Welt der Algorithmen ist der Preis für das Scheitern womöglich für viele nicht mehr akzeptabel.

Die Schwachen verlieren

Bei aller Freude über die Möglichkeiten, die eine solche an Daten und Analysen überreiche Welt der Menschheit eröffnen könnte, darf man eines nie aus dem Blick verlieren: Kommerzielle Interessen geben in ihr den Ton an. Schalten wir unser Smartphone ein, lauert hinter jeder App, in jeder Timeline jemand, der mit uns Geschäfte machen will. Und die »Mathe-Vernichtungswaffen«, die ständig mehr über unsere Vorlieben lernen, sollen diese Geschäfte immer noch lukrativer machen.

Firmen, die Werbung ausspielen, setzen deshalb dort an, wo sie Schwächen vermuten: Derjenige, der im Netz oft nach exotischen Reisezielen sucht, wird so lange faszinierende Hotels auf seinen Bildschirm gespielt bekommen, bis er eins davon bucht und den Flug gleich dazu. Wer besonders gerne Videos hochlädt, dem wird Kameraequipment angeboten, Singles werden von Partnerbörsen angefunkt und jemand, der nach Informationen zu bestimmten Krankheitssymptomen forscht, wird zum Ziel für Firmen, die zweifelhafte Arzneimittel vertreiben. Mit jeder elektronischen Suche, jeder Mail über Anbieter wie Google setzen wir winzige Informationen über uns in die Welt, aus denen jemand versucht, Kapital zu schlagen.

Die Mathematikerin Cathy O'Neil schildert in ihrem bereits erwähnten Buch eindrücklich, wie Unternehmen speziell die Armen oder weniger Gebildeten in finanzielle Fallen locken, aus denen sie oft nur mit Blessuren wieder herauskommen. Dies betrifft vor allem kommerzielle Bildungsangebote. In einem Land wie den USA, wo der Glaube an die Kraft des Individuums zur kulturellen DNA gehört, gibt es reichlich Gruppen, die besonders empfänglich für die Verheißungen vermeintlich höherer **49**

Ausbildungsabschlüsse sind: Alleinerziehende, die verzweifelt nach einem Weg aus der Armutsspirale suchen, Arbeitslose, die sich nichts so sehr wie eine Perspektive wünschen, junge Menschen aus armen Familien, die davon träumen, mit gleichaltrigen Studenten mithalten zu können. Private Colleges zielen mit ihren Algorithmen genau auf jene Opfer, die sich von wohlklingenden Namen beeindrucken lassen und mangels Wissen und Erfahrung aus ihrem Umfeld nicht überblicken können, dass ein Abschluss dort zwar ebenso viel kostet wie an manch einer angesehenen Universität, ihnen aber keinerlei Aufstiegschancen bietet.

Nach einigen Jahren im Big-Data-Geschäft sei ihre Desillusionierung weit fortgeschritten gewesen, schreibt O'Neil, der Missbrauch der Mathematik hätte ständig zugenommen. »Ich konnte kaum Schritt halten mit all den Fällen, über die ich hörte von Menschen, die von Algorithmen manipuliert, gesteuert und eingeschüchtert wurden.«[8] Und es traf immer am stärksten jene, die zu wenig Selbstvertrauen oder finanzielle Mittel hatten, um sich zu wehren. Weil Programmierer selten dazu angehalten würden, ihren Rechenmodellen Fairness mit auf den Weg zu geben, werde Unfairness mittlerweile industriell produziert.

Geringverdiener sind außerdem massiv vom Einsatz so genannter Scheduling Software betroffen, also von elektronisch erstellen Dienstplänen, wie sie im Einzelhandel und in der System-Gastronomie schon vielerorts zum Einsatz kommen. Auch dieser Unsitte widmet O'Neil ein ganzes Kapitel. Algorithmen rechnen für ihre Auftraggeber genau aus, wann der Andrang an der Theke oder Kasse am stärksten ist und wann am wenigsten Gäste oder Kunden in den Laden strömen. Mitarbeiter werden dann genau nach diesen Frequenzen nach Hause geschickt oder zum Dienst einbestellt. Der Eigentümer sorgt auf diese Weise dafür, dass sein Personal immer an der Auslastungsgrenze arbeitet, Zeit zum Verschnaufen gibt es kaum noch. Weil die Schichtpläne außerdem sehr kurzfristig erstellt werden, haben Eltern zum Beispiel kaum Möglichkeiten, solche Jobs anzunehmen oder weisungsgemäß auszufüllen. Schließlich lässt sich Kinderbetreuung selten auf Zuruf organisieren. Solche Software unterwirft alles der Effizienz; Menschen werden auf diese Weise zu Just-in-Time-Gütern.

Die wenig Gebildeten waren ohnehin schon immer die Ersten, deren Jobs gestrichen wurden, wenn Technologie ins Spiel kam. Für sie wird es noch härter werden als für Hochschulabsolventen oder anderweitig gut Ausgebildete, wenn sich künstliche Intelligenz und Robotik durchsetzen. Das mag nach außen anders wirken. Denn die Roboter-Wirtschaft wird auch die Welt akademischer Berufe gehörig umwälzen. Der Aufschrei derjenigen, die es gewohnt sind, eine Stimme zu haben, dürfte deshalb diejenigen übertönen, die schon seit Jahrzehnten daran gewöhnt sind, dass Maschinen ihre Arbeitskraft ersetzen. Schließlich drängen sich Industrieroboter, Geldautomaten oder Online-Shops schon lange an die Stelle von Arbeitern, Bankangestellten und Verkäufern.

Aber während Menschen mit hoher Bildung oder Bildungsbereitschaft eher in der Lage sein werden, um- und dazuzulernen, sich auf neue Berufe und Anforderungen einzustellen, werden diejenigen, die sich nicht weiterbilden können oder wollen, leer ausgehen.

Eine Gruppe von Wissenschaftlern der Universitäten Oxford und Yale haben aus einer Experten-Befragung Szenarien destilliert, welche Tätigkeiten wann durch künstliche Intelligenz ersetzt werden dürften.[9]

Demnach wird es noch 125 Jahre dauern, bis menschliche Arbeitskraft vollkommen durch algorithmische Steuerung ersetzt sein wird, Chirurgen und Bestseller-Autoren können sich noch auf 30 bis 40 aktive Jahre einstellen. Fachleute erwarten aber bereits in den nächsten 15 Jahren das Aus für diverse Berufe, für die nur eine geringe Qualifikation notwendig ist, unter anderem Verkäufer, Call-Center-Mitarbeiter und Lastwagen-Fahrer.

Autonome Fahrzeuge gelten ohnehin als größte zu erwartende Job-Killer im Bereich der unteren Einkommen. Das Weltverkehrsforum schätzt, dass schon im Jahr 2030 bis zu 70 Prozent aller Lastwagenfahrer nicht mehr gebraucht werden.[10] Hinzu kommen Taxifahrer, Chauffeure und Fahrer von Lieferdiensten. Überall auf der Welt sind das bislang Tätigkeiten, für die man außer einem Führerschein keine formale Qualifikation braucht, die aber vielen Menschen Beschäftigung und Auskommen und zuweilen auch eine gewisse Autonomie verschafft.

Das heißt nicht, dass man diese Entwicklung bremsen sollte. Zweifellos wird zum Beispiel der Einsatz selbstfahrender Fahrzeuge die Straßen sicherer machen und – je nach Antriebsart – womöglich auch die Umweltbelastung verringern. Viele Innovationen, bei denen Maschinen Menschen ersetzt haben, hatten solche positiven Auswirkungen, haben gefährliche und gesundheitsbelastende Jobs abgelöst und Perspektiven für angenehmere Beschäftigungen eröffnet. Schließlich ist es schon immer insbesondere die Drecksarbeit gewesen, die Menschen mit wenig Bildung geblieben ist, wenn sie sich ihren Lebensunterhalt verdienen wollen – und das hat ihnen nicht immer nur geholfen. Man könnte zum Beispiel auch darüber nachdenken, ob

Roboter irgendwann Prostitution überflüssig machen könnten, und was das für Frauen und Familien in aller Welt bedeuten würde.

Dennoch wird es sich mit Sicherheit rächen, wenn man bei der Entwicklung und dem Einsatz von Roboter-Intelligenz die Folgen für den Arbeitsmarkt aus dem Blick verliert. Denn immer dort, wo sich Veränderungen abzeichnen, sollte man dies rechtzeitig prognostizieren, um gegensteuern zu können. Dass Geringverdiener und schlecht Qualifizierte schon lange Opfer von technologischem Fortschritt und Algorithmen sind, ist in vielen Ländern länger ignoriert worden, als dies den Gesellschaften gut getan hat. Sowohl die Wahl von Donald Trump als auch der Aufstieg populistischer Bewegungen in Europa sind sichere Anzeichen dafür, dass der Verteilungskampf längst begonnen hat.

Der Blockbuster gewinnt immer

Für Autoren, Musiker, Künstler und alle, die ihre Werke gerne in der Welt verbreiten, wirkte das Internet in seinen frühen Zeiten wie eine Offenbarung. Vorbei waren die Tage, in denen man einen Verlag oder ein Plattenlabel finden musste, um die eigenen Erzeugnisse zu veröffentlichen, und eine Marketing-Abteilung gleich dazu. Dank des neuen Distributionskanals konnte man nun das Gedicht, die Reportage, den Song einfach hochladen und hoffen, dass sich das eigene Werk auf wundersame Weise verbreitete.

Manche hoffen immer noch, aber das schon lange vergeblich. Denn längst hat sich erwiesen, dass für Kunst im Netz die gleichen Gesetze gelten wie für sämtliche Akteure und Produkte: Die Starken werden immer stärker, die Schwachen verschwinden in den Tiefen des digitalen Warenlagers.

Man kennt das aus eigener Erfahrung. Sucht man auf einer Reise-Website nach einem Hotel, bekommt man als Erstes eine Hitliste geliefert, auf der die beliebtesten ganz oben stehen. Man neigt deshalb dazu, auch eines der top fünf Häuser zu buchen – so viele andere können sich nicht irren, ist die Logik dahinter. Auf diese Weise macht man die Top-Seller immer noch ein bisschen stärker. Ähnliches gilt für Musikstücke, Eierkocher, Turnschuhe und Zeitungsartikel. Dabei kann kaum ein Kunde überblicken, wie viele von den Bewertungen echt sind und wie viele gekauft. Algorithmen können übrigens auch Bewertungen schreiben. Und natürlich ist es für den Privatkunden viel zu aufwändig zu überprüfen, ob hinter »Sonja, 25, alleinreisend« eine Frau oder doch nur ein Bot steckt.

Die Harvard-Professorin Anita Elberse spricht von einem Blockbuster-Effekt.[11] Anhand der Entertainment-Branche zeigt sie in ihrem Buch, dass die Zukunft den großen Hits gehören wird und nicht dem, was Marketing-Experten den *long tail* nennen, also jene vielen kleinen Verkäufe in Nischen, für die das Internet ursprünglich als so ideal galt.

Letztlich ist es die menschliche Bequemlichkeit, die diesen Trend unterstützt. Kaum jemand blättert bei der Google-Suche weiter als bis zur zweiten Seite. Niemand scrollt sich im Hotel-Portal durch alle Angebote. Und schon längst hat der Trend auf die analoge Welt übergegriffen. Warum noch stundenlang im Bücherregal nach einem passenden Urlaubs-Roman suchen, wenn der Händler einem die Top-Seller direkt vor die Nase gestellt hat. Aus Kunden, die Orientierung suchen, werden Hitlisten-Deppen, die dankbar jedem Hinweis folgen, der ihnen das Leben erleichtert. »Es wird einfach bequem sein, dem Rat eines Algorithmus zu folgen oder zu schwierig, den Rat auszuschlagen. Das führt dazu, dass aus Algorithmen Prophezeiungen werden, die sich selbst erfüllen, und aus Nutzern Zombies, die nur noch Dinge konsumieren, die leicht zu verdauen sind«, sagte Bart Knijnenburg, Professor an der Clemson Universität.[12]

Algorithmen spalten die Gesellschaft

Seitdem der Politologe und Aktivist Eli Pariser 2011 den Begriff »Filterblase« geprägt hat, ist er aus den Debatten über die Internet-Welt nicht mehr wegzudenken.[13] Damals gehörte es noch nicht zum Allgemeinwissen, dass Algorithmen bei Suchmaschinen oder sozialen Netzwerken wie Facebook die Vielzahl der Informationen danach sortieren, was denjenigen interessieren könnte, der sie abruft. Das, was einem bei einer Google-Suche angezeigt wird, orientiert sich zum Beispiel an vorherigen Suchen, die man von diesem Gerät aus unternommen hat. In seiner Facebook-Timeline werden einem vor allem Beiträge von Menschen ausgespielt, mit denen man über andere Kanäle Kontakt hatte, die sehr beliebt bei anderen Freunden sind oder eine Verbindung zu Institutionen haben, deren Beiträge man abonniert hat.

Diese Vorauswahl führt dazu, dass sich Kontakte zu bestimmten Bekannten verstärken, man sich immer weiter in sein Spezialgebiet vertieft und vor allem von all den Postings verschont wird, die der Algorithmus als uninteressant für den bestimmten Nutzer bewertet. Ob diese Filterblase wirklich dazu führt, dass man weniger Informationen bekommt als früher, ist bislang nicht wissenschaftlich bestätigt. Es gibt vielmehr Belege dafür, dass Menschen heute mehr Informationsquellen anzapfen als in früheren Zeiten, in denen Tagesschau, Tageszeitung und Telefonate mit den engsten Freunden und Verwandten die wichtigsten Informationsquellen waren.[14] Wenn man so will, kann man sich durch die tägliche Lektüre seiner Lieblingszeitung mindestens ebenso in eine Filterblase begeben wie durch den Blick auf die Facebook-Timeline.

Sehr offensichtlich ist aber das, was man Echokammer-Effekt oder in der Fachsprache *confirmation bias* nennt. Wer sich zum Beispiel ausführlich mit dem Nutzen von Homöopathie beschäftigt, wird zunehmend mehr Beiträge von Homöopathen, deren Organisationen und Anhängern zu lesen bekommen – und zunehmend weniger kritische Stimmen. Irgendwann werden die Befürworter in dieser Echokammer so laut, dass Zweifler gar nicht mehr zu hören sind. Und der Nutzer hat das Gefühl, der Homöopathie gehöre die medizinische Zukunft, selbst wenn er diese Meinung nur mit einer Minderheit der Bevölkerung teilt. Gleiches gilt für Computer-Nerds, die sich irgendwann nur noch unter ihresgleichen bewegen und Technologien deshalb nicht mehr in Frage stellen, oder die Anhänger rechtsradikaler Propaganda, die sich über das Internet vernetzen und in ihren Sichtweisen bestärken können. Es sind solche Echokammern, die Gesellschaften politisch spalten oder bestehende Spaltungen verstärken können. Menschen haben dann den Eindruck, es sei in Ordnung, sich nicht mehr mit Andersdenkenden auseinanderzusetzen, weil Gegenstimmen in ihrer speziellen Welt ohnehin immer leiser werden und nur noch eine geringe Rolle spielen.

Für Medienhäuser ist diese Entwicklung, freundlich formuliert, eine große Herausforderung, denn Algorithmen hebeln die Arbeit von Redaktionen aus. Bislang gehört es zu den vornehmsten Aufgaben von Journalisten, Themen und Schwerpunkte auszuwählen, Informationen zu filtern und zu ordnen. Dabei geht es eben genau nicht darum, Lesern, Hörern und Zuschauern nach dem Mund zu reden und sie in eine Spezialisierung zu treiben, sondern sie über die Ereignisse und Entwicklungen zu informieren, die für ein Leben als Staatsbürger in einem demokratischen Gemeinwesen wichtig sind.

Zwar konnten Journalisten auch früher niemanden zwingen, den Text über die Hintergründe der Regierungskrise in Italien oder die Hungerkatastrophe in Äthiopien wirklich zu lesen. Aber Reporter lernen ihr Handwerk genau deshalb, damit den Abnehmern ihrer Beiträge immer wieder das passiert: die zufällige Begegnung mit einem guten Text. Da liest man dann eben mal ein Stück über Plastikinseln im Nordpazifik oder ein Porträt über die wichtigste Oppositionspolitikerin in Sambia, obwohl man zuvor weder wusste, wo Sambia liegt noch sich je mit dem Strömungsverlauf in den Weltmeeren auseinandersetzen wollte.

Wenn nun aber Facebook oder eine ähnliche Plattform zum wichtigsten Verbreitungskanal des journalistischen Angebots werden, und genau das zeichnet sich ab, fehlen den Medienhäusern nicht nur die Einnahmen aus dem Verkauf ihrer Produkte. Sie geben auch die Kontrolle darüber ab, welche ihrer teuer produzierten Inhalte überhaupt an welche Kunden ausgespielt werden. Denn Facebook kontrolliert die Algorithmen, die den Stoff auswählen. Wenn die Plattform dann entscheidet, dass die Kunden oder Nutzer bevorzugt das lesen sollen, was ihre Freunde posten, und Inhalte von Institutionen per Rechenbefehl als weniger relevant klassifiziert werden, müssen die Medienbetriebe das zur Kenntnis nehmen. Einen Einfluss darauf haben sie nicht.

Auf diese Weise können Konzerne den Bürgern das Rüstzeug für die politische Teilhabe in der Demokratie rauben. Der gemeinsame Informationsraum verschwindet, in dem alles zusammenläuft, was man für informierte Entscheidungen in seinem Gemeinwesen wissen muss. Das Internet ist zwar immer noch ein großer Marktplatz der Ideen, des Wissens und der Kommunikation. Aber der ist so gigantisch und unübersichtlich geworden, dass man ihn ohne Navigationsgerät nicht mehr betreten kann. Algorithmen sind ein solches Navi. Aber statt die Kunden so zu dirigieren, dass sie sich auf diesem Markt ohne Mühe mit Grundnahrungsmitteln eindecken können, werden sie derzeit von allerlei Zuckerzeug abgelenkt, bei dem sie kleben bleiben. Von Süßzeug allein aber kann auf Dauer niemand leben.

Wer den Algorithmus kontrolliert, kontrolliert die Gesellschaft

Konzerne wie Facebook mit seinen weltweit zwei Milliarden Nutzern kennen das Dilemma des Informations-Überschusses. Deren Manager verteidigen ihre Algorithmen auf öffentlichen Bühnen gerne damit, dass dies halt ein Versuch sei, Pfade in den Inhalte-Dschungel zu schlagen. Nur lassen sie sich ungern über die Schulter schauen, wenn sie die Werkzeuge entwickeln, um ihn zu lichten. Die Algorithmen der großen Plattform-Anbieter sind die modernen Coca-Cola-Formen.

Die Internet-Konzerne stellen sich nach außen gerne so dar, als seien sie lediglich die Premium-Betreiber einer Art von weltweitem, virtuellen Straßennetz. Einer Infrastruktur also, die theoretisch jede mit jedem verbindet. Keinesfalls wollen sie die Verantwortung dafür übernehmen, wer dieses Netz zu welchen Zwecken nutzt. Für Facebook und Google sind das Schulkind und der Terrorist deshalb zunächst einmal gleichgestellt.

Facebook-CEO Mark Zuckerberg hat deshalb versucht, die Verantwortung für Inhalte so lange, wie es geht, von sich zu weisen – und das sogar mit einigem Recht. Ein soziales Netzwerk ist keine Weltpolizei. Ein solcher Konzern hat kein Mandat dafür, eigenständig den Zensor zu geben und zu entscheiden, welche Bilder und Texte für eine Gesellschaft akzeptabel anzuschauen sind und welche gelöscht werden müssen.

Besonders deutlich wurde dieses Dilemma, als Facebook versehentlich das ikonographische Bild des schreienden nackten Mädchens aus dem Vietnam-Krieg gelöscht hatte (nacktes Kind = schlecht). Der Chefredakteur der norwegischen Zeitung *Aftenposten*, Espen Egil Hansen, hatte Zuckerberg daraufhin in einem Brief Machtmissbrauch vorgeworfen; seitdem findet er sich ein ums andere Mal mit Facebook-Managern auf Podien wieder, um die Logik dahinter zu diskutieren.

Dass Facebook zunehmend und mit Hilfe Tausender Mitarbeiter auch fremder Dienstleister trotzdem Inhalte löscht, liegt an dem starken sozialen und politischen Druck, der auf dem Konzern lastet, nicht zuletzt auch auf Betreiben der deutschen Bundesregierung. Insbesondere der damalige Justizminister Heiko Maas hat sich 2017 damit profiliert, härter gegen soziale Netzwerke vorgehen zu wollen, die nichts gegen Hass und Verunglimpfung auf ihren Kanälen tun. Er hat den Entwurf zum »Netzwerkdurchsetzungsgesetz« vorgelegt, das in Deutschland und darüber hinaus viel Kritik geerntet hat. Deren Tenor: Eine staatliche Aufgabe werde an private Unternehmen delegiert; zudem gefährde es die Meinungsfreiheit, wenn Unternehmen eigenständig Beiträge löschen könnten. Autoritäre Regierungen fühlten sich ermutigt, nachzuziehen unter dem Vorwand, man wolle seine Bürger schützen.

Aber der politische Druck ist berechtigt. Staatliche Institutionen, die eigentlich das Gewalt- und Kontrollmonopol haben, sind dem Entwicklungstempo der digitalen Welt nicht mehr gewachsen. Keine Behörde, kein Gericht kann schnell genug reagieren, wenn es darum geht, gefährliche und verstörende Inhalte aus dem Netz zu entfernen, angefangen bei Hetze und Demütigungen in Wort und Bild bis hin zu Videos von Morden und Selbsttötungen. Der Staat hat es zusätzlich schwer, weil Facebooks Algorithmen Betriebsgeheimnisse sind, auf die Behörden keinen Zugriff haben. Das ist ein wenig, als gäbe es zwar ein Straßennetz, aber nur private Konzerne hätten das dazugehörende Kartenmaterial und bestimmten über wesentliche Teile der Straßenverkehrsordnung.

Tatsächlich entstehen die größten Konflikte um die digitale Welt genau an dieser Schnittstelle: dem Zusammenprall von kommerziellen Interessen, die den Bürger als Konsumenten sehen wollen und den Interessen von Staaten, die ihre Bürger – zumindest idealerweise – schützen wollen. Die Server-Farmen von Google und Facebook seien in etwa so bedeutend und groß wie Atomkraftwerke oder Öl-Raffinerien, nur im Gegensatz zu diesen würden sie überhaupt nicht reguliert, sagt Doc Serails vom *Berkman Center* in Harvard.[15]

Es ist hilfreich, bei der Straßenanalogie zu bleiben, wenn man die Konflikte um das Internet verstehen will. Auf dem realen Straßennetz kann grundsätzlich auch jeder fahren oder sich anders fortbewegen – so lange er sich an die Regeln hält, im Falle von Mautstraßen auch dafür zahlt. Nur ist das physische Netz viel langsamer gewachsen als das virtuelle. Mit dem Anschwellen des Verkehrs kamen jeweils Regeln dazu wie der Führerschein, in Deutschland das »rechts vor links«-Gebot, Straßenschilder, Vorschriften für die Ausstattung verschiedener Fahrzeuge und die Pflicht, Gehsteige zu nutzen. Der Staat wacht darüber, dass diese Regeln eingehalten werden, wer sie bricht, wird bestraft.

Man muss sich das Internet nun als ein Straßennetz vorstellen, das voll ausgebaut war, bevor es die allererste Regel dafür gab. Die Erfinder des Netzes hatten den Anstand und die Rücksichtnahme aller Nutzer zunächst mehr oder weniger vorausgesetzt. »Ich dachte früher einmal, jeder kann frei reden, Informationen und Ideen austauschen, die Welt werde dann automatisch zu einem besseren Ort«, sagte Evan Williams, einer der Twitter-Gründer, einmal im Gespräch mit einem Journalisten der *New York Times*, »ich habe mich geirrt.«[16] Er gehört zu der wachsenden Zahl der Silicon-Valley-Protagonisten, die aus ihrer Enttäuschung über diese Entwicklung keinen Hehl machen. »Ich glaube, das Internet ist kaputt«, sagt Williams heute.

Dass es bei so viel Naivität zu schweren Unfällen kommen musste, war eine Entwicklung mit Ansage. Dabei erstaunt einen das schon: Einige der Internet-Pioniere hatten offenbar ihr eigenes Geschäftsmodell nicht verstanden. Williams kann das Problem mittlerweile benennen. Das Internet belohne Extreme, sagt er. Schließlich ist es auf kommerzielle Interessen ausgerichtet, und genau das hätte der Gründergeneration eigentlich bewusst sein müssen. Weil die dramatischsten, krassesten, lustigsten und obszönsten Inhalte den stärksten Verkehr auf die Seiten ziehen, verselbstständigt sich das Angebot in diese Richtung. Die Algorithmen arbeiten genau daraufhin. Denn viel Verkehr ist gewünscht, weil sich die meisten Seiten allein über Werbung finanzieren. Ein von Werbung getriebenes System könne aber nur Aufmerksamkeit und nicht die richtige Antwort belohnen, sagt Williams. Es gebe deshalb nur eine unvermeidbare Lösung: »Menschen müssen für hochwertige Inhalte zahlen.«

Unternehmen wollen nun aber Profite maximieren, nicht Werte. Deshalb sind sie schon von ihrer Interessenlage her einigermaßen ungeeignet dafür, die Rolle der Verkehrspolizei zu übernehmen. Hinzu kommt, dass derjenige, der wirtschaftliche Ziele verfolgt, ein Interesse an der Geheimhaltung haben muss. Denn wer die Entwicklungskosten für Innovation schultert, braucht naturgemäß einen gewissen Wettbewerbsvorteil.

Besonders bedenklich ist, dass sich die Macht über die wichtigsten Kanäle im Internet in sehr wenigen Händen konzentriert. Facebook ist praktisch »das« soziale Netzwerk, in einigen Weltgegenden ist das Unternehmen gleichbedeutend mit dem Internet, weil die Menschen dort überhaupt nur über Facebook Zugang zum Netz haben. Dass jüngere Nutzer Facebook mittlerweile als das Netzwerk ihrer Eltern betrachten, stört den Konzern wenig. Schließlich gehören auch Instagram und WhatsApp zu Zuckerbergs Reich – und es werden weitere Firmen folgen, denn die Finanzkraft des Konzerns ist immens. Laut dem *Digital News Report* des *Reuters-Institutes* an der Universität Oxford haben 80 Prozent aller Internet-Nutzer 2017 mindestens einmal pro Woche ein Facebook-Produkt benutzt.

Google ist als Suchmaschine erdrückend erfolgreich, kein Konkurrent hat nur annähernd so viele Nutzer. Und je mehr Menschen Google verwenden, umso besser werden die Suchalgorithmen. Zum Google-Imperium gehört außerdem Youtube, der wichtigste Video-Kanal des Netzes. Der andere große Internet-Spieler Amazon wiederum ist längst nicht nur der größte Konsumgüter-Lieferant der Welt, sondern stellt Firmen über die Cloud auf praktische Art Rechenkapazitäten zur Verfügung. Viele Unternehmen lagern ihre Daten deshalb dort, weil es deutlich günstiger und unkomplizierter ist, als eigene Server zu betreiben.

Statt Wettbewerb und Vielfalt regieren im Internet also Supermächte. Sie haben Zugriff auf unfassbare Mengen an Daten von Kunden, deren Vorlieben, Gewohnheiten, Bewegungsprofile und Kontakte sie über ihre Algorithmen beeinflussen. »Leider werden die meisten Algorithmen in den kommenden zehn Jahren von globalen Unternehmen produziert werden, die damit Gewinne realisieren wollen«, sagt Giacomo Mazzone von der *European Broadcasting Union*. »Dies wird lokale Intelligenz, lokale Fertigkeiten, Minderheitssprachen und lokales Unternehmertum ausmerzen, weil die globalen Wettbewerber diese Ressourcen abschöpfen werden.«[17]

Was jedoch ist die Alternative? Wollen wir statt dem konzerngetriebenen wirklich ein staatlich gesteuertes Netz? Dem einen oder anderen Demokraten mag diese Lösung sympathischer sein. Immerhin sind staatliche Gremien öffentlicher Kontrolle unterworfen, ihre Vertreter sind dem Volk Rechenschaft schuldig. Was aber, wenn all die Datenberge, die heute auf den Servern von Konzernen ruhen, in die falschen Hände geraten? Der Regierungswechsel in den USA hat gezeigt, dass selbst in einer stabilen Demokratie immer das Risiko besteht, autoritären Führungsfiguren Macht überlassen zu müssen, die sich dann schnell mal nach eigenem Gutdünken über Recht und Gesetz stellen. Peter Levine, Professor an der Tufts University, formuliert das große Unbehagen für die Pew-Umfrage so: »Was mich beunruhigt ist die Fähigkeit von Regierungen und großen Unternehmen, Informationen anzuhäufen und damit Einblicke in Individuen zu gewinnen. Damit können sie diese Individuen in einer Art und Weise beeinflussen, die zu subtil ist, um sie wahrzunehmen oder gar ihr entgegenzuwirken. Das bedroht die Freiheit.«[18]

Das zuvor schon erwähnte Beispiel aus China zeigt, was geschehen kann, wenn eine Regierung statt eines Internet-Konzerns die Durchleuchtung der Bürger in die Hand nimmt. Bei einem kommerziell getriebenen Internet besteht die Gefahr, dass Konsumenten ihren vermeintlichen Bedürfnissen erliegen, sich finanziell verausgaben und im Extremfall daran zugrunde gehen. Ist das Netz von einem Überwachungsstaat dominiert, stehen renitente Bürger stets mit einem Bein im Gefängnis, und auch ihre Familien und Freunde machen sich verdächtig.

Die Kontrolle über die Algorithmen sollte deshalb weder ganz bei der Privatwirtschaft noch komplett auf staatlicher Seite liegen. Nur im Zusammenspiel zwischen beiden entsteht ein Spannungsfeld, und das wird gebraucht. Denn was dem Individuum guttut, auch dem einzelnen Unternehmen, muss nicht gut für das Gemeinwohl sein, und was gesellschaftlich erstrebenswert ist, kann persönliche Vorlieben einschränken – man denke zum Beispiel an den Umwelt- oder den Nichtraucherschutz. Freiheit muss immer wieder neu verhandelt werden. Und das geht am besten, wenn keine Institution allzu viel Macht bekommt: weder Konzerne wie Facebook oder Google noch eine übermächtige Regierung wie jene in China, die sich ihre Bürger als Marionetten vorstellt.

Die Welt wird angreifbarer

Am 12. Mai 2017 funktionierte auf vielen Computern in aller Welt nichts mehr. Britische Krankenhäuser waren genauso betroffen wie die Deutsche Bahn und der spanische Telefonkonzern Telefonica, dazu natürlich Privathaushalte. Der Virus *Wannacry* hatte mehr als 230.000 mit Programmen von Microsoft ausgestattete Rechner in 150 Ländern mit Erpressersoftware infiziert. Betroffene wurden aufgefordert, Lösegeld zu zahlen, um wieder an ihre Daten zu gelangen – wie immer in solchen Fällen wurde heftigst davon abgeraten, solchen Aufforderungen nachzukommen. Es war der größte bis dahin bekannte Hackerangriff. Die Eindringlinge hatten eine Sicherheitslücke genutzt, die der amerikanischen Sicherheitsbehörde NSA seit Jahren bekannt war. Nur hatte die NSA sie selbst gebraucht, um ihrerseits Computer auszuspähen.

Recht bald kam der Verdacht auf, dass Nordkorea hinter der Attacke steckte. Die IT-Sicherheitsfirma Symantec fand dafür Indizien, denn es wurden ähnliche Methoden eingesetzt wie bei einem Angriff auf den Konzern Sony Pictures 2014, bei dem mutmaßlich von dort gesteuerte Hacker vertrauliche Daten erbeuteten und ins Netz stellten – es wurde vermutet, dass sie Rache für eine Komödie nehmen wollten, die sich über Diktator Kim Jong-Un lustig machte.

Es ist eines der großen Dilemmata des Internets: Die Vorteile einer vernetzten Welt, in der jedes Ding mit jedem anderen kommuniziert und jeder sich mit jedem verbinden kann, bergen gleichzeitig ihre größten Nachteile. Je stärker Algorithmen verbreitet sind, umso mehr Angriffspunkte haben Hacker. Haben Kriminelle erst einmal einen Eingang gefunden, können sie ihre

Aktivitäten viel weiter streuen als in Systemen, die unverbunden nebeneinanderstehen. Von der Energieversorgung über den vernetzten Maschinenpark und den Börsenhandel bis hin zum »klugen« Haus oder selbstfahrenden Auto ist alles, was von Algorithmen gesteuert wird, angreifbar.

Vor lauter Begeisterung für die Bequemlichkeit und Leistungsfähigkeit digitaler Angebote haben sich viele Nutzer zudem in eine »Uns wird schon nichts passieren«-Haltung fallen gelassen. Die Investitionen in Viren-Abwehr und Sicherheit hinken den technologischen Entwicklungen weit hinterher. Das betrifft Privatleute genauso wie Unternehmen. Vor allem kleine und mittelständische Betriebe vernachlässigen den Schutz vor Cyberangriffen.

Zwar gibt es reichlich Appelle an alle Nutzer digitaler Technologien, vor allem in offenen Netzwerken vorsichtig mit ihren Daten umzugehen. Aber tatsächlich sind sie eher von begrenzter Wirkung. Wenn zum Beispiel das Bundesamt für Sicherheit in der Informationstechnik eine Checkliste veröffentlicht, auf der Nutzer aufgefordert werden, öffentliche Wlan-Netze zu meiden, wird das denjenigen wenig beeindrucken, der froh über einen kostenlosen Internetzugang im Cafe oder in der Bahn ist.

Solange Sicherheitseinstellungen nicht vorinstalliert sind und sich automatisch aktualisieren, wird insbesondere der Verbraucher immer ein leichtes Opfer von Angreifern sein. Konzerne, die selbsterklärende Geräte anbieten, müssen den automatisierten Schutz gleich mitliefern. Ein Smartphone, das sich ohne Vorwissen binnen Minuten in Gang setzen lässt, muss sich ebenso schnell auf den neuesten Sicherheitsstandard bringen lassen.

Von solchen Security-by-Design-Forderungen abgesehen, ist es gar nicht möglich, alle Systeme vollkommen sicher zu machen. Denn auch die Angreifer entwickeln ihre Werkzeuge weiter. Digitaler Bankraub wird in den kommenden Jahren immer häufiger ein Thema werden, sowohl für die Bankhäuser selbst als auch für Privatkunden, die sich über das Internet-Banking angreifbar machen.

Aber es muss nicht immer gleich der ganz große Hackerangriff sein, der Atomkraftwerke lahmlegt, in selbstfahrende Fahrzeuge oder gar in als Waffensysteme genutzte Drohnen eingreift und sie fernsteuert. Vernetzte Gesellschaften sind auf viel subtileren Wegen angreifbar. Bots, also Roboter, die wie Menschen daherkommen, können im Netz Stimmung machen, Programme generieren automatisch Kundenbewertungen und beeinflussen damit Kaufentscheidungen. Auch vor dem demokratischen Prozess machen solche elektronischen Manipulationen nicht halt, die durch Algorithmen erst möglich werden.

Das hat vor allem die Debatte um *Fake News* gezeigt, also gezielt gestreute und per Twitter, Google oder Facebook verbreitete Lügen. Solche Fantasie-Inhalte, zum Beispiel produziert von Hackern aus Mazedonien, vermochten es zum Beispiel, im amerikanischen Wahlkampf das Bild der demokratischen Präsidentschaftskandidatin Hillary Clinton schwer zu beschädigen. Fast jeder erinnert sich an Nachrichten, Clinton betreibe einen Kinderpornoring oder sie sei unheilbar krank.

Ulrich Ladurner, Korrespondent der *Zeit*, war für eine Reportage in die mazedonische Kleinstadt Veles gereist, in der es zeitweise 140 Fake-News-Seiten gab.[19] Dabei waren die mazedonischen Hacker gänzlich unpolitisch, sie hatten gar nicht im Sinn, den Wahlkampf zu beeinflussen. Ihnen ging es allein ums Geld. Weil sie mit ihren Fake News viel Aufmerksamkeit bekamen, wurde auf den entsprechenden Seiten besonders viel Werbung platziert. Die Produzenten der Falschmeldungen bekamen Geld pro Klick und erlösten auf diese Weise ein Vielfaches des mazedonischen Durchschnittslohns. »Man muss sich mit Facebook auskennen«, sagte ein von Ladurner interviewter Hacker dazu. Die Texte hatte er noch nicht einmal selbst geschrieben, sondern einfach nur kopiert und weiterverbreitet. Der Rest kam von alleine.

Der Konzern Google war alarmiert, als wenige Tage nach der US-Wahl bei der Suche nach dem Endergebnis kurzzeitig ein Link als oberster erschien, der Trump attestierte, er habe nicht nur die meisten Wahlmänner, sondern auch die meisten Stimmen gewonnen – entgegen den offiziellen Angaben. Auch diese Information stammte von einer Fake-News-Seite, die sich rasend schnell verbreitete.

Seitdem haben sich nicht nur der Suchmaschinen-Konzern, sondern auch sämtliche Medienhäuser auf die Entwicklung von Technologien und Methoden gestürzt, um erlogene Nachrichten zu erkennen und deren Verbreitung zu stoppen. Denn anders als ein groß angelegter Hackerangriff, der weltweit Schlagzeilen macht, wirken online verbreitete Lügen subtiler. Sie verunsichern Bürger und höhlen das Vertrauen in Qualitätsmedien aus. Was ist wahr und was ist falsch, und wie soll man das noch wissen? Plötzlich wird denjenigen unterstellt, die der Wahrheit verpflichtet sind, sie würden aus politischem Kalkül Informationen von der Bevölkerung fernhalten, die »im Internet« überall zu lesen sind. Lügen, die daherkommen wie Wahrheiten, können

Wahlen beeinflussen. Die vornehmste Institution der

Demokratie wird auf diese Weise angreifbar. Im sechsten Kapitel dieses Buches wird davon noch ausführlicher die Rede sein.

Der Mensch entscheidet, ob er noch entscheidet

Forscher, Ingenieure und Philosophen sind nicht nur gespalten in der Einschätzung, ob die Welt der Algorithmen die Menschheit eher positiv oder eher negativ prägen wird. Sie sind auch gänzlich uneins in der Bewertung, wenn es um die zentrale Frage überhaupt geht: Bleibt der Mensch auf Dauer Herr im Haus? Denn das Problem mit Algorithmen ist nicht nur, dass sie in den meisten Fällen Firmengeheimnisse und deshalb nach außen intransparent sind. Das Prinzip des *deep learning* bedeutet, dass sich Algorithmen mit Hilfe neuer Daten selbst weiterentwickeln und irgendwann womöglich selbst für diejenigen undurchschaubar werden, die sie programmiert haben.

»Algorithmen die nach dem Prinzip des Machine Learning arbeiten, werden sehr schnell selbst für ihre Schöpfer undurchsichtig, die verstehen dann nicht länger, welcher Logik sie folgen und warum sie zu diesem oder jenem Ergebnis kommen«, schreibt Rebecca MacKinnon, die beim *Think Tank New America* das *Ranking Digital Rights-Projekt* leitet.[20] Es sei beängstigend, dass sie vollkommen intransparent werden und man sie nicht länger zur Verantwortung ziehen könne. Lee Rainie und Janna Anderson resümieren in der großen Pew-Studie: »Es ist möglich, dass in der Zukunft Algorithmen viele, wenn nicht die meisten Algorithmen schreiben werden.«

Sind also Szenarien aus Science-Fiction-Filmen denkbar, in denen Roboter die Macht ergreifen, sich verselbstständigen und die Menschheit letztlich auslöschen – das Konzept der *Singularity*? Hier trennen sich die Lager in Optimisten und Pessimisten. Prof. Luciano Floridi, Philosoph und Leiter des Projekts *Ethik in der Informationsgesellschaft* am Oxford Internet Institute, gehört zu den Ersteren. Der Mensch sei ein wunderbarer Ausrutscher der Natur, sagte er in einem SZ-Interview. Intuition, Empathie, Psychologie, die Fähigkeit, in Krisensituationen richtig zu reagieren, all das sei zutiefst menschlich. »Künstliche Intelligenz ist nicht einmal nahe dran, den Menschen zu imitieren«, so Floridi.[21] Nach seiner Ansicht schwinge bei allen Singularity-Fantasien die Sehnsucht mit, Verantwortung abwälzen zu wollen. Es sei ja auch viel leichter zu sagen, dies sei eine Konzern-Entscheidung gewesen oder »das System«, als zuzugeben, dass man die Dinge aus der Hand habe gleiten lassen. Floridis Lösung: »Soziopolitische Kontrolle, 24 Stunden lang sieben Tage in der Woche. Denn wenn etwas schiefgeht, kann man das nur uns vorwerfen.«

Sein Kollege Prof. Nick Bostrom, ebenfalls in Oxford und dort Leiter des *Future of Humanity Instituts*, schätzt die Situation kritischer ein – wenngleich er zu ähnlichen Schlussfolgerungen kommt. In seinem Buch »Superintelligenz« warnte er schon 2013 vor den Risiken künstlicher Intelligenz, die sich verselbstständigen und der Menschheit schaden könnte.[22] Er ist einer der großen Mahner, dem sich Technologie-Größen wie Elon Musk und Bill Gates angeschlossen haben.

Eins ist offensichtlich: Algorithmen machen den Menschen weniger frei. Man kann es freundlich »nudging« oder weniger freundlich Manipulation nennen, wenn Algorithmen Bürger und Konsumenten zu bestimmten Entscheidungen drängen; irgendwann wird es unmöglich sein, die Übermacht der Daten zu ignorieren.

Heute werde nicht mehr nur in Parlamenten über die Gestaltung der Gesellschaft entschieden, sondern auch in den Geschäftsbedingungen und Algorithmen der Plattform-Konzerne, sagte Jeanette Hofmann, Direktorin des *Humboldt-Institutes für Internet und Gesellschaft*, und fügte an. »Manche sagen, das ist eine neue Form der Repräsentation der Gesellschaft, die sich nicht auf Meinungen bezieht, sondern auf Verhalten. Aber die Daten werden hinter unserem Rücken ermittelt.«[23]

Für die Gesellschaft kann dabei trotzdem etwas Vernünftiges, ja sogar Gutes entstehen. »Alles ist besser als Bauchgefühl«, sagt die Harvard-Verhaltensökonomin Iris Bohnet.[24] Schließlich sortiert eben dieses Gefühl häufig nicht danach, ob etwas gerecht, menschlich, vernünftig oder gut für den Weltfrieden und den Fortbestand des Planeten ist. Es fragt viel häufiger: Ist die Entscheidung bequem oder vorteilhaft für mich und meine Freunde? Insofern ist es immer sinnvoll, zusätzlich den Rechner zurate zu ziehen. Aber nur wenn Algorithmen so programmiert sind, dass sie die Freiheit des Individuums schützen, werden Menschen ihre Würde und Daseinsberechtigung verteidigen können.

Alle Fachleute sind sich in einem Punkt einig: Man kann Technologie gestalten, und man muss es wollen. Microsoft-Chef Satya Nadella veröffentlichte im Juni 2016 im Internet-Magazin *Slate* zehn Grundprinzipien für den Umgang mit künstlicher Intelligenz, gegen die wenig einzuwenden ist.[25] Roboter jeglicher Art sollten Menschen unterstützen statt überflügeln, ihnen sollten Werte wie Respekt für Vielfalt, Schutz der Privatsphäre und Sicherheit einprogrammiert werden. Sie müssten transparent und verständlich sein und die Effizienz maximieren, während sie gleichzeitig die Menschenwürde wahren. Ziel müsse es sein, menschliche Empathie, Kreativität und digitale Bildung zu stärken. Außerdem müsse am Ende immer ein Mensch die Verantwortung tragen, komme was wolle.

Ben Shneiderman von der University of Maryland fordert, Algorithmen genauso zu regulieren wie Autos, Banken oder Medikamente. Es sollte ein »National Algorithm Safety Board« geben, eine Regulierungsbehörde, die Algorithmen abnehmen müsse, schlug er in einer Vorlesung am Londoner *Alan Turing Institute* vor.[26]

All das erfordert allerdings Einsicht: Diejenigen, die Algorithmen programmieren oder das Programmieren in Auftrag geben, müssen deren Risiken kennen und verstehen. Sie müssen im Diskurs mit der Gesellschaft Ziele entwickeln, sie im Auge behalten und jederzeit die Verantwortung für die Ergebnisse übernehmen. »Wenn wir Algorithmen wollen, die nicht diskriminieren, werden wir in der Lage sein, Algorithmen zu designen, die nicht diskriminieren«, sagt der MIT-Professor David Karger.[27]

Nicht die technische Machbarkeit und der kommerzielle Erfolg dürfen dabei also die wichtigsten Entscheidungskriterien sein. Werte und Ethik müssen immer eine überragende Bedeutung haben. Soll das autonome Auto das Kleinkind auf der Straße überfahren oder den Fahrer gegen den Baum steuern, wenn sich ein Crash nicht vermeiden lässt? Solche Fragen kann auch künftig kein Computerprogramm dieser Welt beantworten.

Die Mathematikerin Cathy O'Neil findet, Programmierer sollten einen Eid ablegen, ähnlich wie Ärzte. Der Inhalt könnte ähnlich sein wie jener, den die beiden Finanz-Ingenieure Emanuel Derman und Paul Wilmott nach der Lehman-Pleite formuliert hatten: niemals zugunsten einer eleganten Formel die Realität aus dem Blick verlieren, sich von Mathematik nie allzu stark beeindrucken lassen, den Menschen, die solche Modelle nutzen, genau deren Limits erklären und sich generell dessen bewusst sein: »Ich werde daran denken, dass ich die Welt nicht erschaffen habe und dass sie nicht meinen Gleichungen entspricht.«[28] Ein bisschen Demut schadet nicht, auch nicht denen, die in einem Klima groß werden, in dem es zumindest nach außen zum guten Ton gehört, mit Hilfe von Technologie die Welt retten zu wollen. Gott wohnt nicht im Silicon Valley. Auch wenn sich der eine oder andere Protagonist dort zuweilen schon so geriert hat.

Diesen Drang kennt fast jeder: Man unterhält sich mit
jemandem, das Mobiltelefon liegt im peripheren Blick-
feld auf dem Tisch. Und plötzlich ist es, als würde sich die
Hand selbstständig machen. Man greift nach dem Gerät
und checkt, ob sich auf dem Bildschirm irgendetwas verändert hat, seitdem man das letzte Mal nachgeschaut
hat. Ist das der Fall, fluten kleine Dopamin-Stöße das
Gehirn: Es schüttet Hormone der Freude aus. Hat sich
nichts gerührt, empfindet man ein kurzes Gefühl der
Leere, wie man sie früher spürte, wenn der Postbote weitergezogen war, ohne einen Brief abzuliefern. Zuweilen
reagieren Gesprächspartner dann konsterniert. Recht
häufig nutzen sie aber die kurze Pause, um ihre Telefone
ebenfalls zu checken.

Selbst wenn ein Smartphone ausgeschaltet auf dem
Tisch neben einem liegt, verringere sich die Qualität
von Gesprächen, weil man abgelenkt sei, sagt die MIT-
Psychologin Sherry Turkle.[1] Und der moderne Mensch
lässt sich nur allzu gerne ablenken: bei Konferenzen
sogar in kleinster Runde, während des Kino-Films,
selbst bei Beerdigungen. In den USA stieg die Zahl der
Verkehrstoten nach fünf Jahrzehnten Rückgang 2016
erstmals wieder, mutmaßlich weil sich Fahrer spontan
ihren Handys zuwandten. Auch Fußgänger kommen zunehmend zu Schaden, statt auf ihre Umwelt zu achten,
senken sie den Blick Richtung Bildschirm. Einige Städte
wollen deshalb zumindest an Zebrastreifen und Ampeln
schon Leuchtstreifen auf dem Boden anbringen.

Nun ist es ein Merkmal von freien Gesellschaften,
dass ihre Bürger auch die Freiheit haben, sich Risiken

auszusetzen. »Der Mensch muss ein Recht auf Unvernunft haben«, sagt selbst der Chef der Techniker-Krankenkasse Jens Baas, obwohl Unvernunft die Gemeinschaft der Versicherten einiges kostet. Aber wie frei ist man noch, wenn man ohne Not und nennenswerten Genuss sein Leben aufs Spiel setzt? In ihrem Buch »Reclaiming Conversation« berichtet Turkle von einem Experiment mit College-Studenten, die ohne ihre Geräte allein in einen leeren Raum gesperrt wurden. Die einzige Alternative zur Langeweile: Sie konnten sich Stromstöße verabreichen. Tatsächlich taten das die meisten – nach durchschnittlich sechs Minuten.[2]

Es geht um Sucht

150-mal oder öfter pro Tag entsperrt der Smartphone-Besitzer sein Gerät auf der Suche nach – ja, nach was eigentlich? Denn tatsächlich ist es keine bewusste Suche, die wir da anstellen, es ist klassisches Suchtverhalten. Die Geräte wirken auf das Gehirn exakt wie Glücksspielautomaten, und die machen drei bis viermal so schnell süchtig wie alle anderen Arten von Spielen. Das sagen nicht nur Mediziner, Psychologen oder Sozialarbeiter, sondern auch Experten wie Tristan Harris, ein Philosoph, der bei Google mehrere Jahre als Design-Ethiker arbeitete. Als Konsequenz aus seinen Erkenntnissen dort hat er die Non-Profit-Bewegung »Time Well Spent« gegründet, die zum Ziel hat, Menschen von den Zwängen zu befreien, denen sie sich beim Gebrauch heutiger digitaler Geräte und Angebote zwangsläufig unterwerfen.

»Wie Technologie den menschlichen Verstand entführt« heißt eines von Harris Essays, indem er erklärt, wie und warum Smartphones süchtig machen – und was Technologiefirmen dagegen tun können.[3] Er greift dabei auch auf seine Erfahrungen als Hobby-Zauberer zurück, wo er gelernt hat, die Schwachstellen menschlicher Aufmerksamkeit zu erkennen und schamlos auszunutzen. Der Trick sei, die Auswahlmöglichkeiten so zu gestalten, dass Menschen das Gefühl der Entscheidungsfreiheit haben, in Wirklichkeit aber ihren Impulsen folgen, sagt Harris.

Glücksspielautomaten arbeiten mit diesem Trick, indem sie Belohnungen sofort und nach dem Zufallsprinzip verteilen und damit beim Spieler die Hoffnung schüren, beim nächsten Mal könne ein Gewinn dabei sein. Der Psychiatrie-Professor David Greenfield, Gründer des *Zentrums für Internet- und Technologie-Sucht* an der University of Connecticut, setzt Smartphones mit chemischen Suchtmitteln gleich: »Die Menschen tragen eine tragbare Dopamin-Pumpe mit sich herum, Kinder machen das praktisch seit zehn Jahren«, sagte er der *New York Times*.[4] Tatsächlich beobachten amerikanische Wissenschaftler, dass Teenager seit Beginn des Smartphone-Zeitalters weniger harte Drogen nutzen, allerdings ist noch nicht ausreichend erforscht, ob hier ein Zusammenhang besteht, das Smartphone also als »Ersatzdroge« gelten kann.

Das Glückshormon Dopamin hat nun aber leider ausgerechnet die Eigenschaft, einen nicht nur fröhlich zu stimmen. Ein hoher Dopamin-Spiegel steigert gleichzeitig die Empfänglichkeit für Angst. Das positive Gefühl der Belohnung paart sich also mit der Sorge darum, beim nächsten Mal leer auszugehen. Im Falle des Smartphones keimt dabei die Furcht auf, irgendetwas Wichtiges zu versäumen – eine Botschaft der Freundin, ein besonders tolles Foto, eine Anfrage für ein Date, einen Auftrag. Fachleute haben schon einen Begriff im Englischen dafür geprägt: Fomo, kurz für *fear of missing out*.

Wer beim Blick auf den Bildschirm feststellt, dass niemand seinen Beitrag geliked oder weiterverbreitet hat, dass weder Mails noch Textbotschaften eingegangen sind, ist hormonell absturzgefährdet. Besonders Menschen, die unter einer Depression leiden, sollten darum vorsichtig mit sozialen Netzwerken umgehen. Während die einen in Chat-Foren Unterstützung finden und davon profitieren, leiden die anderen schwer darunter, wenn die Welt um sie herum ausschließlich aus glücklichen und erfolgreichen Menschen zu bestehen scheint und sie dazu nichts beizutragen haben.

Die Journalistin Kati Krause hatte 2015 mit einem Blog-Beitrag Furore gemacht, indem sie die Verschlechterung ihrer eigenen Depression mit der Nutzung von Facebook und Twitter in Zusammenhang brachte.[5] Statt sich mit anderen verbunden zu fühlen, setzte sie der Blick auf den Bildschirm unter Stress. Sie fühlte sich kraftlos, einsam, wie ein Verlierer, Selbstmitleid breitete sich aus, schilderte sie in einem Interview. In den sozialen Netzwerken seien sich Menschen nicht wirklich nah, so ihr Argument, es gebe lediglich eine Pseudo-Kommunikation.

Aber auch gesunde Menschen brauchen eine gewisse Distanz zu dem, was in ihren Netzwerken vor sich geht. »Wir sind alle verletzlich, wenn es um soziale Anerkennung geht«, schreibt Harris. Das Bedürfnis, dazuzugehören, anerkannt und geschätzt zu werden, gehöre zu den stärksten menschlichen Antrieben. »Aber jetzt liegt diese soziale Anerkennung in den Händen von Technologiefirmen«, so Harris. Es gebe unüberschaubare Mengen an Seminaren, Handbüchern, Web-Anleitungen und anderer Literatur, die Unternehmen darin schulen, Nutzeroberflächen genauso zu designen, dass sie die Verletzlichkeit von Menschen ausnutzen und sie dazu verleiten, möglichst viel Zeit mit den jeweiligen Produkten oder Seiten zu verbringen.

Das kann das »Pling« oder ein anderes Geräusch sein, wenn eine neue Nachricht einläuft oder die Erfindung der Timeline, in der man sich verlieren kann. Letztlich entspricht der Nachrichtenstrom ohne Anfang und Ende dem Experiment mit der Schüssel ohne Boden: Brian Wansink und seine Kollegen von der Cornell University haben nachgewiesen, dass Menschen 73 Prozent mehr Kalorien zu sich nehmen, wenn sie aus einer Schüssel essen, die unsichtbar nachgefüllt wird. Auch eine Timeline füllt sich immer wieder auf, anders als zum Beispiel eine Tageszeitung, in der man irgendwann alles gelesen hat, was einen interessiert.

Die Crux mit dem Smartphone als Suchtmittel ist: Um den Glücksspielautomaten kann man einen Bogen machen, mit dem Rauchen oder mit Alkohol von heute auf morgen aufhören. Beim Smartphone-Gebrauch verhält es sich ähnlich wie bei einer Essstörung: Will man am sozialen oder am Arbeitsleben teilhaben und auch die Vorteile der Technologie nutzen, führt kein Weg daran vorbei, den vernünftigen Umgang damit zu erlernen. Schließlich könnte es ohne Smartphone in wenigen Jahren schwierig werden, noch Dinge zu tun wie Fahrscheine kaufen, bezahlen, telefonieren oder Arzttermine zu vereinbaren.

Für Harris ist es an der Zeit, gegenzusteuern: »Die ultimative Freiheit ist ein freier Geist, und Technologie sollte uns dabei helfen, frei zu leben, zu fühlen, zu denken und zu handeln.« Sie sollte einen eben genau nicht daran hindern. Und es ist wie auch in anderen Lebensbereichen deutlich zu viel verlangt, allein dem Konsumenten die Verantwortung dafür zu übertragen, sich seine Freiheit selbst zu organisieren.

Die Logik dahinter ist: Wenn Manipulation in eine Richtung möglich ist, kann das Gegenteil auch gelingen. Firmen wie Apple oder Facebook könnten viel dafür tun, ihre Geräte oder Angebote so zu designen, dass sie Menschen nicht zum ständigen Nachschauen verführen. Farbsignale oder Töne bei neuen Nachrichten müssen nicht sein, man könnte eine Konzentrationstaste als Grundeinstellung einbauen, die Aktualisierung von Timelines verlangsamen. Nur hat die Sache einen Haken. Die Firmen setzen damit ihre eigenen und die wirtschaftlichen Interessen aller aufs Spiel, die davon abhängig sind, im Netz gefunden zu werden oder Nutzer für ihre Apps zu gewinnen. Der größte Menschenversuch, der je gestartet wurde, wird vom Motor des Kommerzes getrieben. Die größte Herausforderung ist es, alternative Antriebsformen zu finden.

Wir müssen reden

Die MIT-Psychologin Sherry Turkle studiert die Auswirkungen des Internets auf die zwischenmenschliche Kommunikation schon lange empirisch.»Alone together – Why we expect more from Technology and less from each other« war ihr erstes Buch nach der Erfindung des iPhones.[6] Sie gehört zu den Vorreiterinnen auf diesem Forschungsfeld, und was sie zu erzählen hat, ist beunruhigend.»Das Gespräch ist der Schlüssel zur Empathie«, sagt sie, aber immer weniger Menschen lassen sich auf Gespräche ein.

Gerade schüchternen Charakteren fällt es oft leichter, eine Mail oder Textnachricht zu schreiben – so manch einer beendet damit sogar Liebesbeziehungen –, aber tatsächlich sind die elektronischen »Unterhaltungen« keine Gespräche im eigentlichen Sinn. Es fehlen der Blickkontakt und die Wahrnehmung von Nuancen in der Stimmfärbung, der Körpersprache. Es fehlen die Spontaneität und die Flexibilität, die man trainiert, wenn die andere nicht so reagiert, wie man das erwartet hätte und das Ganze eine neue Wendung nimmt. Ein Gespräch ist immer ein Wagnis, auf das man sich einlässt, eine Übung darin, Unvollkommenheit auszuhalten.

Der Religionsphilosoph Martin Buber sprach einmal von dem Unterschied zwischen Begegnung und Vergegnung, also einem Miteinander, bei dem die Gesprächspartner gegenseitig aufeinander eingehen, und im Kontrast dazu einem Wechselspiel, in dem jeder an seiner eigenen Geschichte bastelt. Alles Leben sei Begegnung, hat er dann ausgeführt. Man kann sich vorstellen, was er zu elektronischer Kommunikation zu sagen gehabt hätte.

Turkle erzählte bei einem Treffen 2015, dass immer weniger Studenten zu ihr in die Sprechstunde kämen und ihr stattdessen lieber eine Mail schickten; eine perfekte Mail, auf die sie dann eine perfekte Antwort erwarteten. Auf diese Weise sinkt tatsächlich die Gefahr, sich zu blamieren, aber es sinkt damit auch die Chance, sich als Mensch zu präsentieren und eine Beziehung zu entwickeln.

Auch die Fähigkeit, andere zu beobachten und ihre Reaktionen wahrzunehmen, bildet sich zurück: Wie geht es dem Gegenüber? Löst mein Verhalten Zustimmung oder Misstrauen aus? Wann sollte ich reden, wann lieber schweigen? In den letzten zwei Jahrzehnten sei die Empathiefähigkeit von Studenten um 40 Prozent gesunken, sagt Turkle – und das schließt eine lange Periode ein, in der es noch nicht einmal Smartphones gab.

Diese Erkenntnis schockiert, denn gerade Empathie wird im Zeitalter der künstlichen Intelligenz immer stärker gefragt sein. Einfühlungsvermögen ist eine Eigenschaft, in der wir Menschen den Maschinen haushoch überlegen sind und es noch lange bleiben werden. Evolutionsbiologen heben Einfühlungsvermögen als eine Eigenschaft heraus, die den Menschen als Art so erfolgreich gemacht hat. Es täte uns deshalb gut, Empathie zu trainieren – man kann es auch modern: Achtsamkeit nennen.

Turkle empfiehlt deshalb smartphonefreie Zonen – das Handy sollte zum Beispiel am Esstisch, in der Kantine, beim Autofahren grundsätzlich ausgeschaltet bleiben. Auf dem Spielplatz und beim Spaziergang mit Partner oder Kindern sollte man es möglichst ganz daheim lassen. Übrigens begreifen Kinder eine solche Regel oft schneller als Erwachsene, und sie ist einfacher um- und durchzusetzen als komplizierte Internet-Sperren, die einzelne Geräte oder Familienmitglieder betreffen. Nicht nur, dass man solche Sperren einprogrammieren muss: Gerade Teenager-Eltern kennen die endlosen Debatten, die damit einhergehen und das technische Talent, das die Sprösslinge an den Tag legen, wenn es darum geht, die Sperren zu knacken. Für einfache Regeln gilt dagegen: gleiche Pflicht für alle. Nicht selten stöhnen dann die Kinder auf, wenn der Vater am Esstisch unbedingt mal wieder schnell etwas googeln oder die Mutter ihre Nachrichten checken will.

Auch Unternehmen können viel dafür tun, damit ihre Mitarbeiter im Gespräch bleiben. 2013 sorgte ausgerechnet die damalige Chefin des Technologiekonzerns Yahoo, Marissa Mayer, für Schlagzeilen, als sie die Homeoffice-Privilegien ihrer Mitarbeiter stark einschränkte. Die offizielle Begründung: Ideen entstünden eher, wenn man sich in der Kaffeeküche austausche oder sich von Angesicht zu Angesicht im Team berate als in

Telefonkonferenzen und beim E-Mail-Austausch – und Ideen hatte das kränkelnde Portal wahrlich nötig. Nun konnte Yahoo damals einen Stellenabbau gut gebrauchen, den man immer provoziert, wenn man Mitarbeiter zu Ortsveränderungen zwingt. Und im Nachhinein betrachtet, hat die Anweisung Yahoo wirtschaftlich nicht vorangebracht. Aber die Grundidee ist richtig: Kreativität entwickelt sich oft zufällig, spontan und im persönlichen Miteinander.

Firmen wie Google und Facebook strengen sich deshalb auch sehr an, ihre Büro-Etagen so zu gestalten, dass sich der Aufenthalt dort ein wenig wie Freizeit anfühlt. Es gibt Sofas zum Flezen, Ecken zum Zusammenrotten und im Idealfall gutes Essen. Schließlich sollen die Mitarbeiter dort gerne Zeit verbringen, am besten viel davon und im Dienste des Geschäftsbetriebs.

Unternehmen sollten aber nicht den Fehler machen wie jener Betrieb, der sich von Turkle beraten ließ. Dort habe man durch Innenarchitektur eine Gesprächskultur schaffen wollen, erzählt sie. Man dachte über die Form der Kaffeeküchen, die Länge der Tische und der Kantinenschlangen nach. Doch die Mitarbeiter redeten trotzdem nicht häufiger miteinander. Der Grund: »Die Firma hatte verlangt, dass immer alle erreichbar sind. Wenn Mitarbeiter meinen, sie werden danach beurteilt, wie schnell sie sich elektronisch zurückmelden, können Sie alles vergessen«, sagt Turkle.

Wie wir lernen

Es ist noch nicht erschöpfend erforscht, welche Rolle die direkte, physische Interaktion beim Lernen spielt. Man weiß gesichert, dass Kleinkinder durch Beobachtung und Blickkontakt zu ihren Eltern oder Bezugspersonen lernen, dass sie deren Laute imitieren und sich so Sprache und Bindungsfähigkeit entwickeln. »Sie lernen ihre eigenen Gefühle kennen und wie man damit umgeht. Sie lernen, wie man ein Gespräch führt und wie man Gesichtsausdrücke deutet. Wenn das nicht passiert, versäumen Kinder wichtige Entwicklungsschritte«, sagt Jenny Radesky vom *Boston Medical Center*.[7] Ähnlich wie Sherry Turkle hat sie beobachtet, dass Eltern sich statt ihren Babys vermehrt ihren Telefonen zuwenden, und sei es während des Spaziergangs mit dem Kinderwagen.

Gerade auf dem Feld des Lernens, in der Bildung und Ausbildung sind die Hoffnungen in digitale Technologien allerdings gewaltig. Warum für den jährlichen Gegenwert eines Sportwagens nach Harvard gehen, wenn man sich theoretisch das exakt gleiche Wissen per Video oder MOOCs (massive open online courses) aneignen kann? Schließlich legen gerade Star-Professoren viel Wert darauf, dass ihre Vorlesungen auch elektronisch verbreitet werden – viele Views bedeuten wissenschaftlichen Ruhm. Per Ted-Talk kann man sich über die neuesten wissenschaftlichen Erkenntnisse informieren, ohne dass man eine persönliche Einladung zu der illustren Innovatorenrunde braucht. Und wenn man Kindern und Jugendlichen mit einem Mathe- oder Physikbuch kommt, winken sie sehr häufig ab: Da gebe es doch dieses Tutorial auf Youtube, das passe schon.

Aber so einfach, wie es sich theoretisch darstellt, ist es dann doch wieder nicht. Einerseits bringt der Besuch einer Schule oder Universität ganz andere Vorteile als das nackte Wissen: Man lernt dort Umgangsformen, Diplomatie, Durchsetzungsstärke und trainiert die Fähigkeit, sich ein persönliches Netzwerk aufzubauen – was für das Fortkommen im Leben immer noch deutlich entscheidender ist als das Überschreiten der 500-Kontakte-Marke bei LinkedIn.

Andererseits, und hier steht die Forschung erst am Anfang, gibt es offenbar große Unterschiede darin, wie das Gehirn in verschiedenen Situationen Informationen verarbeitet. Zunächst einmal gibt es Anzeichen dafür, dass der ständige Zugang zum Internet Menschen denkfauler macht. Die Gewissheit, man könnte jede Frage jederzeit per Griff zum Smartphone beantworten, führt dazu, dass man sich weniger merkt und weniger auf seine Umgebung achtet.

Forscher haben zum Beispiel Belege dafür, dass Internet-Nutzer Gedächtnisfunktionen auslagern und sich statt Fakten eher merken, wo sie Fakten finden.[8] Das kann jeder nachvollziehen, der sich daraufhin testet, wie viele Telefonnummern er noch auswendig weiß, die jünger als zehn Jahre sind. Forscher der McGill University in Kanada haben herausgefunden, dass Fahrer, die sich auf ein Navigationsgerät verlassen, weniger Aktivität und Masse in einer Gehirnregion zeigen, die für Gedächtnis und Orientierung zuständig ist.

Der Technologie-Experte und Autor Nicholas Carr hat in seinem Buch »The Shallows« bereits 2011 einige Erkenntnisse dazu zusammengetragen, warum Google denkfaul macht.[9] Wenn man weniger Wissen aufbaue, gehe die Fähigkeit verloren, Analogien zu bilden, Erfahrungen einzuordnen und tiefgründig zu denken. Der Verstand werde zu einem atrophierten, das heißt mangelernährten Muskel. Eine Gruppe von Forschern der University of Waterloo relativiert diese These. Es komme auch auf das Individuum und seine Fähigkeiten an, schreiben sie auf Basis von drei Studien. Während Menschen, die stark im analytischen Denken sind, sich von den digitalen Angeboten nicht besonders beirren lassen, verlassen sich eher intuitiv denkende Menschen sehr stark auf ihr »erweitertes Gehirn«, so ihre Erkenntnisse.[10] Dies beeinflusse aber nicht notwendigerweise ihre analytischen Fähigkeiten. Mehr Forschung dazu sei nötig, wie sich das Zusammenspiel von Verstand und Technologie auf den Menschen auswirke.

Neurowissenschaftler sind auch dabei zu erforschen, wie wichtig Leerlauf und Tagträumen für das Gehirn sind. »Wenn das Gehirn sich frei bewegen kann, geht es frische Erfahrungen noch einmal durch, verbindet Informationen, die emotional bedeutend waren und baut Erzählstrukturen, um das Leben zu erklären«, sagt Mary Helen Immordino-Young, eine Wissenschaftlerin an der University of Southern California, »deshalb haben Menschen oft große Erkenntnisse, wenn sie unter der Dusche stehen oder den Abwasch machen.«[11]

Das oft gerühmte Multi-Tasking hingegen ist schwer in Verruf gekommen und gilt als einer der Auslöser für die immer häufigere Diagnose Burnout, eine Erschöpfungsdepression in verschiedenen Ausprägungen. Auch Kinder haben damit immer zunehmend zu kämpfen, ebenso mit dem Krankheitsbild ADHS, also stark ausgeprägten Konzentrationsstörungen. Natürlich werden die Zahlen dadurch verzerrt, dass viel mehr Patienten als früher daraufhin untersucht werden oder überhaupt mit entsprechenden Symptomen zum Arzt gehen. Aber es wäre falsch, den gesamten Anstieg darauf zurückzuführen.

Lernen, so viel ist sicher, braucht Ruhephasen, keine ständige Stimulation. Allerdings gibt es eben auch große individuelle Unterschiede: Während der eine Mensch auflebt, wenn er viele verschiedene Reize bekommt und mehrere Aufgaben nebeneinander bewältigen kann, kapituliert der andere unter der Belastung. Was der eine als auszehrendes Multi-Tasking empfindet, ist für die andere ein angenehmes Pensum.

Tatsächlich haben Neurowissenschaftler noch relativ wenige gesicherte Erkenntnisse darüber, wie unser Denkorgan wirklich funktioniert, unter welchen Bedingungen es sich gut entwickeln kann oder verkümmert. Allerdings machen die bildgebenden Verfahren gewaltige Fortschritte. In den beiden vergangenen Jahrzehnten hat man so viele Erkenntnisse über die Funktionsweisen des Gehirns gewonnen wie im gesamten vorigen Jahrhundert nicht. Vor allem der Nachweis, dass das Gehirn mit den Jahren nicht nur Fähigkeiten einbüßt, sondern sich unter dem Einfluss der Umwelt bis ins Alter hinein immer noch weiterentwickeln kann – das Fachwort dafür ist Plastizität –, bedeutete eine Revolution für die Hirnforschung.

So konnte anhand von Experimenten nachgewiesen werden, dass sich das Gehirn je nach Beanspruchung verändert. Bei Probanden, die regelmäßig ein Klavierstück übten, veränderte sich zum Beispiel schon nach kurzer Zeit das entsprechende Hirnareal. Allerdings bildete es sich auch wieder zurück, sobald das Training eingestellt wurde. Mit dieser Erkenntnis verbinden sich große Hoffnungen, zum Beispiel für die Psychotherapie oder das Erlernen von moralischem Verhalten. Die Neurowissenschaftlerin Tania Singer und ihre Kollegen haben zum Beispiel in Studien nachgewiesen, dass sich Mitgefühl durch regelmäßige Übungen entwickeln lässt.

Trotzdem steht die Forschung erst am Anfang. Man ist deshalb gut beraten, weder Untergangs-Propheten wie dem vielzitierten und kritisierten Manfred Spitzer (»Digitale Demenz«) noch Optimisten wie dem klugen, aber technikverliebten Kevin Kelly (»The Inevitable«) in allen Punkten zu folgen.[12] Viel hängt offensichtlich auch davon ab, wie stark und auf welche Weise Smartphones und andere digitale Geräte täglich genutzt und wie sie weiterentwickelt werden.

Die Forscher Andrew Przybylski und Netta Weinstein haben zum Beispiel in einer Studie mit 120.000 britischen 15-Jährigen einen Zusammenhang zwischen deren Wohlbefinden und der Dauer ermittelt, die die Jugendlichen an einem Bildschirm verbrachten. Erst nach mehr als zwei Stunden am Smartphone und mehr als vier Stunden am Computer täglich waren die Effekte negativ. Und auch da können die Forscher nicht genau sagen, ob der Grund die Geräte selbst sind oder die Tatsache, dass dann andere Aktivitäten zu kurz kommen, wie zum Beispiel Sport oder das Treffen mit Freunden.[13] Allerdings sind sich Forscher einig: So lehrreich und kindgerecht die eine oder andere App auch sein mag, unstrukturiertes Spiel und Beziehungen zu Freunden sind wichtig für die Entwicklung, ebenso übrigens wie guter Schlaf.

Es ist relativ wahrscheinlich, dass bestimmte Fähigkeiten im Gehirn verkümmern oder sich zumindest abschwächen, wenn Smartphones übermäßig genutzt werden. Allem voran nimmt die Aufmerksamkeitsspanne erwiesenermaßen ab. Andere Fähigkeiten hingegen verbessern sich, zum Beispiel die, schnell Entscheidungen zu treffen, der Umgang mit Bildern oder die periphere Wahrnehmung.

Allerdings sind all diese Veränderungen nach gegenwärtigen Erkenntnissen reversibel, wenn ein neues Verhalten eingeübt wird. Tatsächlich ist man also seinem Smartphone nicht hilflos ausgeliefert. Jetzt kommt es darauf an, dass diejenigen Designer in den Technologiefirmen das Sagen bekommen, die sich mit ethischen und psychologischen Fragen beschäftigen. Technologie lässt sich so gestalten, dass sie den Menschen unterstützt.

Erinnern und Vergessen

Es ist eine dieser Helden-Geschichten, und bislang ist die Blase darum nicht zerplatzt. Ein Firmengründer, 23 Jahre alt, schlägt ein Angebot von drei Milliarden Dollar aus. Sein Internet-Unternehmen sei mehr wert, hatte Evan Spiegel 2013 Facebook-CEO Mark Zuckerberg wissen lassen. Zuckerberg hätte Spiegels Foto-Nachrichtendienst *Snapchat* damals gerne gekauft. Spiegel hatte übrigens recht: Snapchat wurde nach seinem Börsengang im März 2017 mit satten 33 Milliarden Dollar bewertet. Aber darum soll es hier nicht gehen.

Denn mit dem Angebot von 2013 hatte Zuckerberg möglicherweise zum ersten Mal in der digitalen Ära dem Konzept Vergänglichkeit ein Preisschild gegeben. Heute lieben vor allem Teenager den Dienst, der die Besonderheit hat, dass man damit Bilder und Filme verschicken kann, die für den Empfänger nur eine kurz Zeit lang sichtbar sind. Momentaufnahmen also, die nicht auf ewig in der digitalen Wolke und damit möglicherweise drohend über dem Versender hängen sollen – dass sie für Experten dennoch auffindbar sind, ist eine andere Sache.

Bis vor einigen Jahren war die Erfolgsgeschichte der digitalen Welt vor allem eine des Speicherns, des Bewahrens. Günstige Technologien machten es plötzlich möglich, ohne viel Aufwand und massenhaft Lebensmomente aufzuzeichnen, um sie für einen selbst und die Nachwelt zu konservieren. Das ist für viele Nutzer auch heute noch so reizvoll, dass sie außergewöhnliche Erlebnisse nur noch durch das Display ihres Smartphones wahrnehmen – so, als sollte sich der Traum vom ewigen Leben wenigstens im ewigen Leben der Daten erfüllen.

Während die Älteren noch ab und an darüber nachdenken, was sie einpacken würden, müssten sie schnell und ohne Rückkehrgarantie das Haus verlassen, betrachtet die Generation Netz solche Katastrophenszenarien bislang digital-entspannt. Schließlich hat sie längst alle wichtigen Lebensbilder, -daten, -Liebes-SMS und Lieblingsbücher in die elektronische Wolke geschickt. Als erste Generation könnte sie im Paradies des vollkommenen Erinnerns leben. Aber ist das ein guter Ort?

Sicher ist: In der digitalen Welt bestimmt sich das Verhältnis zwischen Erinnern und Vergessen neu. Denn bislang war die Menschheitsgeschichte eine des Vergessens. Mit Glück überdauerten wenige Artefakte, Erzählungen, später Schriften die Jahrhunderte oder Jahrtausende. Den Rest schluckte die Vergangenheit. Ganze Berufsstände leben davon, Spuren des Verschütteten zu entziffern und zu deuten. Und wie im Großen, so funktionierte das auch im Kleinen: Der Mensch lebte und vergaß, zum Lebensende hin immer schneller.

Übrig blieben Bilder im Kopf, schöne und düstere, einige wenige auf Papier oder Film. Und dann noch all die Dinge in den Kellerregalen, Schrankwänden und Umzugskartons, die irgendwann mal sortiert werden sollten, aber am Ende blieb oft keine Zeit dafür. Und der Mensch lebte damit – mal besser, mal schlechter, je nachdem, welche Erinnerungen sich im Gedächtnis besonders festgefressen hatten.

Heute gibt es zum Beispiel Facebooks *Timeline*. Die vergisst nichts. Die Bilder von der peinlichen Abi-Feier, dem Boss, der einen später gefeuert, oder der Freundin, die einen betrogen hat, alle starren einen auf ewig an, wenn man sich nicht zum Zensor seines eigenen Lebens macht. Hoffend, dass andere einem das Erinnern nicht längst abgenommen und Bilder und Worte in der digitalen Welt auf Reisen geschickt haben. Bis ein Personalchef, eine Versicherung oder ein elektronisches Kaufhaus sie findet.

Oder jemand, den man vergessen wollte. Und das passiert vermutlich täglich irgendwo: Im Online-Netzwerk poppt das Bild des Ex auf dem Bildschirm auf, ob man sich nicht befreunden wolle? Alte Wunden, der Mann fast vergessen, und nun wieder die Hoffnung: »Vielleicht geht es ja doch?« Oskar Holzberg, Paartherapeut in Hamburg, ist das Phänomen aus seiner Praxis bekannt. »Vergessen ist wichtig«, sagt er. Nur so könne man Trennungen verarbeiten. Einige seiner Klienten meldeten sich deshalb bei Facebook und Co. ab. Wer ständig mit Bildern des Verflossenen konfrontiert werde, habe es schwer, von einer enttäuschten Liebe loszukommen, ähnlich wie bei jeder anderen Sucht. »Das ist, als ob man Raucher ist, und überall Zigaretten herumliegen hätte.«[14]

Erinnerung aber ist etwas anderes als eine Sammlung von Daten und Fakten. Sie ist nicht statisch, sondern ein Prozess. Und den braucht man, um Dinge zu verarbeiten. Menschen meinen zwar, Situationen und Gefühle exakt gespeichert zu haben. Gäbe man ihnen jedoch die Möglichkeit, das Ganze später noch einmal als Film zu betrachten, wäre manch einer erstaunt. Denn das Gehirn schreibt das Drehbuch des Lebens immer wieder um. Das Gedächtnis mischt Bilder und Emotionen aus der Vergangenheit mit Wahrnehmungen aus der Gegenwart. Jeder Mensch wird zum Redakteur seiner Autobiographie.

Ermittler kann das in den Wahnsinn treiben, wenn 90 unterschiedliche Zeugen desselben Verbrechens dem vermeintlichen Täter mal blonde, mal braune Haare, mal einen schwäbischen und mal einen osteuropäischen Akzent andichten. Aber tatsächlich hält der permanente Prozess des Umsortierens, Verwerfens, Neueinfärbens das Gehirn psychisch gesund. Wer in der Lage ist, Dinge im Nachhinein ins Positive zu wenden, sie mindestens mal als wichtige Erfahrung zu verbuchen, dem geht es besser als demjenigen, der sein Leben als Abfolge von Niederlagen sieht – selbst wenn es sich, objektiv betrachtet, so darstellen würde. Erst die Fähigkeit zum Vergessen macht es Menschen möglich, abstrakt und analytisch zu denken. Das Bild vom zerstreuten Professor stimmt deshalb zuweilen: Genies können besonders vergesslich sein.

Was aber, wenn es dank digitaler Speicherung so viele reale Bilder, Filme und Dokumente gibt, dass die Erinnerung davon überschrieben wird? Wenn einem der Livestream vom Vortrag, der einem eigentlich als geglückt erschien, die vielen »Äh« und »Also« vor Ohren führt. Wenn man sich auf der Feier schön und unbesiegbar fühlte, das Video vom Event einen aber nervös und fahrig zeigt?

In der Trauma-Therapie ist man schon lange zu der Erkenntnis gelangt, dass es Menschen, die Opfer oder Zeugen von schlimmen Unfällen oder Verbrechen wurden, eher schadet als nutzt, die Erlebnisse von Leidensgenossen auch noch einzusaugen. Brachte man früher Betroffene eines Unglücks zusammen, und ließ jeden von seinen Empfindungen erzählen – Debriefing wird das genannt –, weiß man heute, dass es ein Trauma verstärken kann, weil man die schrecklichen Bilder der anderen auch noch in sein eigenes Horror-Szenario einbaut. Wer genesen will, muss vergessen.

Tatsächlich gibt es sogar Versuche aus der Pharmaforschung, solche Prozesse mit Medikamenten zu fördern, also eine Trauma-Situation zu reinszenieren, dem Patienten aber in diesem Moment besänftigende Hormone zu verabreichen. Aber auch das wirft Fragen auf. Ist der Mensch nicht die Summe dessen, was er erlebt hat, gute und schlechte Zeiten? Oder pfeift man auf die Erfahrung der schlechten Zeiten, wenn die Vergessens-Pille einen doch glücklicher machen könnte?

Man könnte argumentieren, dass Vergessen schon immer eine Sache des Willens war, der Fähigkeit, wegzuschauen. Bilder von Unglücken gab es schließlich auch auf Papier. Oma studierte immer wieder die Feldpost-Briefe von Opa, der im Krieg gefallen war. Die Ex-Freundin begegnet manch einem täglich am Arbeitsplatz. Bald aber wird man sein Leben fast lückenlos dokumentieren können. Zu jedem Flugzeugabsturz, jedem Unglück gibt es, Datenwolke sei Dank, jederzeit das Youtube-Video. Nicht hingucken, nicht einschalten, sich abmelden – alles Möglichkeiten. Aber es wird schwerer.

Eltern können nicht mehr kontrollieren, ob die Kinder jene schrecklichen Bilder gesehen haben, die anzuschauen man sich selbst aus Vernunft und Selbstschutz verkneifen kann, Enthauptungsvideos, Tierquälerei, schlimmste Pornografie. Sie wissen nicht, welche realen Szenen die Albträume ihrer Jüngsten beherrschen. Sie können nur darauf hoffen, dass die Netz-Konzerne dramatische Bilder eigenständig und schnell aus der Datenwolke entfernen – um den Preis, dass die Mitarbeiter, die das händisch tun, die quälenden Szenen in hoher Konzentration zuweilen selbst nur schwer verarbeiten können. Reporter des *SZ-Magazins* hatten 2016 in einer Recherche aufgedeckt, wie Beschäftigte des Dienstleisters Arvato darunter leiden, wenn sie für Facebook das Netz von Gewalt und Schmutz befreien sollen.[15] Damit

Nutzer gar nicht erst sehen, was sie später womöglich nicht mehr vergessen können.

Es ist wichtig, dass bestimmte Dinge vergessen werden können – auch im Netz. Der österreichische Jurist Viktor Mayer-Schönberger hat dies zuerst gefordert. Er hat vorgeschlagen, dass Dokumente im Netz bei der Speicherung ein automatisches Verfallsdatum bekommen.[16] Der Europäische Gerichtshof fand zumindest das Konzept bedenkenswert. Im Mai 2014 fällte das höchste Gericht Europas ein Urteil und verpasste Google damit eine krachende Niederlage. Es gäbe ein »Recht auf Vergessenwerden«, urteilten die Richter. Ein Spanier hatte geklagt, weil er nicht mehr über sich im Internet lesen wollte, dass sein Haus einmal zwangsversteigert worden war. Irgendwann müsse es einmal gut sein, befand er.

Dieser »digitale Radiergummi«, der von Mai 2018 an EU-weit gilt und in der Datenschutzgrundverordnung im Einzelnen geregelt wird, hat ganz eigene Schwierigkeiten mit sich gebracht. Unzählige Bürger verlangen seitdem, dass Angaben über sie aus dem Netz getilgt werden, die ihnen unangenehm sind. Zeitungsredaktionen bereitet diese Art von Zensur große Probleme. Denn was für die Privatperson ein Schutz ist, kann im öffentlichen Interesse liegen, das in vielen Zusammenhängen Transparenz und Information fordert. Wenn Menschen ihre Biografie schönen, schadet das nicht in jedem Fall – im einen oder anderen aber schon.

Und natürlich ist das eine knifflige Sache: Wer darf entscheiden, was zu vergessen und was zu erinnern ist? Denn was den einen vor Scham erröten lässt, gefällt dem anderen besonders gut. Was der eine verdrängen möchte, ist für den anderen Beweismaterial. Einmal fotografiert, gefilmt, aufgezeichnet bedeutet letztlich: Etwas ist geschehen. Wer kann da der Zensor sein?

Vergessen oder Erinnern, diese Frage erstreckt sich schließlich nicht aufs Private. »Wir dürfen niemals vergessen«, dieser Aufruf begleitet Generationen von Deutschen durchs Leben. Der allzu schnelle Wechsel zur Tagesordnung nach den Gräuel der Nazi-Zeit, der zwanghafte Wunsch der beteiligten Generation, das Böse zu vergessen, hat zu einer Gegenbewegung geführt, zu einer wertvollen Erinnerungskultur, auch zu Ehren der Opfer. Jetzt, da die letzten Zeitzeugen sterben, wird noch schnell in Ton und Bild konserviert, was sonst vielleicht verloren wäre. Kann umfassende Erinnerung also doch ein Segen sein, auch wenn es eine dunkle ist? Hilft sie beim Lernen des »Nie wieder!«?

Oliver Dimbath und Peter Wehling thematisieren diese Frage im Auftakt-Essay ihres Buches »Soziologie des Vergessens«.[17] In vielen Ländern sei in den vergangenen Jahren die Frage neu gestellt worden, »wie Gesellschaften im Übergang zur Demokratie mit einer durch Gewalt, Unterdrückung und Bürgerkrieg geprägten Vergangenheit umgehen können und sollen«. Nicht immer sei Vergessen eine per se illegitime gesellschaftliche Option, um mit belasteten und belastenden Vergangenheiten zurechtzukommen, so Dimbath und Wehling. Ohne beides, Erinnern und Vergessen, gäbe es weder Lernen noch Evolution, zitieren sie den Soziologen Niklas Luhmann.

Ein starkes Plädoyer für eine Art von Vergessen ist das Neue Testament. Schließlich funktioniert das Prinzip der Vergebung von Sünden nur, wenn man die alten Erinnerungen nicht immer wieder hervorzieht, sich versöhnen aber damit auch zu einem gewissen Grad vergessen kann, weil man darüber hinauswächst. Der gesamte Rechtsstaat basiert darauf, dass es nach Aufarbeitung und Strafe auch eine Chance auf Resozialisierung, die Hoffnung auf Neuanfang gibt. Er versucht, das Verges-

94

sen zu institutionalisieren. Vergessen können und dürfen ist Freiheit. Dass dies den Opfern von Verbrechen meist nicht gelingen kann, ist eine andere Sache.

Im Roman »The Circle« malt Dave Eggers ein anschauliches Bild darüber, was die totale Erinnerung für Menschen bedeuten kann. Aus einer erfolgsverwöhnten Protagonistin wird ein psychisches Wrack, nachdem sie im Dienste ihrer Firma ihr eigenes Leben lückenlos zu dokumentieren versucht und dabei diverse dunkle Kapitel in ihrer Familiengeschichte entdeckt. »PastPerfect« heißt das Projekt, an dem sie verzweifelt. Doch nichts im Leben ist perfekt, die Natur baut auf Versuch und Irrtum, Vergänglichkeit und Neubeginn.

Manche Menschen zerbrechen an der Aufgabe, loslassen zu müssen. Angehörige von Verstorbenen sind schon vor Gericht gezogen, weil sie versuchten, wenigstens deren Profil im sozialen Netzwerk am Leben zu halten. Facebook versetzt mittlerweile die Seite von Verstorbenen in einen Gedenkzustand. Schon gibt es Firmen, die sich als digitale Nachlassverwalter anpreisen. Dabei ist Trauer beides: erinnern und gehenlassen können.

Die Möglichkeit einer im Wortsinn erschöpfenden Erinnerung kann aber auch auf andere Weise zu einer Art Gefangenschaft werden. Dann nämlich, wenn man bereits gelebtes Leben – und sei es zur eigenen Unterhaltung – ständig in Bildern, Filmen und anderen Dokumenten abruft und darüber das echte Leben verpasst. Menschen mit einem krankhaft überentwickelten Gedächtnis leiden schwer darunter, nichts vergessen zu können. Für das Leben im Hier und Jetzt hat das Gehirn dann kaum Kapazitäten.

Bei vielen zuvor internetbegeisterten Menschen ist erst im Schatten der Enthüllungen rund um die NSA das

Bewusstsein dafür gewachsen, die sorgsam konservierten Erinnerungen könnten auch anderen zur Verfügung stehen als ihnen selbst. Allerdings ist es nur die eine Option, missliebige Dinge im Nachhinein zu löschen. Die andere ist es, Dinge gar nicht erst zu wagen.

Mayer-Schönberger glaubt, dass ein »umfassendes und omnipräsentes digitales Gedächtnis« ein nachhaltiger Anreiz zur Selbstzensur werden könnte. »Es könnte uns die Kraft rauben, in der Gegenwart zu denken und zu handeln«, schreibt er in dem Essay »Vergessen und das digitale Gedächtnis«. Wer sich aus Angst vor den Datenfirmen und ihren Abnehmern nicht mehr rührt, hat also schon verloren.

Aber vielleicht wird alles ohnehin ganz anders. Schließlich könnte die Datenflut auch dazu führen, dass man in Informationen ertrinkt, dass sich Wesentliches nicht mehr von Unwesentlichem trennen lässt. Die Stasi-Akten sind ein schönes, im Angesicht der heutigen Möglichkeiten geradezu niedliches Beispiel dafür, wohin überbordender Dokumentationswahn führen kann. Die heutigen Ausspäh-Organisationen verfügen zwar über ungleich potentere technologische Filter als damals die Staatssicherheit der DDR. Software sucht aber nur nach Häufungen, Schlagworten und Wahrscheinlichkeiten. Wirklich Wichtiges kann ihr durchaus verborgen bleiben, wenn es niemand als solches klassifiziert hat. Schon gar, wenn es irgendwo unsortiert im Datenmüll steckt.

Man kann es ironisch finden, dass die Technologie des Erinnerns auf eine Demografie des Vergessens trifft. Die Wahrscheinlichkeit, an Alzheimer oder anderen Formen von Demenz zu erkranken, wächst mit zunehmender Lebenserwartung rasant, und noch gibt es keinen Durchbruch bei Diagnosen und Therapie. Wer aber Bilder, Klänge und Gerüche nicht mehr mit Gefühlen füllen kann, für den sind sie weiter weg als jede Wolke – sei sie nun digital oder nur aus Wasserdampf.

Was ist Wirklichkeit?

Piloten kennen die Vorzüge virtueller Realität schon lange. Sie absolvieren einen Großteil ihrer Ausbildung am Flugsimulator, der ihnen ermöglicht, sämtliche Flughäfen der Welt anzusteuern, ohne jemals einen Fuß auf den Boden des jeweiligen Landes gesetzt zu haben. Während ihres gesamten Berufslebens trainieren sie in regelmäßigen Abständen Manöver, die sie in der Realität mit großer Wahrscheinlichkeit niemals fliegen müssen – den Umgang mit Triebwerksausfällen, Landungen auf dem Wasser oder plötzliches Ausweichen bei gefährlichen Begegnungen in der Luft. Das Einüben von gefährlichen Situationen heißt zwar noch lange nicht, dass man richtig reagiert, wenn es wirklich an Bord brennt, die Instrumente unerklärlich ausschlagen oder eine Landung auf dem Hudson River die letzte Möglichkeit ist, wie sie der US-Airways Flugkapitän Chesley Sullenberger am 15. Januar 2009 glücklich hinlegte. Aber die Hoffnung, dass das Gehirn in der Not auf antrainierte Muster zurückgreift und die richtigen Entscheidungen trifft, ist berechtigt.

Es ist sehr wahrscheinlich, dass virtuelle Realität künftig in vielen Lebensbereichen eine herausragende Rolle spielen wird. Experten sprechen von einem *game changer*, also einer Technologie, die viele Alltagssituationen ganz neu erfahrbar macht. Wer sich künftig ein Haus baut oder eine Wohnung einrichtet, wird dank elektronischer Simulation schon vorher darin spazieren gehen und testen können, ob er sich mit blauer oder hellgelber Wandfarbe wohler fühlt. Für den Online-Einkauf könnten Menschen Avatare in exakt ihren Maßen zur Verfügung haben, an denen sie Kleidung anprobieren. Die Chirurgin wird die herausfordernde Herzoperation in einer Simulation durchspielen können, bevor sie das echte Skalpell in die Hand nimmt – vorausgesetzt, der Roboter nimmt ihr die Arbeit nicht ab.

Es würde dem Schulunterricht eine ganz neue Qualität geben, wenn Schüler im Geschichtsunterricht einen Spaziergang durch eine Steinzeit-Siedlung machen oder den Bau der Pyramiden beobachten könnten. Die Psychotherapie erhofft sich große Erfolge davon, wenn Patienten angstbehaftete Situationen erst einmal virtuell durchspielen können, bevor sie sich ihnen aussetzen. Vielleicht lässt sich das Gehirn sogar von Traumata befreien, wenn eine schlimme Erfahrung noch einmal durchlebt wird, diesmal aber mit einem guten, neu gebastelten Ende.

Praktisch gibt es virtuelle Realität schon seit Mitte der 60er Jahre, damals wurde sie am *Massachusetts Institute of Technology* (MIT) entwickelt. 1985 trieb die Firma VPL Research von Jaron Lanier in Palo Alto das Konzept voran, bis sie am Ende des Jahrzehnts bankrott ging. Zu teuer, technisch nicht überzeugend, die Zeit war noch nicht reif dafür.

Das könnte sich ändern. Als Facebook im März 2014 die Firma Oculus kaufte, verband Mark Zuckerberg damit eine Vision: »Wir glauben, dass diese Art von immersiver, erweiterter Realität eines Tages für Milliarden Menschen Teil des täglichen Lebens sein wird«, schrieb er zur Begründung. Noch ist sie allerdings vor allem Teil der Alltags von Spielern, die sich damit die Zeit vertreiben.

Entscheidend für den Durchbruch der Technologie ist einerseits, dass ausreichend günstige Rechnerkapazitäten zur Verfügung stehen, um die Umwelt wirklich täuschend echt abzubilden. Andererseits müssen aber auch die Geräte, Brillen, mit deren Hilfe Menschen in eine virtuelle Realität eintreten, und Anzüge, die ihnen sensorische Erfahrungen vermitteln, einigermaßen angenehm zu tragen sein, um sie alltagstauglich zu machen. Noch fühlt man sich eher wie beim Tauchgang in der Tiefsee, wenn man in einer Gruppe von Menschen mit VR-Brillen virtuell auf Reisen geht – und tatsächlich schlägt das manch einem auch noch auf den Magen, was Branchenvertretern tatsächlich Sorgen macht.

Aber angenommen, virtuelle Realität wird einmal so billig und bequem zugänglich wie Fernsehen – wie beeinflusst das unser Leben? Man könnte das als eine ganz neue Art von Freiheit feiern: Es steht einem jederzeit die Möglichkeit offen, in Welten abzutauchen, die man sich nach ganz eigenen Vorstellungen gestaltet. Ob man in einer Villa in der Vorstadt lebt oder in einer Ein-Zimmer-Wohnung im Plattenbau wäre letztlich egal, wenn einen dieselben Bilder an die entlegensten Winkel der Welt oder sogar auf ferne Planeten transportieren könnten. Erfahrung und Wissen ließen sich auf diese Weise demokratisieren.

Auch Risiken ließen sich senken. Man müsste keine gefährlichen Bergtouren mehr wagen, um den Ausblick von sämtlichen Viertausendern genießen zu können. Geografische oder politische Grenzen wären ohne viel Mühe überwindbar – zumindest optisch. Und ähnlich wie im Flugsimulator ließen sich vor der Fahrprüfung gefährliche Situationen auf der Straße durchspielen, sollte so etwas wie ein Führerschein in Zeiten autonomen Fahrens überhaupt noch nötig sein.

All das kann zur Vereinsamung führen, muss es aber nicht. Man könnte virtuelle Erlebnisse schließlich mit

Freunden gemeinsam organisieren, so wie man heute zusammen ins Kino geht, und auf diese Weise preisgünstige Gemeinschaftserlebnisse haben. Und wenn die eine oder andere Berglandschaft, Straßenflucht oder Strandpromenade optisch nachbearbeitet wurde, würde das niemand wahrnehmen, geschweige denn monieren. Ist es nicht ohnehin viel angenehmer ohne all die Hundehaufen auf den Gehsteigen und vergessenen Mülltüten auf der Liegewiese im Park?

Allerdings birgt all das Risiken. Statt zur Freiheit könnte virtuelle Realität zur Flucht vor der Realität animieren – und würde damit auch nicht anders wirken als ein Drogenrausch. Und man weiß noch nicht einmal, ob der wirklich so harmlos ist, nur weil keine chemischen Substanzen involviert sind. Schließlich gibt es noch viel zu wenig Forschung darüber, auf welche Weise virtuelle Realität das Gehirn real verändern kann. Wenn allein Bilder Menschen nachts nicht mehr schlafen lassen, wie mögen dann erst künstlich erlebte Erfahrungen traumatisieren können? »Fürchte ich mich vor einer Welt, in der jeder schreckliche Erfahrungen kreieren kann? Ja, darüber mache ich mir Sorgen«, sagt Stanford-Professor Jeremy Bailenson.[18]

Es gibt unterschiedliche Meinungen darüber, wie stark virtuelle Realität Menschen in die soziale Isolation treibt und wie gefährlich das für Individuen und die Gesellschaft ist. Immerhin lassen sich damit womöglich vordergründig Bedürfnisse nach Zugehörigkeit und Kontakten besser befriedigen, als so manch einer das im richtigen Leben kann. »Wer sagt, dass es eine schlechte Sache ist, wenn das virtuelle Leben besser als das physische ist?«, sagt Jim Blascovich, Psychologie-Professor an der University of California.[19]

Eines ist aber eindeutig: Wer jederzeit die Möglichkeit hat, sich von unglücklichen Umständen zu entfernen, sich in eine schönere Welt zu katapultieren, wird keinen Anreiz mehr haben, an schlechten Lebensumständen etwas zu verändern. Zwar sinkt der Leidensdruck und der Mensch mag vordergründig zufriedener werden. Aber auch das Bedürfnis schwindet, im realen Leben etwas zu bewegen, sich dafür mit anderen zusammenzuschließen oder sich womöglich selbst zu verändern.

Warum sollte man sich für eine schönere Nachbarschaft engagieren, wenn man die hässliche gar nicht mehr sehen muss? Warum sich für die Schwächeren in der Gesellschaft einsetzen, wenn man doch weiß, dass es für sie virtuelle Auswege gibt? Und warum sollte man sich unangenehme Eigenschaften abtrainieren und komplizierte Beziehungen pflegen, wenn virtuelle Treffen einem die Illusion von Gemeinschaft vorgaukeln und man sich seine Partner ohnehin jederzeit aussuchen kann?

Man kann über virtuelle Realität Empathie trainieren, indem sich zum Beispiel Männer in Frauen oder Frauen in Männer hineinversetzen, oder indem man in den Körper eines Seh- oder Gehbehinderten schlüpft. Auf diese Weise sei mehr Menschlichkeit möglich, glauben Optimisten. Aber wenn man Empathie für den Alltag ohnehin nicht mehr braucht, weil man sich die Welt nach seinen Vorstellungen gestalten kann, wird man sie nicht mehr als wichtige Eigenschaft empfinden. Es ist also gut möglich, dass uns die virtuelle Realität immer weiter in die Rolle des ichbezogenen Konsumenten treibt, dem es einzig und allein darum geht, künstlich kreierte Bedürfnisse zu befriedigen – und zwar sofort. Und der davon, wie im Experiment mit der Schüssel ohne Boden, nie genug bekommen kann.

4 PRIVATSPHÄRE – WAS GEHÖRT UNS NOCH?

Es begann beim Einkaufen, und am Anfang war man begeistert. Bei Amazon hatte man sich ein oder zwei Romane bestellt, und plötzlich tauchten da unten diese Empfehlungen auf. »Kunden, die den neuen Roman von Jonathan Franzen bestellt haben, mögen auch Bücher von Richard Ford« hieß es da, – und womöglich hatte man schon wieder einen neuen Lieblingsautor aufgetan. Dann fiel einem auf, dass man beim Suchen im Internet ständig Flüge nach Fuerteventura angeboten bekam; ach ja, man hatte kürzlich mal geschaut, ob man schon wieder zu spät dran ist mit dem Buchen des Sommerurlaubs.

Heute beruhigt es einen fast, dass einem Amazon auch noch zehn Jahre nach der Geburt des jüngsten Kindes dann und wann »Die schönsten Kinderlieder zur guten Nacht« empfiehlt oder man – nach 20 Jahren im Beruf und schon recht lange in einer Führungsposition – von LinkedIn einen Job als Praktikantin angeboten bekommt. Zeigt das doch, dass die Algorithmen noch nicht so perfekt funktionieren, wie sich das diejenigen wünschen, die sie auf einen loslassen. An alle Tipps und Vorschläge, die man bei Streifzügen durch verschiedenste Websites ständig bekommt, hat man sich schon längst gewöhnt. Und jene gerne geteilte Geschichte des amerikanischen Vaters, der von der Schwangerschaft seiner minderjährigen Tochter erfuhr, weil der Einzelhändler Target sie anhand ihrer Einkäufe als werdende Mutter identifiziert hatte und ihr Coupons für Babyprodukte zusandte, lässt einen nur noch müde schmunzeln.[1]

Die Generation Volkszählung aus Westdeutschland, die es 1987 noch als einen stolzen Akt des Widerstands empfand, den entsprechenden Fragebogen mit falschen Kreuzchen abzugeben, ist in die Jahre gekommen. Und die meisten Jüngeren möchten die Empfehleritis ohnehin nicht mehr missen. Teenager erwarten geradezu, dass die Internet-Konzerne ihren Musik- und Video-Geschmack erahnen und sie ständig mit neuen Vorschlägen füttern. Und wer Texte von Kevin Kelly, dem Gründer des Magazins *Wired* liest, begreift, dass sich auch manche Ältere nichts Besseres vorstellen können, als dass Algorithmen einen rund um die Uhr an die Hand nehmen und in Sachen Konsum nichts mehr dem Zufall überlassen. Kelly ist Jahrgang 1952, allerdings Amerikaner.[2] Privatsphäre? Wozu!

Die Firmen jedenfalls haben jedes Interesse daran, dass Kunden und potenzielle Kunden ständig Informationen darüber preisgeben, was sie wann zu tun und zu konsumieren gedenken. Amazon zum Beispiel macht etwa ein Drittel des Umsatzes mit Produkten, die den Konsumenten extra empfohlen wurden. Einerseits ist das ein wenig so wie beim Schaufensterbummel: Wenn man zum Shoppen in die Innenstadt fährt, kommt man ja auch dann und wann mit ein Paar Schuhen zurück, deren Kauf man gar nicht geplant hatte. Nur wirbt das elektronische Schaufenster viel aggressiver um die Kunden, weil es die Angebote personalisieren kann. Und, so denkt sich manch einer, wen stört das schon, wenn jemand weiß, dass man gerne nach Südfrankreich reist, aber es vollkommen zwecklos ist, einem ein Blümchenkleid zum Kauf anzubieten?

Das Wissen um die Konsumgewohnheiten ist das eine, das Wissen um die Persönlichkeit als Ganzes etwas ganz anderes. Wird das Ich bis in den letzten Winkel ausgeleuchtet, weil Informationen aus verschiedenen Bereichen auch noch verknüpft werden können, wird der gläserne Konsument zum gläsernen Bürger.

Tatsächlich ist eine Demokratie ohne den Schutz der Privatsphäre undenkbar. Sie ist der Raum, in dem man ungehindert sein Ich entwickeln, etwas ausprobieren und wieder verwerfen kann, Gedanken haben und sie aussprechen darf. Tückisch ist, dass viele Menschen die Bedeutung der Privatsphäre erst begreifen, wenn sie sie verloren haben. Sei es, dass sie plötzlich Bilder von sich im Netz finden, die nur für sie selbst und ihre Liebsten bestimmt waren – egal, ob jemand sie unbedacht oder mit böser Absicht im Netz verbreitet hat. Oder sei es, dass man plötzlich im Gefängnis sitzt, weil zum Beispiel einer neuen Regierung nicht passt, was man denkt, tut, aufschreibt oder auf andere Weise unter die Leute bringt. Wer seine Privatsphäre verloren hat, ist nicht mehr frei.

Im Grundgesetz ist die Privatsphäre durch das allgemeine Persönlichkeitsrecht geschützt. Artikel 1, »Die Würde des Menschen ist unantastbar«, und Artikel 2, »Jeder hat das Recht auf freie Entfaltung seiner Persönlichkeit, soweit er nicht die Rechte anderer verletzt und nicht gegen die verfassungsmäßige Ordnung und das Sittengesetz verstößt«, verbinden sich zu einem solchen Recht, auch wenn die Interpretation erst durch spätere Rechtsprechung festgelegt wurde. Hinzu kommen das Post- und Fernmeldegeheimnis (Artikel 10) und das Recht auf Unverletzlichkeit der Wohnung (Artikel 13). Galt das Recht auf einen persönlichen Bereich im Mittelalter nur für die höheren Stände, sind die Freiheit des Individuums und sein Anspruch auf einen geschützten Raum dank der bürgerlichen Revolutionen im 18. und

19. Jahrhundert heute in allen Demokratien verankert.

Aber was ist, wenn man den Schutz der Privatsphäre per Häkchen an dieser oder jener Allgemeinen Geschäftsbedingung aufgibt, weil es so schön bequem ist? Hat der Staat dann die Pflicht, den individuellen Freiraum seiner Bürger trotzdem zu schützen? Oder ist das nur ein Anspruch, der dann erfüllt werden muss, wenn es ungemütlich wird? Denn vor dem digitalen Zeitalter ging es ja vor allem darum, die Bürger vor übermäßiger Neugier des Staates zu bewahren, den Lauschangriff oder die Vorratsdatenspeicherung abzuwehren. Kommerziellen Interessen wurde offenbar nicht so viel Übles zugetraut. Ein Verständnis, das aus einer Zeit stammt, in der unerwünschte Postwurfsendungen die größtmögliche Belästigung waren, die man über sich ergehen lassen musste.

Die Angriffe auf die Privatsphäre im Netz kommen von verschiedenen Seiten. Ein großes Thema sind Hasskommentare und Mobbing – das geht direkt gegen die persönliche Würde des Individuums. Aber auch die private Wohnung, die Wege, die man zurücklegt, ja der eigene Körper werden verletzlich, wenn sämtliche dazugehörende Daten in irgendeiner Wolke stecken – und man nicht einmal weiß, wer darauf Zugriff hat.

Die Würde bewahren

Amanda Todd war nicht die Erste, die den Druck nicht mehr aushielt, aber ihr Fall machte weltweit Schlagzeilen. Über Jahre hinweg hatte ein Stalker die junge Frau aus British Columbia im Netz verfolgt, selbst Schulwechsel halfen nichts. Todd hatte den Angreifer in einem Chat kennengelernt und er hatte es geschafft, ihr ein paar Nacktfotos abzutrotzen; die verbreitete er dann, eingeloggt unter falschem Namen, großflächig in ihrem jeweiligen Freundeskreis in den sozialen Medien. Irgendwann hielt es die Kanadierin nicht mehr aus. Sie zeichnete ein Video auf, in dem sie ihre Geschichte erzählte und stellte es am 7. September 2012 ins Netz. Mehr als 17 Millionen Zuschauer sahen sich den Film an, niemand kam ihr zu Hilfe. Am 10. Oktober 2012 erhängte sich Amanda Todd in ihrem Elternhaus.[3] Ihr Tod entfachte eine heftige Debatte, in deren Folge zahlreiche Gesetze verabschiedet wurden. Denn Mobbing unter Schülern gab es zwar schon immer, und auch schon früher endete der eine oder andere Fall damit, dass sich ein Kind das Leben nahm. Aber über die sozialen Medien potenziert sich nicht nur die Verbreitung von beschämenden Bildern und Zitaten, die unter die Gürtellinie gehen. Auch gibt es, anders als früher, für viele Opfer physisch kein Entkommen mehr. Schulwechsel und Umzüge helfen nicht. Sie können sich nur noch aus dem Internet zurückziehen. Doch damit brechen sie gleichzeitig die Brücken zu ihren Freunden, zum gesamten sozialen Leben ab. Während der eine oder andere ältere Internet-Nutzer es als Befreiung erleben mag, alle digitalen Fesseln dann und wann abzustreifen, kann sich ein Leben im Funkloch für die jüngere Generation wie ein Leben im Gefängnis anfühlen. Wenn das Smartphone als »erweitertes Gehirn« funktioniert, büßen *digital natives* ohne Netzverbindung nach dieser Lesart wichtige Gehirnfunktionen ein. Sie verlieren Bestätigung, Feedback und damit Orientierung und Anschluss.

Cybermobbing, Cyberstalking oder andere Formen des digitalen Missbrauchs der Privatsphäre wie das Veröffentlichen von Geheimnissen (*outing*) oder ursprünglich privaten Sex-Filmen (*revenge porn*) verbreiten sich ebenso schnell wie auch alle anderen Aktivitäten, die von der realen in die Netzwelt gewandert sind. Nur dass die

Angewohnheit, jegliche Aktivität in Bild, Film und Ton aufzuzeichnen, eben auch dazu führt, dass unglaubliche Mengen an Dokumenten verfügbar sind, die mit ein paar Klicks in die Welt geschickt werden können und dann kaum noch einzufangen sind.

Das gilt insbesondere auch für Pornografie und Darstellungen sexualisierter Gewalt. Bislang gibt es nur Vermutungen darüber, wie sich das Porno-Schauen von Kindern und Jugendlichen auf deren Haltung zur Sexualität auswirkt. Die eine These ist, dass Teenager dadurch eher abstumpfen und tendenziell sogar später und weniger Sex haben als frühere Generationen. Es gibt aber auch Indizien dafür, dass Übergriffe unter Jugendlichen steigen. Schon jeder vierte Jugendliche habe bereits verbal oder körperlich sexuelle Gewalt erlebt, ergab eine Studie mit 14- bis 16-jährigen Jugendlichen in Hessen. 82 Prozent der Jungen gaben darin an, im Internet Pornos anzuschauen, jeder zweite mehrmals pro Woche oder täglich. 2700 Kinder hatten sich die Mühe gemacht, einen 40-seitigen Fragebogen bis zum Ende auszufüllen und zu kommentieren – für Studienleiterin Sabine Maschke ein Indiz dafür, wie sehr das Thema die Teenager beschäftigt.[4]

Der Weg vom Bild zur Tat muss also nicht immer so weit sein, wie das all jene behaupten, die gar keinen Bezug zwischen Gewaltszenen im Netz und der realen Welt erkennen können oder wollen. Auch wenn noch mehr Forschung benötigt wird, um einen belastbaren Zusammenhang zwischen Ursache und Wirkung herzustellen. Die Intimsphäre ist jener Bereich der Privatsphäre, die der Gesetzgeber am stärksten schützt. Die Würde des Menschen ist dort am verletzlichsten.

Aber auch Worte können wie Gewalt wirken. Hass-Postings im Netz sind ein enormes und wachsendes Problem. Da geht es nicht nur wie beim Mobbing zielgerichtet gegen einzelne Menschen. Unter dem Deckmantel der freien Meinungsäußerung macht sich so manch einer Luft, der wirklich hasst oder der einfach nur provozieren will und sich davon ordentlich Klicks verspricht.

Die schiere Menge an Kommentaren mit rassistischen, antisemitischen oder nationalistischen Inhalten hat zum Beispiel die *Süddeutsche Zeitung* im September 2014 dazu bewogen, die Kommentarfunktion unter den Artikeln auf ihrer eigenen Website generell abzuschalten und nur noch drei bis vier Themen täglich von den Lesern moderiert diskutieren zu lassen. Dieser Schritt ist teils hämisch kommentiert worden, vor allem von der Konkurrenz – die allerdings ebenso mit Hasskommentaren kämpft. Denn ein Problem haben alle: Solche Debatten müssen moderiert werden, und dafür benötigt man Personal. Und warum sollte man wegen einer lautstarken, pöbelnden Minderheit Arbeitskraft einsetzen, die man viel nötiger für gute Recherchen braucht? Das wäre unfair gegenüber jenen Lesern, die schlicht hochwertigen Journalismus lesen wollen. So jedenfalls argumentierte die Redaktion der *Süddeutschen*.

Ziel von Hasskommentaren werden alle Nutzer, bei denen die Verbreiter irgendeine Schwäche oder Andersartigkeit vermuten. Sei es, weil sie einer religiösen oder ethnischen Minderheit angehören, weil sei eine ungewöhnliche Meinung äußern oder in anderer Weise nicht dem Mainstream entsprechen. Besonders häufig trifft es Frauen, vor allem junge Frauen. Mädchen werden doppelt so häufig elektronisch gemobbt wie Jungen – übrigens auch von anderen Mädchen. Richten sich Hasskommentare gegen Journalisten oder Blogger, werden Frauen häufig als Huren bezeichnet, mit Vergewaltigung und sogar Mord bedroht, während Männer eher für ihre Argumente angegangen werden.[5]

Die linksliberale britische Zeitung *The Guardian* hat einmal alle 1,4 Millionen Kommentare von Nutzern seit 1999 analysiert, die das Moderatoren-Team wegen hetzerischer Inhalte blockiert hatte. Unter den zehn Autoren, die es am stärksten traf, waren acht Frauen und zwei farbige Männer. Am härtesten angefeindet wurde die Journalistin Jessica Valenti, die sich vor allem mit Gleichstellung und Feminismus beschäftigt. Sie bezeichnet sich als einfach nur erschöpft und beschreibt das so: »Ich bin es so leid, auf Twitter oder Facebook zu gehen, nur um Vergewaltigungs- oder Todesdrohungen wegzudrücken, die letzte kam, nachdem ich an einem Sonntagabend mit meiner Familie zu Abend gegessen hatte.«[6]

Das Problem sind nicht nur die verletzenden Kommentare an sich, gegen die sich die Opfer in den schlimmeren Fällen nur wehren können, wenn sie zur Polizei gehen oder vor Gericht ziehen. Mindestens ebenso dramatisch ist, dass geballte Angriffe einen mundtot machen. Wer permanent gemobbt wird, überlegt sich sehr genau, was er schreibt oder ob er das überhaupt noch tut. Es entwickelt sich die berühmte ›Schere im Kopf‹. Und das macht unfrei. Es könnte also sein, dass bald ein ganz neuer digitaler Graben entsteht, der nichts damit zu tun hat, ob jemand einen Internetanschluss hat oder nicht. Es könnte sein, dass sich ein Teil der Nutzer aus Angst vor Verletzungen aus dem Netz zurückzieht.

Urs Gasser, Direktor des *Berkman Klein Center for Internet and Society* an der Harvard University, beschreibt Hassrede im Netz als eine Art Marktversagen auf den amerikanisch geprägten Internet-Plattformen. »Die amerikanische Doktrin war immer: Je mehr Informationen, desto besser. Aber die unsichtbare Hand, die das regeln soll, funktioniert nicht mehr«, sagte er einmal in einem Gespräch.[7] Nur: Was tun? Institutionen wie Polizei, Justiz und Parlamente sind zu behäbig, um damit umzugehen, dass immer mehr Bürger online in ihrer Würde verletzt werden. Recht und Regulierung seien für die Industriegesellschaft gemacht, sagte Gasser, das reiche nicht mehr. Er sieht vor allem drei Wege aus dem Dilemma. Zunächst solle es technologische Lösungen geben. Das, was durch Algorithmen erst verbreitet wird, soll also durch ebensolche Algorithmen herausgefischt werden. Offensichtlich ist das nicht einfach, denn selbst Facebook beschäftigt immer noch Menschen damit, dem Hass Einhalt zu gebieten.

Zweitens glaubt Gasser an subtile Beeinflussung durch Design, also durch »nudging«. Das Design der Plattformen kann prägen, wie sich Nutzer darauf verhalten, ob ihre Laune steigt oder sinkt, wie oft man was kommentieren kann oder wie leicht erkennbar die Möglichkeiten sind, sich zu wehren. Das dritte große Thema sei Internet-Bildung. Schon kleine Kinder sollten lernen, welche Folgen ihr Verhalten im Netz haben kann, was man tut und was nicht, wie man gute von schlechten Quellen unterscheidet und nach welchen Prinzipien die digitale Welt funktioniert. Schließlich büffeln Millionen Menschen auch jedes Jahr für den Führerschein, mit dem Training erkauft man sich Bewegungsfreiheit. Es steht nirgendwo geschrieben, dass man sich im Netz bewegen können muss, ohne ein paar Grundregeln zu beherrschen.

Der Gesetzgeber ist dennoch nicht machtlos. Bundesjustizminister Heiko Maas hat sich 2017 viele Feinde gemacht mit seinem Vorstoß, die Internetkonzerne für Hass-Postings auf ihren Seiten haftbar zu machen und sie zu verpflichten, solche zügig zu löschen. Ergebnis war das »Netzwerkdurchsetzungsgesetz«. Widerstand dagegen gab es von allen Seiten, aus den Reihen der Regierungskoalition und der Opposition wie auch von der Wirtschaft und aus anderen Interessengruppen.

Im Kern zielt die Kritik auf einen Punkt, der hier schon an anderer Stelle diskutiert wurde: Kann ein Privatunternehmen wirklich entscheiden, was strafbar und gesellschaftlich unerwünscht ist und was nicht? Sprich: Lässt sich das Gewaltmonopol des Staates privatisieren? Dennoch ist es die Pflicht des Staates, die Privatsphäre seiner Bürger zu schützen. Und es ist vernünftig, Wirtschaftsunternehmen in diese Pflicht zu nehmen, wenn dieser Schutz technisch nicht anders zu organisieren ist. Sonst müsste man die Internet-Konzerne verstaatlichen. Und das kann wirklich niemand wollen.

My home is my castle – oder mein Glashaus?

Für Eltern ist es eine Beruhigung, vor allem, wenn es funktioniert. Das Babyphone, in der modernen Variante mit Kamera, zeigt, dass Säugling oder Kleinkind friedlich schlafen, während man selbst im Wohnzimmer sitzt, bei den Nachbarn ein Glas Wein trinkt oder sich sogar traut, einen Ausflug ins Café gegenüber zu machen. Nur wenige Eltern wissen allerdings, dass die Kinder-Überwachung über das Internet auch anderen einen Blick in die Wohnung ermöglichen kann, die sich nicht für das Baby interessieren.

Ob Fernseher, Kühlschrank oder Toaster, jedes Gerät, dass man über das Internet steuern kann, lässt sich umgekehrt auch zum Abhören nutzen, wenn es nicht gesichert ist. Ob es das ist, wissen viele Kunden nicht so genau. Und es geht nicht nur um den kleinen Lauschangriff. Alle Geräte sammeln permanent Daten, die Rückschlüsse über die Gewohnheiten ihrer Nutzer zuließen, würde sie denn jemand auswerten. Ist er ein Verschwender, weil er viel warmes Wasser verbraucht, hat er Schlafstörungen, weil er nachts häufig den Fernseher anschaltet, und vernachlässigt er womöglich sein Kind, wenn das ständig mit dem Babyphone auf »on« im Bettchen geparkt wird?

»Das Internet der Dinge ist kaputt«, so betitelten die Datenrechercheure der *Süddeutschen Zeitung* eine Serie, die sich mit den Möglichkeiten beschäftigte, die so genannten *Smart Homes* auszuspähen – und damit zu Glashäusern zu machen.[8] Reporter der SZ hatten in monatelangen Recherchen Menschen ausfindig gemacht, deren Häuser sich mühelos ausspähen ließen, weil die internetfähigen Geräte darin nicht gesichert waren, und sie dann damit konfrontiert. Man muss kein Hacker sein, um über Suchmaschinen wie Google solche Geräte ausfindig zu machen. In dem einen oder anderen vernetzten Haus könnte man auf diese Weise schon mal von Ferne das Garagentor öffnen oder das Licht ausschalten.

Wie bei allen Dingen, die das vernetzte Leben betrifft, geht es auch in Fragen der Hauselektronik bei den meisten Verbrauchern zuerst einmal um Bequemlichkeit und nicht darum, ob man sich einen Spion in die eigenen vier Wände holt. Schließlich ist das praktisch mit dem Babyphone, und die Daten, wen sollen die interessieren? Auch eine gewisse Technikfaszination ist dabei, wenn man auf ein vollausgerüstetes *Smart Home* umsteigt, für das man mit dem Handy von Ferne im Zweifel jede Steckdose einzeln an- und ausschalten kann. Warum nicht mal zu den *first movern* gehören?

Und natürlich gibt es auch noch den Faktor Sicherheit. Ältere Menschen können viel länger im eigenen Heim wohnen bleiben, wenn die Elektronik zuverlässig an die Verwandten meldet, dass jemand sich nicht mehr vom Fleck rührt oder die Kühlschranktür zur Frühstückszeit nicht geöffnet wurde.

Es hat aber einen Grund, dass die Unverletzlichkeit der Wohnung als festes Prinzip ins Grundgesetz aufgenommen wurde. Die eigenen vier Wände sind der Ort, an dem sich der Mensch noch viel stärker als in der Öffentlichkeit bewegen und entfalten können soll, wie ihm das lieb ist. Welche Lieder er dort singt, ob er gerne nackt herumläuft oder die Nacht zum Tag macht, muss allen andern egal sein, solange er dort seinen Mitbewohnern keine Gewalt antut, das Eigentum anderer zerstört oder einen Terrorakt plant. Und selbst dann müssen Ermittler einen Durchsuchungsbeschluss vorlegen, wenn sie in die Wohnung eintreten wollen. Eine Wohnung zu haben bedeutet, zumindest auf diesem begrenzten Raum frei zu sein.

Die Deutschen sind noch empfindlicher als andere Kulturen, was diese Art von Freiheit und Privatsphäre angeht. Schließlich prägt die Erfahrung von zwei Diktaturen, in denen man nie vor ungebetenem Besuch oder Abhörwanzen im Schlafzimmer sicher sein konnte, Recht und Gesetz. Man erinnere sich an die erhitzten Debatten über *Google Streetview* im Jahr 2010. Google hatte in der Zeit damit begonnen, von Amerika bis Australien Straßen und Orte abzufilmen, um die Aufnahmen und damit ganze Teile der Welt für die Öffentlichkeit sichtbar zu machen. In keinem Land regte sich dagegen so viel Protest wie in Deutschland. Der Internet-Konzern musste mehr als 244.000 Anträge von Bürgern bearbeiten, die ihre Häuser und Wohnungen auf dem Bilderdienst unkenntlich machen lassen wollten – zum Ärger von Nachbarn und Maklern.

Dieser Tage kann man über so viel Besorgnis nur noch lächeln. Heute müssen Eltern bei ihren Kindern darum kämpfen, wenn sie keine Bilder vom eigenen Wohnzimmer im Netz sehen wollen (»Ich bin doch privat, Mama«). Weniger Besorgte machen gleich eine »Room-Tour« durch das neue Heim und veröffentlichen sie auf Youtube.

Und wer zum Einkaufen auf die Website von Amazon geht, hat eine gute Chance, dort mit einer Werbung für *Amazon Echo* begrüßt zu werden. *Echo* ist eine Art interaktives Mikrofon, das einem rund um die Uhr auf Zuruf Wünsche erfüllen und Auskunft geben kann. Dazu muss es natürlich immer angeschaltet sein; es bekommt deshalb alles mit, was in der Wohnung passiert, worüber geredet und nicht geredet wird. Es gibt schon Hotels, die *Echo* in ihren Zimmern platzieren, damit Kunden besonders prompt und gut bedient werden können.

Es soll auch zahlreiche Kunden geben, die die von Amazon auf den Markt gebrachte elektronische Sprachassistentin *Alexa*, das Pendant zu *Echo*, lieben, weil sie einen jederzeit an Pläne erinnern, einem das Wetter prognostizieren oder die Abfahrtszeiten für den Bus mitteilen kann. Dabei ist *Echo* nichts anderes als ein Abhörgerät, das man sich freiwillig in die Wohnung geholt hat. Amazon kann damit noch besser Konsumgewohnheiten erkennen und auswerten als bisher, und die große Frage ist immer: Wer verfügt über die Daten? Die *taz* schreibt dazu: »Das ganze Konzept ist eine Datenschutzhölle. Echo ist die Wanze von IM Alexa. Und Amazon die kommerzielle Staatssicherheit, die uns bis ins Letzte ausspioniert.«[9] Wenn es ein Ende der Privatsphäre gibt, dann mit *Echo* und *Alexa* oder all den Produkten anderer Anbieter, die das Gleiche bieten.

Elektronische Fußfesseln für jeden

Die Kollegin ist zufrieden. Während sie noch im Büro am Bildschirm sitzt, ist ihr Zehnjähriger gerade zuhause angekommen. Eben hat sie auf ihrem Mobiltelefon verfolgt, wie er die Wohnung des Freundes verlassen und sich auf den Heimweg gemacht hat. Linien zeigen ihr, dass er den geraden Weg genommen hat und nicht noch am Spielplatz vorbeigegangen ist. Alle Familienmitglieder hätten sich gegenseitig freigeschaltet, so dass jeder sehen könne, wo der andere sei, sagt sie.

Solche Ortungsdienste auf dem Smartphone sind eine gute Sache für Eltern, die auf diese Weise von Ferne sehen können, wo ihre Kinder gerade herumstromern. Vielleicht auch für besonders eifersüchtige (Ehe-)Partner, die sich dann sicher sein können, dass die Frau oder der Mann tatsächlich ohne Abstecher auf direktem Weg von der Arbeit nach Hause fährt. Aber letztlich schränken sie schon auf ganz unschuldige Weise die Bewegungsfreiheit ein – und zwar im Geiste. Wer jederzeit weiß, dass der andere weiß, wo man ist, wird sich den einen oder anderen Ausflug womöglich nicht mehr gönnen. Das Kind wird sich den Umweg über die Eisdiele oder den verbotenen Schleichweg nicht mehr zu nehmen trauen, die Mutter den Zwischenstopp in der Shopping Mall lieber bleiben lassen, wenn sie doch versprochen hatte, direkt vom Büro nach Hause zu sprinten.

Womöglich entwickeln sich dadurch folgsamere Kinder und moralischere Erwachsene; es können aber auch jene kleinen Freiheiten verloren gehen, die einfach nur guttun und niemandem weh. Schon längst ist die Rede von Helikopter-Eltern, die ihre Kinder auf Schritt und Tritt verfolgen und ihnen jene Räume nicht mehr lassen, die für das Erwachsenwerden so wichtig sind. Für viele

Schüler war der Weg zwischen Elternhaus und Schultor so eine kleine Freiheit, auf dem man sich unbeobachtet fühlen und mit Freunden Dinge aushecken konnte. An der langen elektronischen Leine, an der Kinder heute hängen, mögen sie sich zunächst sicherer fühlen. Aber eines trainieren sie nicht mehr: sich aus eigener Kraft aus schwierigen Situationen zu befreien. Auf die Dauer wird sie das unsicherer machen.

Ortungsfunktionen werden aber natürlich nicht in erster Linie aus Sorge um Angehörige eingesetzt (und vielleicht aus Sorge um das Telefon, das man bei Verlust auf diese Weise wiederfinden kann). Sie sind ungeheuer verführerisch, weil sie – wie vieles andere in der Netzwelt – so praktisch sind. Zum Beispiel leiten sie einen, wenn man sich ohne Stadtplan in einer fremden Umgebung bewegt und sich vorher die Adresse des Ziels notiert, aber den Weg dorthin nicht eingeprägt hat. Mit dem Mobiltelefon hat jeder sein persönliches Navigationsgerät.

Oder sie helfen bei der Suche nach einem Restaurant, einem Laden oder einfach nur einer Bushaltestelle in der Nähe. Wenn das Telefon weiß, wo man ist, kann es auch die passgenauen Angebote machen, die einen in dem Moment glücklich machen. Und viele Hobby-Fotografen finden es praktisch, wenn nach der Reise jedes Bild dank Geotagging verrät, wo es aufgenommen wurde. Auch für den Lokaljournalismus ist es hilfreich, genau zu wissen, wo sich ein Leser aufhält, um ihm dann ein passgenaues Nachrichtenangebot (samt Anzeigen örtlicher Gewerbetreibender) zu servieren – zumindest erhofft sich die Branche dieses Geschäftsmodell für die Zukunft.

Klar ist aber auch: Bei der Geolocation werden der Kundenservice groß und der Datenschutz kleingeschrieben. Und das kann gefährlich werden. Denn all die Informationen, die einem selbst oder seinen Angehörigen helfen können, lassen sich von Dritten missbrauchen. Stellen Sohn oder Tochter zum Beispiel Fotos mit Geotag ins Netz, die sie im Kinderzimmer aufgenommen haben, wissen Chatpartner mit bösen Absichten sofort, wo sie dem Kind auflauern könnten – und leider passieren solche Dinge: Geolocation ist eine Einladung für Stalker, die damit Bewegungsmuster ihrer Opfer serviert bekommen.

Aber nicht nur für Verbrecher jeglicher Art sind diese Informationen interessant. Arbeitgeber könnten zum Beispiel herausfinden, dass Mitarbeiter, die sich krankgemeldet haben, in Wirklichkeit auf Skitour in den Bergen sind. Womöglich haben auch Versicherungen Interesse daran zu wissen, wie und wo sich ein Kunde bewegt; daran könnte sich zum Beispiel die Prämie für die Auto- oder Fahrradversicherung bemessen. Geolocation-Informationen geben besonders gut Aufschluss über Lebensgewohnheiten, sozialen Status und Verhalten; sie sollten gut geschützt werden.

IT-Profis, Sicherheits-Fachleute und Datenschützer raten deshalb Smartphone-Nutzern, bei der Installation von Apps grundsätzlich die Frage zu verneinen, ob Ortsinformationen genutzt werden können, und auch die Ortungsfunktion am Handy nur einzuschalten, wenn man sie wirklich braucht. Ansonsten können die nützlichen Dienste wie eine elektronische Fußfessel sein, nur dass der Träger nichts von ihr weiß.

Natürlich hätten die Anbieter von Software und Geräten auch die Möglichkeit, die Voreinstellungen genau andersherum zu gestalten. Dass der Nutzer zum Beispiel in jedem Einzelfall die Zustimmung dazu geben muss, den Ort, an dem er sich aufhält, erkennbar zu machen. Das aber liegt nicht im Interesse der Anbieter. Denn deren Ziel ist es zum Beispiel, dem Kunden Werbung aufzuspielen, die genau zum Aufenthaltsort passt. Wer also nach England reist und dort in seiner Twitter- oder Facebook-Timeline Gutscheine für Madame Tussaud findet, kann sicher davon ausgehen, dass seine Geolocation-Einstellung aktiviert ist.

Der eine oder andere mag bei dem Thema mit den Schultern zucken wie auch bei anderen Warnungen, wenn es um die Preisgabe von Daten geht. Man habe schließlich nichts zu verbergen, ist ein gängiges Argument, und die Wahrscheinlichkeit, Opfer eines Verbrechens zu werden, sei immer noch recht gering. Was aber, wenn der Verbrecher kein Kleinkrimineller ist, sondern der Staat plötzlich ein Interesse daran hat, Bewegungsmuster und Aufenthaltsorte seiner Bürger zu kennen? Viele türkische Intellektuelle haben sich zum Beispiel in ihrem Land relativ frei und sicher gefühlt, bis Staatspräsident Erdogan begann, Richter, Journalisten, Professoren und andere vermeintliche Regime-Kritiker systematisch zu inhaftieren. Regimewechsel gibt es in vielen Teilen der Erde, und für autoritäre Machthaber sind Daten über ihre Bürger ein willkommener Schatz, der ihnen die Ausübung ihrer Macht erleichtert.

Nun gibt es auch in Demokratien, die ihre Bürger schützen wollen und müssen, Situationen, in denen Geo-Daten willkommen sind. Regelmäßig werden Terroranschläge oder andere Verbrechen vereitelt, weil Polizei und Staatsschutz Kriminelle oder Terroristen über deren Mobiltelefone ausfindig machen können. Auch Verbrecher sind eben manchmal bequem oder einfach nicht versiert genug im Umgang mit digitalen Technologien. Deshalb läuft die Debatte um Datenschutz recht häufig entlang dieser Linien: lieber ein bisschen mehr Transparenz und weniger Datenschutz, dafür mehr Sicherheit für die Bürger. Aber das Wesen der Demokratie ist es, jeglicher Art von Macht Grenzen zu setzen, auch der Staatsgewalt. Es muss immer einen guten Grund geben, um Grundrechte einzuschränken.

Richtig kritisch wird es, wenn kommerzielle Anbieter versuchen, dem Staat Konkurrenz zu machen, und den vermeintlichen Schutz der Bürger selbst in die Hand nehmen. In den USA gibt es schon einige Apps oder Internet-Dienste, mit deren Hilfe Einwohner herausfinden können, ob in ihrer Nachbarschaft zum Beispiel Pädophile oder Menschen wohnen, die schon einmal wegen eines Verbrechens verurteilt worden sind – und würde man das nicht selbst auch wissen wollen? Davon abgesehen, dass Pädophile nicht zwangsläufig zu Kinderschändern werden und Verurteilte ein Recht auf Resozialisierung haben: Solche Informationen gehören nicht in jedermanns Hände.

Schließlich ließen sich solche Landkarten des Gruselns beliebig verfeinern, bis jeder Nachbar seinen Stempel hat. Von »Hier wohnt jemand, der als Teenager beim Ladendiebstahl erwischt wurde« bis »hier ist jemand daheim, der Steuern hinterzogen, seine Frau betrogen oder den Kindesunterhalt nicht bezahlt hat« ließen sich allerlei unangenehme Dinge über Mitbürger herausfinden und elektronisch mit deren Wohnorten verknüpfen. Aber meist stünde die Schwere des Vergehens wohl in keinem Verhältnis zu einem zerstörten Ruf, der einem ein Leben lang anhaften kann. In der digitalen Welt ließe sich die Spitzelgesellschaft perfektionieren. Der chinesische Staat findet das legitim. Mit einem freiheitlichen Leben ist es nicht zu vereinbaren.

Mein Körper gehört – der Medizin?

Mit der Fitness-App auf dem Smartphone fängt es an. Wie viele Schritte man jeden Tag geht – ganz lustig, das einmal dokumentiert zu bekommen. Dann bekommt man ein Fitness-Armband geschenkt, das misst auch noch, wie tief und wie lange man schläft, und, wenn man es nicht ablegt, auch, wie lange man Sex hat. Man trägt ein, was man alles isst und trinkt, und die Angaben für den Notfall hinterlegt man gleich dazu, Blutgruppe, Allergien, Medikamente, solche Dinge. Für sich genommen, sind solche Aufzeichnungen harmlos, können einen sogar zu mehr Bewegung oder zum früheren Schlafengehen anspornen. Ein gewisses Unbehagen stellt sich erst ein, wenn man sich überlegt, wer Zugriff auf all das bekommen könnte. Denn Daten über die Gesundheit und den Körper sind womöglich der sensibelste Bereich im gesamten Big Data Kosmos.

Dabei gibt es kaum ein Feld, auf dem die Hoffnungen so groß sind, durch massenhafte Daten, hohe Rechenkapazitäten und weltweite Vernetzung neue Erkenntnisse zu gewinnen. Da geht es einerseits um die bessere Diagnose von Krankheiten. Ärzte können gerade bei seltenen Symptomen viel zielsicherer urteilen, wenn sie die Informationen aus großen Datenbanken mit den Beschreibungen des Patienten abgleichen. Und der Datenschatz aus aller Welt wächst sekündlich.

Zweitens geht es um Telemedizin. Medizinische Hilfe wird künftig auch in Gebieten verfügbar sein, die medizinisch unterversorgt sind – sei es ein abgelegenes Dorf in einem afrikanischen Land oder in einer von Medizinern verlassenen mitteldeutschen Provinz. Sogar Operationen per Roboter, von Ferne überwacht von einem Chirurgen, sind schon möglich. Hinzu kommen bessere Möglichkeiten der Selbstdiagnose. Schon jetzt gibt es Apps, mit denen man Leberflecke fotografieren kann, um die Wahrscheinlichkeit auszuloten, ob sie bösartig sein könnten.

Drittens können Daten dabei helfen, die Ausbreitung von Krankheiten zu prognostizieren und damit schneller einzudämmen. Dabei helfen Erkenntnisse von Suchmaschinen – wo googeln besonders viele Menschen nach »Grippe«? – und auch die oben kritisierte Erfassung von Bewegungsdaten. Ein Beispiel ist die Verbreitung des Ebola-Virus. Während des Ausbruchs von 2014 hatte zum Beispiel eine schwedische Non-Profit-Organisation Daten der Telefongesellschaft *Orange* auswerten dürfen und damit eine Landkarte der Wanderungsbewegungen erstellt.[10] Auf diese Weise konnten Behandlungszentren besser platziert und Orte, an denen die Krankheit mit hoher Wahrscheinlichkeit ausbrechen wird, eingegrenzt werden.

Viertens sind Erkenntnisse aus der Datenvielfalt möglicherweise ein entscheidender Schritt, um der Ursache von Krankheiten auf die Spur zu kommen. Ein massenhafter Abgleich von Verhaltensdaten und Krankheitsfällen dürfte dort weiterführen, wo jahrzehntelange Forschung bislang nur wenig gebracht hat. Eine amerikanische Firma namens Flatiron Health hat zum Beispiel vor, Daten von Patienten zu sammeln und in einer Datencloud zugänglich zu machen. Bislang konnten Mediziner lediglich Erfahrungen und Krankheitsverläufe von vier Prozent aller US-Patienten abrufen, 96 Prozent seien noch nicht analysiert.[11]

Fünftens erhoffen sich Krankenkassen und Mediziner auch große Fortschritte bei der Prävention, wenn Menschen reihenweise ihre Lebensgewohnheiten analysieren und sich damit womöglich manchmal selbst auf die Schliche kommen. Wer feststellt, dass er sich kaum bewegt, mag sich doch das eine oder andere Mal zusätzlich zu einer Runde um den Block aufraffen, so eine Hoffnung. Und sei es, weil sein Arbeitgeber ihn über Gesundheitsprogramme dazu drängt oder die Versicherung ihm einen Rabatt in Aussicht stellt. Allerdings kann man davon ausgehen, dass entsprechende Fitness-Apps und Zählgeräte eher von Menschen genutzt werden, die ohnehin gesundheitsbewusst und deshalb auch gesünder sind.

Sechstens, und das ist mit die größte Hoffnung, erwarten sich Forscher und Mediziner extreme Fortschritte in der Behandlung durch personalisierte Medizin. Das kann gelingen, weil erst die gewaltig verbesserten Rechenkapazitäten es möglich machen, Gene zu analysieren und aus den Erkenntnissen medizinisch relevante Schlussfolgerungen zu ziehen. Gleicht man die individuelle Gen-Architektur eines Menschen mit der anderer ab, kann man Behandlungsmethoden speziell darauf ausrichten.

Das alles deutet auf eine Revolution in der Medizin hin. Denn bislang werden Medikamente und Therapien an klinischen Studien erprobt, die ihre Tücken haben. Zum Beispiel werden aus ethischen Gründen nur wenige Arzneien an Kindern getestet; auch weiß man mittlerweile, dass sich bestimmte Krankheiten bei Männern und Frauen unterschiedlich zeigen und entwickeln; Medikamente sind aber darauf nicht ausgerichtet. Versuche an Menschen können nie optimal aufgebaut sein, weil sich Individuen unterscheiden, und weil man zu hohe Risiken ausschließen muss. Außerdem ist es fragwürdig, wenn Kranke in Kontrollgruppen nur Placebos bekommen, obwohl sie womöglich mit dem zu erprobenden Medikament besser gefahren wären. Mit individualisierter Medizin könnte man womöglich das Zeitalter der Studien beenden.

All diese Vorteile der Digitalisierung für die Gesundheit und ein längeres Leben selbst in schlecht versorgten Winkeln der Welt sind so gewaltig, dass es fast beschämend wirkt, sich über die Nachteile den Kopf zu zerbrechen. Dennoch ist der Datenschutz gerade bei Informationen über den eigenen Körper und dessen Zustand aus verschiedenen Gründen besonders wichtig. Dass Daten über Krankheiten strikt vertraulich behandelt werden müssen, leuchtet jedem sofort ein. Insbesondere Leiden, die längst ausgeheilt sind und keiner Therapie mehr bedürfen, gehen niemanden etwas an – schon gar nicht potenzielle Arbeitgeber, Vermieter, Kreditgeber, Versicherungen oder andere Organisationen, von denen man abhängig sein kann. Allzu leicht könnte sonst eine zurückliegende Depression, Krebserkrankung oder Herz-OP im Kindesalter dazu führen, dass jemand als nicht belastbar eingestuft wird und deshalb einen lebenslangen Risikovermerk bekommt.

Bei bestehenden Leiden sieht dies etwas anders aus. Hätte es zum Beispiel im Fall des Germanwings-Piloten Andreas Lubitz eine bessere Vernetzung der Ärzte und Patientendaten gegeben, wäre seine Depression womöglich aufgefallen, bevor er im März 2015 einen Airbus mit 149 Menschen an Bord gegen ein Alpenmassiv fliegen konnte. Wie so oft gab es hier einen Konflikt zwischen dem Anspruch auf Privatsphäre und der Sicherheit. Aber selbst wenn künftig Algorithmen bei der Einschätzung helfen werden, ob ein Leiden ausgeheilt ist: Am Ende wird immer irgendwo ein menschliches Urteil stehen müssen, denn Menschen müssen auch die Verantwortung übernehmen.

Eine weitere kritische Frage ist, wie stark Menschen gezwungen oder durch finanziellen Druck dazu gebracht werden sollten, sich nachweisbar vernünftig zu verhalten – oder schädliches Verhalten zu offenbaren. Schon jetzt gibt es Versicherungen wie der Generali-Konzern, der mit seinem »Vitality«-Programm mit Beitragsermäßigungen zum Beispiel für Risikolebensversicherungen lockt, wenn ein Kunde dokumentiert, dass er sich viel bewegt – ohne Sportarten nachzugehen, die ein allzu hohes Verletzungsrisiko haben –, vernünftig isst und das Rauchen gar nicht erst angefangen hat. An der Stelle lässt sich die Debatte über den Gouvernanten-Staat führen. Ist es nicht das gute Recht eines Gemeinwesens oder eines Wirtschaftsunternehmens wie einer Versicherung, solche Anreize zu setzen oder sogar bestimmte Lebensweisen zu sanktionieren, wenn sie doch die Gemeinschaft viel kosten oder der Umwelt schaden? Muss man wirklich um der Freiheit willen jeden Extrembergsteiger oder Rennfahrer mit der gleichen Fürsorge absichern wie einen idealgewichtigen fitten Breitensportler?

Jens Baas, Chef der Techniker Krankenkasse, dürfte mit seiner bereits zitierten Forderung nach einem »Recht auf Unvernunft« bald schon recht alleine dastehen, denn Politik, die Vernunft belohnt, bestraft Unvernunft automatisch. Und es ist eine Illusion anzunehmen, dass man noch lange im Verborgenen rauchen, fett essen oder ein weitgehend bewegungsfreies Leben auf der Couch fristen kann. Versicherungen werden ihre Leistungen zunehmend individualisieren – einfach, weil es möglich ist. Schließlich lohnt sich das sowohl für den Versicherer als auch für jene Kunden, die als wenig riskant eingestuft werden. Der Abschied vom Solidarprinzip ist eingeläutet; und viele Bürger finden das richtig so.

Eine weitere Gefahr bei der großflächigen Erhebung von Krankendaten ist deren Missbrauch. Die besteht natürlich bei jeder Datensammlung, und je mehr Daten verknüpft sind, desto schlimmer werden die möglichen Folgen. Im amerikanischen Gesundheitssystem, dem wohl teuersten der Welt, sind Angriffe auf Gesundheitsdaten schon seit einigen Jahren mit das größte Problem in Sachen Cyber-Sicherheit. Kriminelle verschaffen sich damit Zugang zu Medikamenten, zum Beispiel Opiaten, oder greifen Versicherungsleistungen ab.

Die Opfer merken das häufig erst sehr viel später als einen Kreditkartenbetrug. Auf dem amerikanischen Schwarzmarkt bringt zum Beispiel eine erbeutete Versicherungsnummer das Zehnfache von einer Kreditkartennummer. Nach einem Bericht der Beratungsfirma Experian von 2016 hatten 91 Prozent aller US-Gesundheitsinstitutionen in den zwei zurückliegenden Jahren mindestens einen Angriff abzuwehren.[12] Zudem sind viele Krankenhäuser unterfinanziert; Computeranlagen und ihre Software sind häufig veraltet. Bereits 2014 warnte das amerikanische FBI: »Der Gesundheitssektor ist nicht so gut abgesichert gegen Cyber-Attacken wie die Bankenbranche und der Einzelhandel, deshalb werden solche Attacken zunehmen.«

Natürlich sind elektronische Gesundheitsakten auch anfällig für Manipulationen. Krimis, in denen Verbrecher unbequemen Zeugen bis ins Krankenzimmer nachstellen, werden vermutlich bald jenen weichen, in denen der Kriminelle die Medikamentenliste hackt. Auch Softwarefehler können natürlich gefährlich werden. Allerdings ist Software zuverlässiger als der Mensch. Ärzte, Krankenschwestern und -pfleger machen auch Fehler, weil sie übermüdet oder unkonzentriert sind oder die Übergabe im Schichtwechsel nicht klappt. Manches Mal endet das für die Patienten tödlich, nicht immer wird die Ursache klar festgestellt. Eine höhere Automatisierung und Datenerfassung in der Behandlung können da hilfreich sein.

Die Gedanken sind frei – wie lange noch?

Sophie Scholl spielte das Lied angeblich auf der Flöte vor dem Gefängnis, in dem ihr Vater 1942 saß. Als Berlins Regierender Bürgermeister Ernst Reuter auf dem Höhepunkt der Berlin-Blockade 1948 »die Völker der Welt« aufrief, auf diese Stadt zu schauen, tönte es ihm aus der Menge entgegen. Und der Satiriker Jan Böhmermann sang es 2017 für den in der Türkei inhaftierten deutsch-türkischen Journalisten Denis Yücel: »Die Gedanken sind frei.« Das Stück ist eines der wenigen verbliebenen, unverdächtigen deutschen Volkslieder. Sein Text wurde schon vor der Französischen Revolution erstmals auf Flugblättern verteilt. In der musikalischen Version haben es Hoffman von Fallersleben und Ernst Richter 1842 veröffentlicht. Die Worte sind von so schlichter Schönheit, dass sie auch heute noch Gänsehaut verursachen. Einfacher kann man nicht ausdrücken, was Freiheit bedeutet. Aber treffen sie noch zu für den Menschen 4.0?

Nicht, wenn es nach Mark Zuckerberg geht. Auf einer Facebook-Entwicklerkonferenz im April 2017 bestätigte die Chefin des Facebook-Labors für experimentelle Technologien Building 8, Regina Dugan, dass der Konzern Nutzern mit einem Interface ermöglichen wolle, ihre Gedanken zu lesen. Würde die Schnittstelle zwischen Gehirn und Gerät es schaffen, Sätze ohne Tippen oder Diktat aufzuschreiben, ginge das fünfmal schneller, nämlich mit 100 Wörtern pro Minute, sagte die Managerin, die unter anderem Karriere in der amerikanischen

Behörde für die Entwicklung von Verteidigungstechnologien DARPA gemacht hatte. Das Gedankenlesen solle unabhängig davon funktionieren, welche Sprache man spreche. Derzeit entwickle ein Team von 60 Leuten die entsprechende Technologie, die kein Implantat erfordern (»Das würde sich einfach nicht massenhaft verkaufen lassen«), sondern mit optischen Sensoren arbeiten werde. »Es klingt unmöglich, aber wir sind näher dran, als Sie glauben«, sagte Dugan.[13]

Nun kann man das Ganze als eines dieser Dinge abtun, die niemand so richtig will. So etwas wie die Daten-Brille *Google Glass*, deren Entwicklung erst einmal im Verborgenen weiterläuft, weil die Kunden 2014 nicht wie erwartet zugriffen. Fakt ist aber, dass Neurowissenschaftler gewaltige Fortschritte dabei machen, Gehirnaktivitäten zumindest zu erkennen. Gleichzeitig wird künstliche Intelligenz immer spitzfindiger dabei, Verhalten zu prognostizieren. Verknüpft man zum Beispiel Erkenntnisse darüber, was jemand liest, anschaut und welche Stellen er sich in Texten markiert hat, mit Bewegungsmustern, Einkäufen, Beiträgen auf sozialen Medien und den am häufigsten frequentierten Kontakten, sind ohnehin schon sehr detaillierte Rückschlüsse auf Gedanken möglich. Facebooks Pläne wirken da wie eine ergänzende Spielerei.

De facto gibt es keinen Weg mehr zurück aus einer Welt, in der die Privatsphäre täglich schrumpft. Selbst wenn man dem Smartphone und anderen Computern abschwört und niemals elektronische Zahlungsmittel nutzt, könnte man sich der Vernetzung nicht entziehen, denn die Digitalisierung von Staatsbürgern beginnt künftig spätestens mit der Geburt. Und natürlich ist ein Leben als Eremit alles andere als erstrebenswert. Umso wichtiger ist es, endlich zu definieren, was die

Minimumstandards für Privatsphäre in der digitalen Welt sind.

Was aber wäre, wenn die Mehrheit der Bevölkerung es gerne in Kauf nimmt, durchschaubar, vernetzt und öffentlich zu sein? Weil es eben so schön bequem ist, jederzeit ein Angebot aus dem großen Datenvorrat frei Haus geliefert zu bekommen, und weil der eigene Mitteilungsdrang ohnehin viel größer ist als das Bedürfnis, Dinge für sich zu behalten? Von dem Moment an macht sich derjenige verdächtig, der nicht teilt, kommentiert, seine Wünsche rund um die Uhr an *Alexa* meldet. Jeder, der keine digitalen Fingerabdrücke hinterlässt, dürfte zumindest mal als seltsam gelten – wenn eine Daten-Verweigerungshaltung denn irgendwann überhaupt noch möglich ist. Eine solche Diktatur der Öffentlichkeit würde nicht weniger als das Ende der liberalen Gesellschaft mit ihren bürgerlichen Freiheiten bedeuten. Es wäre der ultimative Preis für das digitale Schlaraffenland.

Travis Kalanick war ein Typ, an dem sich die Geister
schieden. Die einen hielten den Gründer des Fahr-
dienst-Unternehmens Uber für einen hervorragenden
Geschäftsmann – skrupellos, aber innovativ und erfolgreich. Immerhin hatte seine Firma mit der App, die Fahrer und Fahrgäste zusammenbringt, eine zuweilen günstige und angenehme Transport-Alternative kreiert. Die
anderen betrachteten ihn als Verkörperung des bösen
Kapitalisten. Erst griff er mit seiner Plattform-Firma,
bei der die Fahrpreise mit der Nachfrage steigen, das
Taxigewerbe an, beutete Fahrer aus, schröpfte Kunden in
Notsituationen, und hatte dabei mutmaßlich die ganze
Zeit im Kopf, dieses Geschäft irgendwann mit selbstfahrenden Autos und ohne Personal abzuwickeln. Im Som-
mer 2017 musste Kalanick zurücktreten; auch seinem
Aufsichtsrat war der Mann ein wenig zu viel geworden.
Hängen bleibt: Auch solche Menschen bringt das Silicon
Valley hervor.

Dann gibt es die anderen, zum Beispiel Tesla-Gründer Elon Musk. Er macht sich Gedanken über das Klima
und entwickelt deshalb die Elektromobilität, will das
Transportproblem in Kalifornien mit einer unterirdi-
schen Röhre lösen und warnt davor, dass künstliche Intelligenz eines Tages die Zivilisation zerstören könnte,
wenn die Menschheit nicht entschieden gegensteuert.
Musk gehört eher zum Schlage Bill Gates, der mit Microsoft ein Vermögen gemacht hat und damit nun die Welt
retten will – nach seinen Bedingungen, versteht sich.
Denn das ist den meisten Größen und Möchtegern-
Größen des Silicon Valley gemeinsam: Sie glauben mehr

an die Kraft der Technologie als an die demokratischer Institutionen, und viele von ihnen glauben vor allem an sich selbst und das Geld.

Natürlich mag den einen oder anderen das Credo *making the world a better place* immer noch antreiben. Man kann aber unterstellen, dass die meisten der Gründer vor allem heiß darauf sind, selbst das *next big thing*, das nächste große Ding zu entwickeln, dafür ein paar Millionen einzusacken, um die Sache als Milliardär dann ganz entspannt angehen zu lassen. Denn viele könnten direkt vor Ort damit beginnen, die Welt wirklich besser zu machen. Sie könnten zum Beispiel für bessere Arbeitsbedingungen ihrer weniger gut dotierten Angestellten sorgen, die sich in der Bay Area oft noch nicht einmal eine Wohnung leisten können.

Ein weiterer Schritt wäre es, für mehr Vielfalt in ihren eigenen Unternehmen zu sorgen. Dass das Valley das »Tal der weißen Männer« ist, wurde nicht nur einmal geschrieben. Es lässt sich an den Personal-Statistiken der Techfirmen belegen, und führt zuweilen zu heißen Diskussionen wie jener im Sommer 2017, als der Google-Ingenieur James Damore Kolleginnen in einem länglichen, öffentlich gewordenen Schriftstück weniger Innovationskraft und Stressresistenz unterstellte als den Entwicklern männlichen Geschlechts. Damore wurde gefeuert, die Sache machte Schlagzeilen. Aber obwohl die nach einer Weile verebbten, bleibt das Ganze ein perpetuum mobile: Zum Beispiel gingen 2016 nicht einmal drei Prozent des insgesamt vergebenen Wagniskapitals an Unternehmen, die von Frauen gegründet wurden.[1]

Diese Einförmigkeit wirkt sich auf die Entwicklungen aus, die aus der kalifornischen Ideenschmiede kommen. Es seien Lösungen für Probleme, die junge Männer haben, wenn ihre Mütter sie nicht mehr versorgen, beschrieb das die Management-Vordenkerin Nilofer Merchant einmal im Gespräch. »Sie entwickeln Produkte für Privilegierte«, sagte sie, es gehe sehr häufig um Putzen, Wäschewaschen und Kochen. Merchant, selbst lange Managerin bei Apple und im Valley unterwegs, sieht noch viel Potenzial, das bislang ungenutzt bleibt, und kommentierte etwas theatralisch: »Wenn ich noch eine Lebensmittel-Lieferservice-App sehe, kriege ich die Krise!«[2]

Geht es also nur noch darum, den Kapitalismus am Laufen zu halten mit immer mehr Dienstleistungen und Produkten, deren Kunden erst lernen müssen, dass sie solche benötigen? Zuweilen entsteht dieser Eindruck. Und er verträgt sich überhaupt nicht mit einer Menge weichgespülter Slogans, die von Nachhaltigkeit künden, dem Besitz abschwören und das Teilen als neue Philosophie anpreisen. In Wirklichkeit geht es in der neuen Wirtschaftswelt vor allem darum, die Effizienz zu steigern und auf diese Weise jedem Produkt noch ein bisschen mehr Profit abzupressen. Das kann keine *win win situation* sein, kein Spiel, bei dem alle gewinnen (ein Versprechen, das einen ohnehin immer misstrauisch stimmen sollte). Einiges und einige müssen dabei auf der Strecke bleiben. Und andere wenige machen in dem knallharten Verdrängungswettbewerb den großen Reibach.

Die modernen Weltmächte

Sehr viel von dem, was der Mensch 4.0 täglich nutzt und unternimmt, wird von einigen wenigen Konzernen produziert oder angeboten: Amazon, Google, Apple, Facebook und Microsoft sind die großen Fünf, die Menschen in weiten Teilen der Welt ihr »erweitertes Gehirn« zur

Verfügung stellen. Alle fünf zusammen verzeichneten 2016 Erlöse in Höhe von 555 Milliarden Dollar und erzielten 94 Milliarden Dollar Gewinn.[3] Zum Vergleich: Das Volumen des deutschen Bundeshaushalts betrug in dem Jahr knapp 317 Milliarden Euro.

Nur China hat für seinen Heimatmarkt Klone aufgebaut, die das Angebot der amerikanischen Firmen nachahmen: Die wichtigste chinesische Suchmaschine heißt *Baidu*, das chinesische Amazon Alibaba; anstatt auf Facebook vernetzen sich die Bürger auf *Renren*, und auf Apples iPhone ist *WeChat* die Allround-App, die (fast) alles kann. Die Chinesen imitieren allerdings bislang nicht den digitalen Expansionsdrang der Amerikaner; sie wollen vor allem im eigenen Land alles unter Kontrolle behalten.

Einer derjenigen, der den Aufstieg von Vieren der großen Fünf seit Jahren verfolgt, ist Scott Galloway, Marketing-Professor an der New York University, Gründer eine Beratungsfirma und mittlerweile wegen seiner treffenden Analysen Mitglied diverser Aufsichtsräte. Amazon, Apple, Facebook und Google erwirtschafteten Umsätze in der Größenordnung des Bruttosozialprodukts von Südkorea, sagt er. Wer immer es schaffe, bei diesen Firmen zu arbeiten, habe ausgesorgt; für alle anderen ist die Lage weniger gut.

Galloway ist für sein rhetorisches Talent und für starke Zuspitzungen bekannt. Die vier Unternehmen seien so dominant geworden, weil sie an menschliche Urinstinkte appellierten: Gott, Liebe, Konsum, Sex, sagt er. »Google ist Gott. Früher beteten wir: ›Wird mein Kind gesund werden?‹ Heute geben wir die Symptome von Pseudokrupp und dessen Behandlung ein und bekommen eine glaubwürdigere Antwort.« Facebook sei Liebe, das Netzwerk erfülle das Bedürfnis nach Empathie und

Intimität. Amazon sei der Konsum. Je mehr Dinge man besitze, desto besser werde man überleben und desto attraktiver sei man für Sexualpartner. Apple wiederum sei der ultimative Ausweis von Reichtum und Erfolg. »Apple ist Sex«, sagt Galloway.[4]

Dies hört sich so an, als ob alle Vier friedlich nebeneinander existieren und jeweils bestimmte Bedürfnisse bedienen könnten. Tatsächlich konkurrieren sie aber miteinander, und es nicht ausgemacht, wer das Rennen gewinnen wird. Klar ist aber, dass die Konzerne schon jetzt so reich sind, dass sie jede Konkurrenz von außen einfach wegkaufen können. Wenn Teenager Facebook als das Netzwerk ihrer Eltern betrachten, gehen sie zu Instagram – einer Facebook-Tochter. Google besitzt YouTube und damit Zugriff auf die größte Video-Datenbank der Welt. Apple bleibt bislang das Must-Have für alle, die es geschafft haben. Und Amazon ist unangefochtener Shopping-King.

Spätestens seit Apple 2007 mit dem iPhone den damaligen Mobiltelefon-Marktführer Nokia in einem Handstreich nicht nur entthront, sondern praktisch zerstört hatte, geht auch unter traditionsreichen und heute noch wirtschaftlich starken Industriekonzernen die Furcht um, auch ihnen könnte so etwas passieren. Von einem »Kodak-Moment« ist die Rede in Anspielung auf den einst unangefochtenen Hersteller fotografischer Materialien und Ausrüstung, der mit der Erfindung der Digitalfotografie praktisch bedeutungslos wurde und heute als Anbieter von professionellen Druckmaschinen zu überleben versucht. Könnte ein autonomes Fahrzeug aus dem Hause Google oder Apple das nächste Killer-Produkt sein, das die Automobilindustrie das Fürchten lehrt? Und welcher digitale Finanzdienstleister macht das Privatkundengeschäft bei Banken überflüssig?

Nach Ansicht von Scott Galloway hat Amazon mit der Sprach-Assistentin *Alexa* zum Angriff auf alle starken Konsumgütermarken geblasen. Schon jetzt begännen in den USA 55 Prozent aller Produktsuchen auf der Plattform. Es stelle sich heraus, dass Kunden mit *Alexa* eher nach Produkt-Klassen als nach Marken suchten, etwa »Alexa, kauf Toilettenpapier!«. Amazon werde dann den jeweils besten Deal anbieten. »Amazon wird den gesamten Einzelhandel übernehmen«, prognostiziert Galloway. All jene Konsumgüter-Konzerne, die als Arbeitgeber klassische Mittelschicht-Existenzen überall auf der Welt gesichert hätten, seien bedroht.

Übrigens sagte er das ein paar Monate, bevor Amazon im Juni 2017 bekannt gab, den amerikanischen Bio-Lebensmittelhändler Whole Foods zu übernehmen. 13,4 Milliarden Dollar ließ sich der Konzern den Großeinkauf kosten, ein Angriff auf den 800 Milliarden Dollar schweren Nahrungsmittelmarkt in den USA. Ein weiterer Schritt dahin, die Kunden und ihre Wünsche von morgens bis nachts im Blick zu behalten, zu analysieren, zu beeinflussen – und zum eigenen Gewinn zu befriedigen.

Die Konzentration auf wenige große Spieler geht also weiter, und eine solche Bündelung von Macht schränkt immer Freiheit ein. Das ist der Grund, aus dem ökonomische Monopole reguliert werden. Facebook und Google vereinen zum Beispiel schon jetzt mehr als 80 Prozent der weltweiten Werbeerlöse auf sich, die primäre Einnahmequelle beider Konzerne. Diese Erlöse haben früher eine Vielfalt an Medienhäusern weltweit finanziert, von denen viele ihre Publikationen eingestellt oder zumindest stark eingeschränkt haben. Die ehemalige Chefredakteurin der *New York Times*, Jill Abramson, forderte deshalb bei einem Gespräch in Berlin, die Tech-Konzerne sollten die Medienhäuser an ihren Werbeeinnahmen beteiligen – schließlich stellten sie deren für viel Geld recherchierte Inhalte auf ihre Plattformen. Geschähe dies nicht, müsse man die Konzerne zerschlagen.[5]

Man darf das nicht falsch verstehen: Es handelt sich hier nicht um Konglomerate mit bösen Fantasien, die im Geheimen die Welteroberung planen. Im Gegenteil, einige Top-Manager der großen Fünf überbieten sich damit, Gutes tun zu wollen. Bill und Linda Gates haben sich vorgenommen, mit Mitteln aus ihrer Stiftung Malaria auszurotten. Amazon-Chef Jeff Bezos hat die *Washington Post* gekauft – mutmaßlich, um den Qualitätsjournalismus zu unterstützen – und begeistert deren Mitarbeiter, weil sie plötzlich bei Investitionen aus dem Vollen schöpfen können. Und auch Google unterstützt Medienhäuser bei der Entwicklung innovativer Projekte. Nur geschieht dies eben nicht aus der Überzeugung heraus, dass es irgendjemandem zusteht. Das Ganze ist eine Förderung nach Gutsherrenart: Nette Gutsherren gab es schließlich auch schon immer. Man gewährt eine Gunst, ohne die Freiheit des anderen anzuerkennen und etwas von seiner Macht abzugeben.

Diese Gutsherren wollen geliebt werden, das heißt neue Kunden an sich binden. Vor allem in den USA erobert Google derzeit zum Beispiel massiv die Klassenzimmer mit seinem »Bildungspaket«. Die Schüler bekommen Laptops und das Software-Paket »G Suite for Education«, Lehrer vergeben Hausaufgaben und Noten über »Classroom«. Über 30 Millionen Kinder kamen 2017 bereits in Berührung mit einem Programm aus dem Paket, mehr als jeder zweite Schüler zwischen fünf und 18 Jahren, heißt es in der *Süddeutschen Zeitung*.[6] Damit hat der Suchmaschinen-Konzern seine Wettbewerber Apple und Microsoft abgehängt. Und natürlich hofft er, die Loyalität der Kinder zu behalten, wenn sie später aufs College gehen und dann in den Beruf wechseln. Und wer würde daran etwas verwerflich finden? Mehr und vor allem bessere, anschaulichere Bildung, das wollen schließlich alle. Es ist nun einmal eine Tatsache, dass öffentliche Haushalte finanziell schlecht ausgestattet sind und nicht annähernd über die Ressourcen eines großen Technologiekonzerns verfügen. Allerdings muss man sich dann auch darauf einstellen, dass Google den Lehrplan prägt. Und ganz selbstverständlich auch Daten über das Lernverhalten der Schüler sammelt, und das nicht nur, um die Software zu verbessern, sondern auch, um mit Hilfe der gesammelten Daten bessere Kundenprofile für effektivere Werbeangebote zu bekommen. Dennoch eine *win-win*-Situation? Die meisten Kinder und viele Lehrer und Eltern sehen das jedenfalls so.

Es ist auch kein Geheimnis, dass das Top-Management der großen Tech-Konzerne die Kompetenz von Regierungen anzweifelt, die Probleme dieser Welt zu lösen. Da müsse schon die Wirtschaft ran. Die amerikanische Grundideologie, dass eine gute Regierung eine kleine Regierung ist, trägt zu dieser Überzeugung bei. Unterfüttert wird dieser Glaube von der Logik der Technologie, die von Ingenieuren getrieben ist. Die sagt: Es gibt immer genau eine beste und dann irgendwann eine noch bessere Lösung. Hinzu kommt die unternehmerische Logik, die unter den besten Lösungen dann die profitabelsten fördert.

Die Logik der Politik hingegen geht anders. Sie besagt: Was die beste Lösung ist, hängt jeweils von der Zeit, den Umständen, den Interessen und den gesellschaftlichen und geografischen Räumen ab, um die es geht. Eine richtig gute Lösung ist eine, die von besonders vielen Menschen und Gruppen getragen wird, also ein Kompromiss. Und es ist eine, die von den Werten einer Gesellschaft geprägt ist. In einer Demokratie heißt das, dass sie Macht nicht bündelt, sondern teilt. Monopole sind nach dieser Sichtweise selbst dann nicht begrüßenswert, wenn sie hervorragende Lösungen entwickeln. Deshalb gehen Regierungen auch gegen Monopole vor, wenn sie vermuten, dass deren Macht zur Übermacht wird.

Europäer sind den Tech-Konzernen unter anderem aus diesem Grund nicht ganz wehrlos ausgeliefert. Dafür sorgen zumindest der Europäische Gerichtshof und die EU-Kommission, die immer wieder gegen Praktiken der großen Fünf vorgehen. So hat der Europäische Gerichtshof in einem spektakulären Urteil zum Bespiel im Oktober 2015 verfügt, dass die Konzerne Daten europäischer Bürger nicht auf Servern in den USA speichern dürfen, weil dort die amerikanische Sicherheitsbehörde NSA Zugriff darauf habe. Geklagt hatte der österreichische Jurist Max Schrems. Gegen Google erging 2014 das bereits erwähnte Urteil zum »Recht auf Vergessenwerden«. Und im Sommer 2017 verhängte die Kommission gegen Google eine Wettbewerbsstrafe von 2,4 Milliarden Euro. Facebook musste 110 Millionen Euro Strafe an die EU-Kommission zahlen, weil es die Nutzerdaten von Facebook und WhatsApp doch verknüpft – anders als bei der Übernahme angekündigt. Und Microsoft wurde schon mehrmals bestraft, weil es seine Marktmacht missbraucht hatte.

Ob all diese Sanktionen letztlich aber dabei helfen, den Zugriff der Monopolisten auf die Daten der Bürger einzuschränken, darf man bezweifeln. Hier kann man noch einmal an Urs Gasser, den Direktor des *Berkman Klein Centers* in Harvard erinnern, der sagte: Recht und Regulierung seien für die Industriegesellschaft entwickelt worden, in der digitalen Gesellschaft brauche man andere Werkzeuge. Wie solche Instrumente aussehen sollten, ist noch einigermaßen unklar. Denn die Selbstregulierung durch die Nutzer, auf die Mark Zuckerberg und seine Kollegen zunächst hofften, funktioniert erwiesenermaßen nicht. Vermutlich muss Technologie auch mit Hilfe von Technologie überwacht werden. Einstweilen würde es aber schon viel helfen, wenn die Internet-Konzerne dort, wo sie aktiv sind, angemessen Steuern zahlen würden. Bekanntermaßen ist das Gegenteil der Fall.

Die Mitte verschwindet – alles nur noch Plattform

Wenn Insider aus dem Silicon Valley die Firmen, für die sie gearbeitet haben, kritisieren, klingt das immer besonders glaubwürdig. Der dort sozialisierte Brite Andrew Keen war einer der Ersten, die hart mit der Milliardärs-Schmiede ins Gericht gingen. Rund um die San Francisco Bay entwickle sich eine neue Plutokratie, kritisierte er 2015 in seinem Buch »The Internet is not the Answer«.[7] Vor allem entziehe die Plattform-Wirtschaft der Mittelschicht die Lebensgrundlage. Konzerne, die heute mächtig sind, weil die Börse sie hoch bewertet, geben – verglichen mit ihren Vorgängern aus der Industriegesellschaft – nur noch einem Bruchteil an Menschen Arbeit.

Wer regelmäßig auf Tech-Konferenzen geht, hat in der einen oder anderen Variante schon einmal ein Chart mit jenem Inhalt gesehen: Der größte Anbieter von Unterkünften, Airbnb, besitzt keine Immobilien, die größte Taxi-Firma, Uber, keine Flotte, die populärste Medienplattform, Facebook, produziert keine Inhalte, die größten Telefonunternehmen, Skype und Wechat, besitzen keine Infrastruktur, und so geht es weiter. Die

Vermögenswerte der Plattform-Konzerne sind nicht mehr Beton und Maschinen, sondern Daten. Deshalb ist das Gründen in dieser Welt auch deutlich einfacher geworden. Man muss keine Fabrik mehr bauen und haufenweise Mitarbeiter einstellen, es reichen: eine gute Idee, eine noch bessere Software und ein anständiger Marketing-Etat, um das Ganze zu skalieren. Die eigentliche Arbeit, die früher angestellte Mitarbeiter übernommen haben, wird einfach auf die Kunden verlagert, die sie häufig auch noch gerne machen. Sie buchen Reisen, putzen ihre Wohnung für den Kurzzeit-Gast, bauen sich Websites und verwalten ihre Finanzen.

»*Kill the middleman!*«, heißt der Schlachtruf der Plattform-Wirtschaft, »Töte den Vermittler!«, und am Anfang stimmten die Kunden voller Freude mit ein. Schließlich ist es doch viel praktischer, ohne Öffnungszeiten von Reisebüros oder Bankfilialen seine Geschäfte erledigen zu können, auf Computerprogramme zu vertrauen, statt sich von gestressten Call-Center-Mitarbeitern beraten lassen zu müssen. Es fühlt sich definitiv wie Freiheit an, sich Bedürfnisse jederzeit erfüllen zu können. Und Vieles sieht auch noch so schön kostenlos aus.

Die Stimmung ist allerdings gekippt. Mittlerweile ist der Mehrheit der Menschen zumindest in Deutschland klar: Sie bezahlen diese Form der Freiheit mit ihren Daten. Dies ergab eine Umfrage des *Deutschen Instituts für Vertrauen und Sicherheit* im Internet, DIVSI. Der Aussage, »Wenn Online-Angebote umsonst sind, zahlt man meistens mit seinen Daten«, stimmten schon 2015 in einer repräsentativen Umfrage 47 Prozent »voll zu« und weitere 29 Prozent »eher zu«. 51 Prozent sagten, sie würden Geld zahlen, wenn sie bei kostenlos genutzten sozialen Netzwerken oder E-Mail-Diensten mehr

Datenschutz und Werbefreiheit zugesichert bekämen. 87 Prozent von ihnen war dies angeblich sogar 5 Euro oder mehr wert.[8]

Und auch beim Thema Selbermachen ist der Ikea-Effekt eingetreten. Fand man es seinerzeit, als die blau-gelben Möbelhäuser neu an den Stadträndern erschienen, noch uneingeschränkt großartig, Regale, Schränke und Kommoden sofort mitnehmen und in Wochenend- und Nachtarbeit aufbauen zu können, ist heute der eine oder die andere ganz froh, wenn das Ganze nach Hause geliefert und fachgerecht zusammengeschraubt wird. Man empfindet es zuweilen sogar wieder als Luxus, sich vom Reisebüro beraten und sich die lästige Suche nach einem passenden Flug abnehmen zu lassen, zum Stadtbummel aufzubrechen, statt den Warenkorb nur online zu füllen. Aber in den meisten Fällen fügt man sich der neuen Welt und erledigt die Dinge zähneknirschend selbst. Je besser die Software wird, umso weniger Knirschen wird erforderlich sein.

Das bedeutet aber auch, dass viele einst sichere Arbeitsplätze unwiederbringlich verloren sind. Kleine Fachgeschäfte schließen und werden nie wieder öffnen, es sei denn, sie können ein »Einkaufserlebnis« verkaufen und für jenes Riechen, Fühlen, Schmecken sorgen, das digital immer noch nicht funktioniert. Banken schließen Filialen. Kinos konzentrieren sich auf Blockbuster oder auf die Generation, die den Besuch im Filmtheater immer noch schätzt als eine besondere Art, Kultur zu genießen.

Es verlieren aber nicht nur Beschäftigte Lohn und Brot. Anbieter wie Airbnb oder Uber stellen nur noch Plattformen zur Verfügung, über die sich Menschen vernetzen können, um ihre Wohnungen oder Fahrdienste anzubieten bzw. abzurufen. Das Geschäftsrisiko geht –

so stellen es sich Konzerne zumindest vor – in weiten Teilen auf die Nutzer über. Sie müssen sich versichern, ihre Apartments oder Autos in Stand halten, sie sind verantwortlich, wenn etwas passiert. Auf diese Weise entledigen sich die Plattformen der lästigen Pflicht, Vorschriften einhalten zu müssen. Weder muss Airbnb kontrollieren, ob alle Rauchmelder im Haus funktionieren, noch überprüft Uber die Papiere seiner Fahrer. Alles, was Verbraucherschützer in jahrzehntelangem Ringen erkämpft haben, fällt weg, wenn das Ganze als »Geschäft unter Freunden« getarnt quasi zur Privatangelegenheit wird.

Die Frage nach der Freiheit ist in diesem Fall nicht so leicht zu beantworten. Nicht für die Unternehmen, die sind umso freier, je weniger Auflagen sie sich unterwerfen müssen. Aber was gilt für die Kunden? Sind sie dann frei, wenn sie sich aus freien Stücken dafür entscheiden, welches Risiko sie eingehen wollen – und haben dafür eine deutlich breitere Palette an Produkten, zwischen denen sie wählen können? Schließlich hindert Airbnb zum Beispiel niemanden daran, ins Hotel zu gehen; es eröffnet aber auch die Möglichkeit, sich in einer fremden Stadt in einem Privathaus wie ein Einheimischer zu fühlen. Oder ist man dann frei, wenn man darauf vertrauen kann, dass der Staat einen nach bestem Wissen und Vermögen davor schützt, Betrügern oder Ausbeutern anheimzufallen? Immer dann, wenn ein Unglück passiert, ist das Geschrei schließlich groß – oft auch zu Recht.

Es sind zwei verschiedene Konzepte von Freiheit, die hier aufeinandertreffen. Es geht um positive und negative Freiheit, wie sie der Philosoph Isaiah Berlin in den Sechzigerjahren erstmals scharf unterschieden hat.[9] Erstere unterstützt den Menschen dabei, sich selbst zu verwirklichen, indem man ihn zum Beispiel vor Gefahren schützt und ihm die Möglichkeit gibt, sich eine Existenz aufzubauen und zu sichern. Letztere bedeutet, dass sich weder der Staat noch andere Akteure in Entscheidungen einmischen.

Die Plattform-Wirtschaft geht vor allem davon aus, dass jeder seines Glückes Schmied ist, und folgt dem Konzept der negativen Freiheit. Sie selbst möchte lieber nicht allzu sehr mitschmieden, was zum Beispiel an Facebook-Gründer Mark Zuckerberg und seiner verhaltenen Reaktionen auf die Forderung, Facebook möge Verantwortung für Inhalte übernehmen, sichtbar wird. Der Kunde soll genau deshalb durch Zustimmung zu den Geschäftsbedingungen via Häkchen deutlich machen, dass er das auch so sieht.

Gerichte allerdings betrachten das zunehmend anders. Sie haben zum Beispiel Airbnb schon in vielen Gemeinden untersagt, Ferienwohnungen anzubieten, weil es Immobilienspekulation begünstigt, Nachbarschaften zerstört und den Wohnraum für die Einwohner verknappt. Denn was ursprünglich als Alternative für Low-Budget-Reisende vermarktet wurde, hat sich zunehmend als Goldgrube für Immobilienbesitzer entwickelt. Schließlich bringt es deutlich mehr, ein Haus in einer attraktiven Lage für 500 Euro pro Nacht zu vermieten als für 5.000 Euro im Monat. Auch gibt es immer wieder juristische Auseinandersetzungen darüber, ob Menschen, die im Dienst von Plattform-Firmen arbeiten – zum Beispiel für sie Autofahren oder Software programmieren – selbstständig sind oder eben deren Beschäftigte. Wenn Letzteres der Fall ist, haben sie Anspruch auf eine soziale Absicherung.

Man kann all das als ein letztes Aufbäumen der Lobbies von überregulierten Branchen sehen – oder als berechtigten Gegenschlag von Gemeinwesen, die sich für ihre Bürger verantwortlich fühlen. Nur weil vieles geht, muss noch nicht alles gemacht werden.

Nutzen statt besitzen – die andere Freiheit?

Mein Haus, mein Acker, mein Auto: Freiheit und das Recht auf Eigentum sind untrennbar miteinander verknüpft. Die Möglichkeit, Land, Maschinen oder andere Dinge zu erwerben und nach eigenen Vorstellungen zu bewirtschaften, gehört zu den Grund- und Menschenrechten. Der britische Philosoph John Locke hat 1689 sogar die Aufgaben des Staates entlang des Eigentumsbegriffs definiert: Der Staat habe den Bürger und sein Eigentum zu schützen und sich sonst zurückzuhalten, den Rest könnten die Menschen schon untereinander aushandeln. Früher waren Eigentumsrechte zum Teil mit politischen Rechten verknüpft. Nur wer Land besaß, durfte auch wählen gehen. Etliche Philosophen haben sich an der Bedeutung des Eigentums für die Freiheit abgearbeitet, höchst einflussreich zum Beispiel Karl Marx.

In der digitalen Welt entwickelt sich die Eigentumsfrage ganz neu. Besitzen sei nicht mehr wichtig, so das Credo dieser Zeit. Es kommt auf den Zugang an, wie es der amerikanische Soziologe Jeremy Rifkin um die Jahrtausendwende in seinem Buch mit dem Titel »The Age of Access« formulierte.[10] Car Sharing statt eigenes Auto, Mietwohnung statt Eigenheim, Streaming statt DVD- oder CD-Sammlung – so stellt sich das moderne Leben dar. Eigentum ist nach dieser Lesart eine Last, eine Fessel, die es abzustreifen gilt. Dass Eigentum verpflichtet – die berühmte Sozialpflichtigkeitsklausel aus dem Grundgesetz –, wird eher negativ verstanden. Schließlich bindet Eigentum auf höchst ineffiziente Art Vermögen. Es widerspricht damit einem der Grundprinzipien der digitalen Welt, in der es immer um die optimale Auslastung geht.

Und an dieser Perspektive ist etwas dran: Wer zum Beispiel ein Auto kauft, parkt sein Geld die meiste Zeit über in der Garage oder am Straßenrand, so die Logik. Warum den gleichen Betrag nicht für allerlei Aktivitäten ausgeben, ohne auf Mobilität verzichten zu müssen. Warum sich den Kleiderschrank vollpacken, wenn es doch über Plattformen getriebene Bekleidungs-Tauschsysteme geben könnte. Und warum eine CD kaufen, von der man ohnehin nur drei Titel gerne hört, wenn man für die gleichen 10 oder 15 Euro einen Monat lang seine Lieblingsmusik streamen kann.

Das Konzept »nutzen statt besitzen« erstreckt sich insbesondere auch auf die Datenverarbeitung. Statt einen Großrechner im Keller aufzustellen, deponieren viele Firmen heute ihre Daten in der Cloud. Sie mieten Serverkapazitäten, die sie nach Bedarf vergrößern, verkleinern oder abbestellen können. Auch Privatkunden nutzen mittlerweile vorwiegend die Datenwolke für die Ablage ihrer Dokumente. Das hat nicht nur den Vorteil des beliebig erweiterbaren Speicherplatzes, sondern auch jenen, dass weder Diebstahl noch Totalschaden des häuslichen Computers eine Katastrophe sind, wie es das früher einmal war. Das sieht zumindest nach mehr Freiheit aus.

Nun ist dieses Zeitalter des Mietens, Teilens und Tauschens aber keinesfalls das kuschelige Konzept, von dem einige Internet-Idealisten geschwärmt haben, als der Begriff der *Sharing-Economy* erstmals die Runde machte – an anderer Stelle in diesem Buch wurde dies bereits diskutiert. Und schon gar nicht ist es ein Schritt in Richtung Sozialismus und grüne Wirtschaftsweise. Vielmehr erhöht es das Tempo des Konsums. Denn je besser der Zugang zu Produkten und Dienstleistungen organisiert und je günstiger er ist, desto mehr davon möchte man nutzen. Manche reden deshalb auch von Turbokapitalismus. Und womöglich ist das Ende des Eigentums der Brandbeschleuniger. Denn statt das, was einem gehört, sorgsam zu hegen, jagt der Hyper-Konsument von einer Aktivität zur nächsten, bis ihm das Geld ausgeht.

Eigentum ist allerdings nicht nur ein Garant für persönliche Freiheit, weil man sich in seinem kleinen Freiraum so richtig austoben kann, es ist auch gut für die Gesellschaft. Wenn einem etwas gehört, geht man damit in der Regel anständig um – und respektiert auch das Eigentum des Nachbarn. Es ist also eine Art soziales Trainingslager. Schon Schulkinder lernen, ihr eigenes Federmäppchen zu hüten, und wissen, dass sie das Federmäppchen des Freundes möglichst nicht bekritzeln sollten, wenn ihres weiterhin cool aussehen soll. Wer Verantwortung übernimmt, weil er es darf, trägt dazu bei, dass es der Gesellschaft insgesamt besser geht. »Die freie Entwicklung eines jeden ist die Voraussetzung für die Senkung der Betriebskosten für alle«, schrieb der Autor Wolf Lotter in seinem Essay »Sein und Haben« in einem Schwerpunkt-Heft des Wirtschaftsmagazins *Brand eins* zum Thema Besitz.[11]

Gar keine Frage, Eigentum kann belasten. Spätestens, wenn man die Wohnung eines verstorbenen Verwandten ausräumen muss, wird einem klar, dass die Dinge, die man im Laufe eines Lebens ansammelt, an dessen Ende Ballast sind. Wie einfach wäre es, stattdessen nur ein paar Abos kündigen zu müssen; der

Rest bleibt in der Wolke. So manch einer fühlt sich befreit, wenn er es schafft, von der Drei-Zimmer- in die Ein-Zimmer-Wohnung zu ziehen – dafür vielleicht eine mit ganz besonders schönem Blick. Dies hier ist deshalb keinesfalls ein Plädoyer für das Anhäufen von unnützen Dingen. Dennoch hängen Eigentum und Freiheit zusammen. Was passiert, wenn zum Beispiel Daten einem nicht mehr selbst gehören, lässt sich besonders schön am Konzept des elektronischen Buchs erklären. Ein Buch aus Papier kauft man sich, liest es, markiert vielleicht Stellen, die einem wichtig sind, und stellt es ins Regal. Noch die Enkelgeneration kann nachlesen, für was man sich interessierte. Elektronische Bücher sind anders. Sie gehören einem nicht. In der elektronischen Bibliothek sind sie zwar optisch schön aufgereiht, aber wenn der Verlag das Cover ändern möchte, sehen sie bei der nächsten Aktualisierung anders aus. Nicht nur lassen sich aus den markierten Stellen schöne Erkenntnisse für ein Persönlichkeitsprofil des einzelnen Konsumenten gewinnen. Auch sagen die Notizen und Lesezeichen dem Verlag, welche Stellen Leser in dem Werk als besonders stark und welche sie als langweilig empfunden haben, ob Tausende Leser zum Beispiel Kapitel überblättert oder die Lektüre ganz abgebrochen haben. Es ist dann nur noch ein kurzer Weg dahin, das Buch dementsprechend umzuschreiben. Einmal auf Aktualisieren gedrückt, und im »Regal« steht ein anderes Werk.

An der Frage, wie solche Szenarien zu bewerten sind, scheiden sich die Geister. Die einen finden das großartig: umso besser, wenn die Story die Leser in der nächsten Ausgabe mehr fesselt und langatmige Stellen verschwunden sind. In der digitalen Welt gilt schließlich für alles, dass nichts lange so bleibt, wie es ist – im Zweifel wird es ständig optimiert. Für die anderen ist eine solche Veränderung ein Verbrechen an der Kunst. Aber für alle ist offensichtlich, welche Logik dahintersteckt: Die Eigentümer sind die anderen. Bei allen Cloud-Lösungen hat jemand anderes die Kontrolle über die Daten, im Zweifel einer der großen Konzerne. Dieser Andere kann Daten weitergeben, Produkte ändern – und zur Not auch den Laden dichtmachen.

Ohnehin gibt es im digitalen Zeitalter über wenige Fragen so viel Streit wie über den Wert geistigen Eigentums. Können einem Ideen »gehören«? Oder sind Ideen, Entwicklungen, Forschungsergebnisse und Kunst grundsätzlich frei zugänglich für alle? Es gibt gute Argumente für die eine wie für die andere Sichtweise. Der Kampf um das deutsche »Leistungsschutzrecht«, das im August 2013 in Kraft trat, wurde entsprechend erbittert geführt.

Klar ist: Wenn geistiges Eigentum geschützt ist, verlieren die Armen immer zuerst. Patente sorgen zum Beispiel dafür, dass wichtige Medikamente teuer und deshalb für Patienten in Entwicklungsländern nur schwer zugänglich sind. Das Copyright auf Bücher oder Texte schneidet Menschen ohne Geld von Literatur und bestimmten Informationen ab, wenn sie nicht kostenlos ins Internet gestellt werden.

Andererseits trägt der Schutz geistigen Eigentums dazu bei, dass sich Menschen eine gute Existenz aufbauen können. Die Musikerin, der Autor, die Journalistin – alle profitieren davon, wenn ihre Stücke und Texte etwas kosten. Nur diejenigen, die es schaffen, aus sich und ihrer Kunst eine große Marke zu machen, kommen auch anders klar.

Das Wissen darum, dass die eigene Geistesarbeit etwas wert ist, kann außerdem ein großer Antreiber sein.

Warum zum Beispiel sollte ein Unternehmen viel Geld in Forschung investieren, wenn man es einfach darauf warten könnte, dass jemand anderes die Kärrnerarbeit leistet? Kopieren geht schließlich immer, im digitalen Zeitalter noch viel schneller als je zuvor. Sich etwas erarbeitet, etwas geschaffen zu haben erfüllt Menschen mit Stolz. Das Wissen um die eigene Kraft und Leistungsfähigkeit gibt Selbstvertrauen und inspiriert zu neuer Kreativität. Manchmal will man etwas in der Hand halten für die Mühe, die man investiert hat. Es ist ein Gefühl von Freiheit.

Ironisch an der Diskussion über das Ende des Eigentums ist, dass einige von denjenigen, die das Konzept propagieren, recht zufriedene Eigentümer zu sein scheinen: Den Gründern, Top-Managern und Chefs – seltener Gründerinnen, Managerinnen und Chefinnen – der erfolgreichen Plattform-Konzerne gehören millionen- bis milliardenschwere Aktienpakete. Auch die Wagniskapital-Firmen verdienen prächtig daran, wenn sie denn auf die richtigen Startups gesetzt haben. Tatsächlich verschieben sich in der digitalen Wirtschaftswelt die Verhältnisse: Mit Arbeit wird immer weniger Geld verdient, mit Kapital immer mehr. Sind dann auch noch die Zinsen niedrig, nagt die Inflation an den Einkünften aus Lohnarbeit, wohingegen die Börsenkurse eher steigen, wenn Anleger in Aktien investieren, statt ihr Geld auf dem Konto liegen zu lassen.

Und auch für die *Sharing-Economy* gilt: Es profitieren am allermeisten diejenigen, die viel besitzen und damit auch viel »teilen« oder verleihen können. Wer fünf Eigentumswohnungen in New York tageweise über Airbnb vermietet, mehrt seinen Reichtum deutlich stärker als derjenige, der sein Zimmer in einem Apartment dort anbietet, während er im Urlaub ist. Der eine kann sich dann womöglich bald eine sechste Wohnung kaufen, der andere hat, wenn er Glück hat, gerade einmal seine Reise gegenfinanziert.

Nutzen ist gut, Haben in diesem System immer noch besser. Die Zwei-Klassen-Gesellschaft formiert sich. Hatten wir das nicht alles schon einmal? Schon fällt einem die Agrargesellschaft ein. Damals gab es die Landbesitzer auf der einen und die Knechte und Tagelöhner auf der anderen Seite. Was jemand war, bestimmte die Geburt. Erst in der Industriegesellschaft, als Facharbeit wichtig wurde und der bürokratisch-industrielle Komplex wuchs, entstand die Mittelschicht – in manchen Gegenden der Welt wächst sie erst jetzt heran. Sind ihre Tage schon gezählt?

Die einen und die anderen – die Arbeitswelt von morgen

Es ist ein spannendes sozialpolitisches Experiment: Die Initiative »Mein Grundeinkommen« aus Berlin verlost ein monatliches Einkommen von 1.000 Euro für jeweils ein Jahr, sobald sie die dafür nötigen 12.000 Euro per Crowdfunding beisammen hat. Das Konzept kommt an, im Sommer 2017 war ihr das schon 94-mal gelungen. Einfach regelmäßig Geld bekommen ohne die lästigen Gänge zum Amt, ohne Nachweis, dass man wirklich bedürftig und eifrig bemüht darum ist, das schnellstens zu ändern, einfach nur, weil man Bürger, weil man Mensch ist – diese Idee hat für viele einen großen Reiz.

Geht es um die Zukunft der Arbeit, weckt kaum ein Thema so viele Emotionen; mit kaum etwas kann man sich so viele Feinde jeglicher Couleur machen wie mit einer Kritik an diesem Konzept. Denn die Unterstützer des bedingungslosen staatlichen Pauschalbetrags für alle stammen aus den Reihen von Hartz-IV-Empfängern und der Sozialpolitik ebenso wie aus den Spitzen der Industrie, den Universitäten und dem Silicon Valley. Es gibt sie im politisch linken sowie im neoliberalen Spektrum. Und manchmal bilden sie eine unheilige Allianz. Mit der Digitalisierung ist das Thema eng verknüpft. Kaum eine Debatte um die Zukunft der Arbeit kommt ohne das Stichwort Grundeinkommen aus. Es taucht immer dann auf, wenn die große Ratlosigkeit einsetzt: Was tun, wenn die Gesellschaft in ein Oben und ein Unten zerfällt, in die der Habenden und die der Konsumierenden. Was also tun, wenn die Mitte wegbricht? Vielen fällt daraufhin erst einmal nichts Besseres ein als das: Geld draufschütten. Wer eine garantierte Grundsicherung bekommt, ohne sich dafür schuldig zu fühlen, ist erst einmal zufrieden – und ruhiggestellt, so die Logik. Sie ähnelt jener bei der Erfindung der Bismarckschen Sozialgesetze. Gebt den Arbeitern Brot und Sicherheit, dann gehen sie nicht auf die Straße, so klang das damals. Und es funktionierte. Nun also gilt es, den Sozialstaat 4.0 zu entwickeln.

Aber das Konzept Grundeinkommen hat seine Tücken. Die meisten Kritiker verweisen dabei auf die Finanzierung. Woher das Geld dafür nehmen, wenn man nicht massiv die Steuern erhöht? Doch dieses Problem ist mit etwas Fantasie – und tatsächlich dem Eintreiben von Steuern – zu lösen. Andere sehen die Freizügigkeit der Arbeitnehmer in Gefahr. Schließlich wären Länder mit Grundeinkommen besonders attraktive Einwanderungsziele für Arme aus aller Welt; Grenzen müssten neu gesichert werden. Und dann gibt es all jene, die fürchten, von einem Prekariat herumlungernder Nichtstuer umgeben zu sein, schütte man erst einmal bedingungslos Geld an jeden aus. Ironischerweise beschreiben die Initiativen wie jene aus Berlin das Problem in seinem Kern am besten, wenn sie solche Ängste in der Bevölkerung zerstreuen wollen. »Die meisten Empfänger von Grundeinkommen hören nicht auf zu arbeiten«, sagen sie. Und genau das ist es: Menschen wollen gute Arbeit. Und sie wollen anständig dafür bezahlt und nicht abgespeist werden. Arbeit könnte in Zukunft allerdings knapp werden.

Seit Carl Benedikt Frey und Michael Osborne, Forscher der Oxford Martin School, in einer vielbeachtete Studie 2013 prognostizierten, die Digitalisierung würde jeden zweiten Arbeitsplatz überflüssig machen, beschäftigen sich Scharen von Wissenschaftlern damit, diese Prognose zu bestärken oder zu widerlegen.[12] Dabei gehen die Einschätzungen über den Netto-Effekt besonders weit auseinander, um die Frage also: Werden nur bestimmte Arten von Arbeitsplätzen unwiederbringlich vernichtet, aber womöglich durch andere, hochwertige ersetzt, oder geht die Anzahl aller Arbeitsplätze zurück?

Viele Vorhersagen sind eher optimistisch, was das Wachstumspotenzial neuer Tätigkeiten angeht. Einige prognostizieren sogar, dass mehr Investitionen in Technologie gut für den Arbeitsmarkt seien.[13] Aber kaum jemand macht jenen Arbeitnehmern Hoffnung, die nicht in der Lage oder willens sind, sich permanent weiter zu qualifizieren, um im Zusammenspiel zwischen Mensch und Maschine eine gestaltende Rolle einzunehmen. An dieser Stelle beginnt stets die Debatte um das Grundeinkommen. Was tun mit dem Rest? Wobei die wichtigeren Fragen sind: Wer wird zu diesem Rest gehören, und wie groß darf der Rest sein, damit die Gesellschaft noch funktioniert?

Es ist einfach zu verstehen, warum das Konzept Grundeinkommen bei so unterschiedlichen Gruppen so viel Begeisterung entfacht. Da sind zunächst einmal all jene, die mit Hartz IV in Berührung kommen, sei es, weil sie die Hilfe selbst beziehen oder weil sie Menschen betreuen, die davon abhängen. Gerade diejenigen, die ihr Leben lang gearbeitet haben, dann keinen Anspruch mehr auf Arbeitslosengeld haben und Hartz IV erhalten, empfinden die damit verbundenen Prozesse als zutiefst entwürdigend und demütigend. Ständig müssen sie ihre Bedürftigkeit nachweisen, der Staat darf ihnen in sämtliche Taschen schauen und sie im Zweifel zwingen, ihr Erspartes aufzubrauchen und lieb gewordene Dinge zu verkaufen. Sie wünschen sich nichts so sehr, wie wieder auf die Füße zu kommen und bedingungslos dabei unterstützt zu werden. Ihnen geht es wirklich um Grundsicherung.

Dann gibt es diejenigen, die für die Gesellschaft wertvolle Arbeit leisten, dafür aber nicht bezahlt werden: Vollzeit-Mütter und -Väter und solche, die es gerne wären, ehrenamtliche Helfer, diejenigen, die kranke Angehörige pflegen oder Menschen, die sich in ihren Gemeinden oder der Nachbarschaft stark einbringen. Sie hätten gerne eine Anerkennung dafür, und sie haben das verdient. Und natürlich gibt es reichlich junge Enthusiasten, die nach visionären Konzepten für die Zukunft suchen, um den in die Jahre gekommenen Sozialstaat nicht nur zu modernisieren, sondern ihn genauso disruptiv zu behandeln wie vieles andere in der digitalen Welt.

Interessant ist, dass diejenigen, die mehr auf die Kraft des Einzelnen als auf die der öffentlichen Hand setzen, das Grundeinkommen ebenfalls unterstützen. Aus der marktliberalen Perspektive ist nur ein kleiner Staat ein guter Staat. Und die garantierte Lohn-Flatrate trägt dazu bei, den Staat zu schrumpfen. Schließlich könnte man sich jene große Verteilungsbürokratie sparen, die das bisherige Menü aus Arbeitslosenversicherung, Rentenversicherung und Sozialhilfe erfordert. Jeder bekommt einen Grundbetrag und fertig, was er daraus macht, ist ihm oder ihr überlassen. Dann aber bitte auch nicht meckern, wenn etwas schiefgeht. Denn das ist aus der libertären Sicht klar: Alle anderen Sozialleistungen außerhalb des Grundeinkommens gehören gestrichen. Damit aber wird der Staat seiner Gestaltungsmacht beraubt und die Demokratie entkernt. Nicht mehr gemeinsam über politische Prozesse soll entschieden werden, wie die Gesellschaft aussehen soll, sondern der Bürger ist auf sich selbst gestellt. Das gilt dann allerdings auch für größere Lebenskatastrophen, die sich durch ein Grundeinkommen nicht finanzieren lassen. Pech gehabt, heißt es dann.

Aus den Reihen der Wirtschaft propagieren Unternehmer wie dm-Gründer Götz Werner oder der Schweizer Kaffeehausketten-Besitzer Daniel Häni das Konzept. Letzterer hatte für seine Landsleute sogar mit einigem PR-Aufwand eine Abstimmung darüber initiiert. Im Juni 2016 lehnten die Schweizer den Vorschlag zwar ab, jedem Bürger 2500 Franken pro Monat als Fixbetrag zur Verfügung zu stellen. Aber immerhin ein knappes Viertel der Abstimmenden, mehr als eine halbe Million Bürger, hatte dafür votiert. Diese wenigen Unternehmer mögen ehrlich überzeugt von dem Konzept sein. Gerade in einigen Teilen des Mittelstands gelten Grundsätze der Sozialethik etwas, und es ehrt die Protagonisten, wenn ihre Sorgen und ihr Engagement über die eigene Gewinn- und Verlustrechnung hinausgehen. Bei etlichen anderen Wirtschaftsbossen muss man da nicht so sicher sein.

Die Begeisterung von Top-Managern für das Grundeinkommen wie die des Amazon-CEOs Jeff Bezos oder des Siemens-Vorstandsvorsitzenden Joe Kaeser darf einen ruhig misstrauisch stimmen. Allzu nahe liegt der

Verdacht, dass es sich lediglich um ein bequemes Konzept dafür handelt, sich der Verantwortung für ihre Mitarbeiter zu entziehen.[14] In der neuen Arbeitswelt sind sie nämlich ordentlich gefordert: Unternehmen müssen deutlich mehr als früher in die Qualifikation ihrer Beschäftigten investieren, damit möglichst wenige auf der Strecke bleiben. Die Zeiten, in denen die schöne Zweiteilung funktionierte – der Staat bildet an Schulen und Universitäten aus, die Wirtschaft bietet allenfalls eine Lehre an und erntet danach nur noch – sind vorbei.

Aber lebenslanges Lernen kostet, und was liegt näher, als das Geld lieber in Maschinen und künstliche Intelligenz zu stecken als in Menschen, die krank werden, ihre Kinder betreuen wollen oder ab und an mal ein Leistungstief haben. Die Industriekapitäne und -kapitäninnen dürften es als moralisch vertretbarer empfinden, sich bei Bedarf Tausender Mitarbeiter zu entledigen, wenn diese dann in das sichere Netz des Grundeinkommens fallen. Arbeitsplätze könnten also noch viel schneller abgebaut werden, als das ohnehin erwartet wird.

Eine ganz andere Logik bestimmt das Denken im Silicon Valley, dort, wo all jene Werkzeuge ihren Ursprung haben, mit deren Hilfe sich am Konzept der menschlichen Arbeit so schön schrauben lässt. Einerseits sind die Plädoyers der Tech-Elite für das Grundeinkommen ein Ausdruck von Hilflosigkeit. Schließlich gibt man ja zumindest vor, die Welt zu einem besseren Ort machen zu wollen. Und der entsteht definitiv nicht dadurch, dass weite Teile der Bevölkerung einkommenslos in die Arbeitslosigkeit geschickt werden. Auch gilt es, den sozialen Frieden zu erhalten. In den USA weiß man nur zu gut, was es bedeutet, Teile der Bevölkerung arm und beschäftigungslos sich selbst zu überlassen.

Aber es gibt noch einen anderen Grund, allen Bürgern ein Einkommen zu garantieren. Denn was nützt es, ein Konsumenten-Paradies zu erschaffen, wenn die meisten potenziellen Bewohner dieses Paradieses mangels Finanzkraft vor dessen Tore abgewiesen werden. Die Tech-Konzerne brauchen Kunden, um mit ihren Entwicklungen Geld zu verdienen.[15]

Allerdings beginnt die Debatte um das Grundeinkommen in den USA an anderer Stelle als in Europa, denn dort gibt es nichts, das dem deutschen Hartz-IV-System oder der Grundsicherung in anderen europäischen Staaten vergleichbar wäre. Sehr viel anders als Hartz IV sähe das amerikanische Grundeinkommen zumindest von der Höhe der finanziellen Unterstützung her nicht aus. Der Berkeley-Professor Robert Reich, Arbeitsminister der Regierung von Bill Clinton, hielt in einem Gespräch einen Satz von 2.000 Dollar pro Monat für eine vierköpfige Familie für vertretbar.[16] Große Sprünge kann mit so einer Summe niemand machen, schon gar nicht in den städtischen Regionen der USA.

In Amerika hat man lediglich eine befriedete Gesellschaft im Kopf, keine auch nur in Ansätzen egalitäre. Das Land war schon immer gespalten in ein Oben und ein Unten, das nimmt man in Kauf. Die Präsidentschaftswahl 2016 war allerdings ein Weckruf. Wenn große Teile der Mittelschicht in die Armut fallen, macht das den Regierenden Probleme – obwohl es zu den um diese Wahl herum verbreiteten Mythen gehört, dass Trump allein vom weißen gesellschaftlichen Absteiger gewählt wurde; viele seiner Unterstützer sind durchaus wohlhabend.

Nun waren Gesellschaften auch in westlichen Demokratien schon immer gespalten, was den Wohlstand angeht. Die Digitalisierung treibt diese Spaltung aber voran. Denn wie in diesem Kapitel bereits erläutert: Während die Einkünfte aus Arbeit sinken, steigen jene aus Kapitalbesitz. Der gesellschaftliche Aufstieg wird immer schwerer, Bildung ist dafür längst kein Garant mehr. Was gestern noch Wissen war, ist heute leicht abrufbares Massengut. Ist man heute noch unverzichtbar, könnte schon bald der Roboter schneller, genauer und ausdauernder sein.

Das Grundeinkommen ist, anders als das oft suggeriert wird, kein Mittel, um die Mittelschicht zu stabilisieren – kaum vorstellbar, dass der Betrag hoch genug ausfallen würde, um damit das Leben eines Normalverdieners inklusive Rücklagen für die Eigentumswohnung und das Alter sowie zweimal Urlaub im Jahr zu finanzieren. Es geht um das Nötigste, mehr nicht. Umso weniger wahrscheinlich ist es, dass glückliche Grundeinkommensempfänger, von der Fron der täglichen Arbeit befreit, endlich das in Angriff nehmen würden, was sie schon immer mal machen wollten: Klavierspielen lernen, öfter ins Theater gehen, die Welt sehen. All das kostet Geld, sehr viel Geld. Gut möglich, dass die Löhne in einigen Branchen steigen würden, wenn der Job unangenehm und schlecht bezahlt ist. Ebenso gut möglich aber auch, dass Menschen für all diese Arbeiten bald ohnehin nicht mehr gebraucht werden.

Entscheidend aber ist, dass ein Grundeinkommen das zentrale Problem nicht löst: die Leere zu füllen, die entsteht, wenn Menschen ihrer Arbeit und ihrer Aufgaben beraubt sind. »Einen Job zu haben verbindet das Individuum mit der Gesellschaft, hilft dabei, Selbstvertrauen aufzubauen, Kenntnisse und Fähigkeiten zu entwickeln«, schreibt die OECD in ihrem *Better Life Index*. Länder mit höherer Beschäftigungsrate seien reicher, politisch stabiler und gesünder. »Gesund sein und eine gute Arbeit zu haben sind die zwei wichtigsten Indikatoren für Lebenszufriedenheit«, so die Forscher.[17] Wenn nun so manch ein Akademiker argumentiert, dass man ja selber Erfüllung in seiner Arbeit finde, sich dies für die Kassiererin, die Putzfrau oder die Busfahrerin wohl kaum sagen lassen könne, dann entbehrt das nicht einer gewissen Arroganz. Denn auch wenn viele Menschen im Alltag über ihren Job meckern, finden sie doch oft dann eine Befriedigung darin, wenn Kollegen und Vorgesetzte angenehm sind und sie das Gefühl haben, etwas zu einem größeren Ganzen beizutragen. Menschen wollen gebraucht werden, und sie brauchen Struktur. Die kann man sich auch außerhalb von Lohnarbeit aufbauen – Vollzeit-Eltern wissen das. Dazu würde aber gehören, dass solche Arbeiten auch gesellschaftlich anerkannt werden. Dazu ist ein Kulturwandel nötig, die Diskussion darüber hat jedoch gerade erst begonnen.

Auch ist nicht sicher, wie man das Schmarotzer-Problem in den Griff bekommen könnte, in der Literatur als *free rider problem* bekannt. Es klingt ja schön und gut, dass sich alle Empfänger von Grundeinkommen dann mit ihren eigenen Stärken und Interessen für das Wohl der Gesellschaft einsetzen können. Aber wenn sich mindestens ebenso viele nicht einsetzen, sondern einfach mitnehmen, was andere ihnen hinstellen, kann das den Enthusiasmus erheblich dämpfen. Eine angemessene Bezahlung für wichtige Aufgaben ist das beste Mittel, um diese Unwucht zu vermeiden. Ein Grundeinkommen könnte sich zum Beispiel auch an die Bedingung knüpfen lassen, dass dafür etwas Sinnvolles geleistet werden muss – aber dann wäre es eben kein Grundeinkommen mehr, und man hätte ein ähnliches Nachweis- und Bürokratieproblem wie heute mit Hartz IV.

Zwei Debatten müssen also parallel laufen: Die erste ist eine philosophische, es geht um den Wert der Arbeit für die menschliche Psyche. Man sollte ihn keinesfalls unterschätzen, aber ein biologisch programmiertes Bedürfnis wie Essen, Trinken, Schlafen, Verdauung und Fortpflanzung ist die Lohnarbeit nicht. Man denke nur an die adligen und bürgerlichen Gesellschaften vergangener Jahrhunderte, wo man sich in Salons herumtrieb, mit Bildung, Debatten, dem Spiel, ja gerne auch mit dem Planen und Führen von Kriegen beschäftigte. Wer damals arbeiten musste, gehörte einer anderen Klasse an – das Leben der Kapitalgeber aus dem Silicon Valley ist dem dieser Klassen gar nicht so unähnlich.

Die zweite Debatte ist konkreter: Es geht um die Verteilung von Ressourcen im kapitalistischen Wirtschaftssystem. Hier ist etwas Fantasie vonnöten, um die richtigen Wege und Instrumente zu finden, mit deren Hilfe jeder von Innovationen profitiert. Aber Fantasie zeichnet den Menschen ja aus.

Im Gespräch sind derzeit mehrere Modelle, von denen jedes seine Tücken hat. Eines ist die Roboter-Steuer; prominent ins Spiel gebracht, wenngleich nicht erfunden hat sie der Microsoft-Gründer und Multimilliardär Bill Gates.[18] Wenn nicht mehr genug Arbeit da ist, die sich besteuern lässt, dann müsse man eben die Technologie besteuern, so die Logik. Der Nachteil: Jede Steuer auf neue Technologien könnte Innovationen bremsen. Ökonomen sind deshalb von dem Modell weniger angetan.

Der Harvard-Professor Dani Rodrik plädiert dafür, dass sich der Staat selbst als Wagniskapitalgeber engagiert und die Bürger an den Gewinnen teilhaben lässt. Er beschreibt diese Idee als einen Wandel vom Sozialstaat zum Innovationsstaat.[19] Kritisch an diesem Modell ist die Definition von Innovation. Ist jene Entwicklung am innovativsten, bei der für die Bürger finanziell am meisten herausspringt, oder enthält Innovation auch immer den Anspruch, die Welt ein Stückchen gerechter, angenehmer oder zumindest erträglicher zu machen? Und was ist, wenn es schiefgeht, beteiligt der Innovationsstaat die Bürger dann auch an den Verlusten?

Henning Meyer, Forscher an der London School of Economics, fordert wiederum, Kapitalbesitz zu demokratisieren.[20] Das klingt schwer nach Karl Marx, der die Arbeiter an den Produktionsmitteln beteiligen wollte. Und die Richtung ist natürlich richtig, wenn Kapital wichtiger und Arbeit weniger wichtig wird. Nur hat es die Ausgestaltung eines solchen Modells ebenso in sich. Wer bekommt welche Anteile an was?

Ein spannender Vorschlag ist es, Daten einen Preis zu geben. Schließlich produzieren die Bürger rund um die Uhr Unmengen an Informationen. Ohne sie wären künstliche Intelligenz und viele digitalisierte Prozesse überhaupt nicht möglich. Würden die Nutznießer die »Kunden«, die ja gleichzeitig Produzenten also *prosumer* sind, dafür angemessen entlohnt, wäre das nur gerecht. Nur dürften einige Geschäftsmodelle kollabieren, wenn die dafür erforderlichen Daten nicht mehr umsonst zu haben wären.

Sicher ist: Die Digitalisierung hat nicht nur einzelne Branchen auf den Kopf gestellt und andere ganz verschwinden lassen. Sie stellt die Mechanismen des kapitalistischen Wirtschaftssystems und des Sozialstaats an sich in Frage. Das Verhältnis zwischen Arbeit und Kapital, Mensch und Maschine muss neu gedacht werden. Der Prozess hat gerade erst begonnen.

6 DEMOKRATIE –
DAS RINGEN DER KULTUREN

Die Verknüpfung von Digitalisierung und Demokratie begann mit einem Missverständnis. Spätestens als sich im Jahr 2011 junge Menschen in der arabischen Welt mit Hilfe ihrer Smartphones zum Aufstand verabredeten und in einem Land nach dem anderen Diktatoren fielen oder die Flucht ergriffen, schien die Sache klar: Das Internet, so glaubten und hofften damals viele, sei eine Befreiungstechnologie. In den Technologieschmieden des Silicon Valley betrachtete man es sogar als eine Art Geheimwaffe, mit der sich Demokratie in der ganzen Welt verbreiten lässt, ohne dass man dazu Soldaten und schwere Geschütze braucht. Was die Amerikaner mit ihren Armeen nicht geschafft hatten, sollte ihnen jetzt mit Hilfe von Software gelingen. Und all jene, die endlich ans größte Netzwerk der Erdenbürger angeschlossen sind, würden nichts als dankbar dafür sein.

Auch aus den Zentralen der Tech-Konzerne, allesamt amerikanisch und von entsprechendem Sendungsbewusstsein geprägt, wurde dieser Glaube gefüttert. Und noch heute präsentieren sich Mitarbeiter von Google oder Facebook zumindest in ihrer offiziellen Rolle gerne als Missionare. Ihre frohe Botschaft: Wir bringen die Demokratie in die Welt. Denn was könnte demokratischer sein, als dass jeder Mann, jede Frau aus den entlegensten Winkeln und unter den repressivsten Regimen der Welt sich zu Wort melden und für seine und ihre Rechte, ja für ihre Freiheit streiten kann?

Und hier genau liegt das Missverständnis, denn diese Auffassung ist richtig und falsch zugleich. Das Recht auf freie Meinungsäußerung gehört zwar untrennbar zur Demokratie; es ist ihr Blutkreislauf, ohne den alles zum Erliegen kommen würde. Das Skelett aber, der Knochenbau, der den demokratischen Körper zusammenhält, sind starke Institutionen. Ohne diese Institutionen kann keine Demokratie ent- und bestehen. Könnte das Internet die den menschlichen Stärken und Schwächen am besten angepasste aller Regierungsformen also nicht stützen, sondern sogar zerlegen?

Rettet die Institutionen!

Eines gilt ohne Wenn und Aber: Volksherrschaft ohne starke, voneinander unabhängige und handlungsfähige Institutionen kann nicht gelingen. Sie erleidet das Schicksal eines Luftballons, der sich zwar prächtig aufblasen lässt, aber sofort platzt, sobald er überdehnt wird oder jemand hineinpiekst. In den arabischen Ländern konnte man das gut verfolgen. Die Mobilisierung über digitale Medien hatte funktioniert. Aber sobald der Feind abgeräumt war und das Volk vermeintlich gesiegt hatte, war Schluss mit der Mitbestimmung. Auf die Aufstände folgten Anarchie, oder die seit eh und je bekannten Cliquen, zuweilen auch das Militär übernahmen die Macht. Die meisten von denen, die damals auf bessere Zeiten gehofft hatten und dafür auf die Straße gegangen waren, leben heute nach wie vor in leidvollen Verhältnissen.

Auch im Geburtsland des Internets ließ sich 2017 recht gut ablesen, was starke Institutionen für eine Demokratie bedeuten. Dann nämlich, wenn sich ein demokratisch gewählter Präsident plötzlich wie ein Autokrat geriert und versucht, Institutionen zu umgehen, um »durchzuregieren« und so die Versprechungen, die er im Wahlkampf seinen Unterstützern gemacht hatte, Wirklichkeit werden zu lassen. Mit seinem Einreisebann für Menschen aus muslimischen Ländern und anderen Dekreten trieb Donald Trump ein zentrales Prinzip der Demokratie in einen Belastungstest: die Gewaltenteilung. Wie schnell sich dieses sorgsam austarierte Gebilde aushöhlen lässt, konnte man im selben Jahr auch in der Türkei beobachten, wo Staatspräsident Recep Tayibb Erdogan sich von seinem Volk selbst zum Allmächtigen küren ließ. Oder in Polen, wo die Regierungspartei kurzerhand die Justiz entmachtete.

Volksherrschaft bedeutet eben genau nicht, dass die Mehrheit oder jemand, der sich als Repräsentant einer Mehrheit versteht, allmächtig ist. Eine unabhängige Justiz, ein starkes Parlament, lebendige und vielfältige politische Parteien, eine kompetente, aber kontrollierte Exekutive, freie und geheime Wahlen, starke und pluralistische Medien – all das braucht die Demokratie zum Leben.

Vor allem baut Demokratie auf Regeln. Es sind Regeln, die Macht einschränken und zuordnen. Dazu gehören die Grundrechte, die Gewaltenteilung und die in jedem Land etwas anders ausgestalteten Prozesse der Repräsentation und Mitbestimmung. Sie dienen dazu, allzu menschliche und zum Teil auch aus dem Tierreich bekannte Eigenschaften und Verhaltensweisen beherrschbar zu machen: das Streben nach Macht, Gesten der Unterwerfung, Neid und Missgunst, das Misstrauen gegenüber anderen.

Das Netz ist zwar einerseits bestimmt von sehr strikten Regeln, nämlich den zuvor beschriebenen Algorithmen. Es ist aber nicht nach den Regeln der Demokratie designed, sondern verteilt Macht nach einem klaren Prinzip: Die Entscheidungsgewalt haben die Kontrolleure der Produktionsmittel, also jene, die über die Daten und die Methoden herrschen, diese zu erfassen und zu verbreiten. Das sind einerseits die Konzerne, andererseits auch Staaten, die ihre Bürger mit Hilfe digitaler Werkzeuge überwachen.

Besonders einflussreich können außerdem diejenigen sein, die am lautesten sind. Das muss nicht immer ein Präsident oder Vorstandsvorsitzender sein. Auch jemand ohne formale Macht kann Einfluss gewinnen, wenn er oder sie Krawall macht und sich auf diese Weise Gehör verschafft. Denn daran sei noch einmal erinnert: Algorithmen belohnen das Skurrile, Empörende, Lustige, Gefühlige.

Demokratie hingegen kann unglaublich langweilig sein. Und sie ist langsam, ja sie muss es sein. Ausufernde Vermittlungs- oder Gerichtsverfahren, Prozesse, in denen man sich unterordnen muss, Parteidisziplin, das Ringen um Kompromisse: All das ist zutiefst demokratisch und oft ermüdend anstrengend. Allein das Wort Planfeststellungsverfahren presst dem Twitter-Bürger ein Gähnen ab. Ist er es doch gewöhnt, binnen einer Viertelstunde ohne weiteres über zehn Themen hinwegzuspringen. Muss er sich gar einem Mediationsverfahren stellen und womöglich hinterher noch mit einer Niederlage leben – man denke an die Beteiligungsprozesse rund um das umstrittene Bahnhofs-Projekt Stuttgart 21 –, hat er endgültig die Nase voll. Demokratie heißt schließlich für viele übersetzt: Es muss laufen, wie ich es will.

Deshalb ist vielen Netz-Aktivisten auch das Prinzip der Repräsentation suspekt. Keinesfalls wollen sie ihre Interessen von jemand anderem vertreten wissen, sie möchten selbst mitmischen. Schließlich trainieren sie direkte Beteiligung und Meinungsäußerung täglich über die sozialen Netzwerke.

Wohin das führen kann, konnte man gut beim Aufstieg und Niedergang der Piratenpartei in Deutschland beobachten. Zermürbende Beteiligungsprozesse, endlose Abstimmungen und der Zwang, sich in jedes Thema einarbeiten zu müssen, trieb viele Parteimitglieder in die Erschöpfung. Hatte die Internet-Partei das politische Establishment mit ihrem Einzug ins Berliner Abgeordnetenhaus im Herbst 2011 noch überrascht, mischte sie schon wenige Jahre später nur noch unter den sonstigen politischen Gruppierungen mit. Einige der Piraten dürften ganz froh darüber gewesen sein, das mühevolle politische Engagement anderen überlassen und sich selbst wieder der schnellen Meinungsmache im Netz widmen zu können.

Repräsentation ist jedoch einer der Vorteile der Demokratie: Man kann Geld verdienen, Kinder großziehen, sich im Sportverein engagieren oder zum Bergwandern gehen und trotzdem ein anständiger Demokrat sein, indem man sich informiert, mit anderen diskutiert und alle paar Jahre seine Stimme abgibt. Die Demokratie hat sowohl für solche Bürger Platz als auch für die anderen, die sich auf die wöchentliche Sitzung des Ortsvereins, des Kommunalparlaments oder auf das Flugblätterverteilen am Wochenende freuen. Und eben auch für diejenigen, die eine Karriere als Berufspolitiker anstreben.

Das Konzept der Repräsentation hat auch einen tieferen Sinn. Nur gemeinsam sind Menschen stark. Nun könnte man sagen, dass es sich nirgendwo so gut verbünden lässt wie über das Internet. Und dass sich die viel beschworene angebliche Weisheit der Vielen auch in die Macht der Vielen verwandeln lässt. Müsste dann nicht ein Netzwerk, gesponnen womöglich gar über Kontinente hinweg, die politischen Großorganisationen wie

Parteien oder Gewerkschaften ablösen können, die jahrzehntelang die Interessenvermittlung in der Demokratie übernommen haben? Der Politikwissenschaftler Lance Bennett von der University of Washington in Seattle spricht von der »Logic of Connective Action«, die über Kommunikation entsteht – in Anlehnung an den Klassiker der Politikwissenschaft, Mancur Olsons »Logic of Collective Action«.[1]

Allerdings macht die Überhöhung des Einzelnen in der Netzwelt es schwieriger, stabile Gruppen zu bilden. Der Bürger im Netz mag mal hier ein »Gefällt mir« hinterlassen und dort eine Online-Petition zeichnen, aber weil sich seine Aktivitäten nach spontanen persönlichen Präferenzen richten und oft ebenso schnell abgelegt werden, wie sie aufgenommen wurden, sind ihm Partei- oder Gruppendisziplin fremd. Umso leichter lässt sich die amorphe Masse der Manchmal-Aktiven auseinanderdividieren. In Organisationen mit klaren Zugangsregeln hingegen stiften der Zusammenhalt und die gemeinsamen Ziele und Aktionen Sinn, genau wie es Olson beschrieben hat.[2] Menschen sind hier eher bereit, persönliche Interessen hinter das Gemeinwohl zurückzustellen. Je weniger individualistisch, umso stabiler und letztlich einflussreicher sind die Organisationen.

Die Fabrikanten und Finanziers der digitalen Technologien, die amerikanischen Internet-Portale und ihre Förderer, mögen diese anstrengende Art von Demokratie mit all ihren Regeln und Großorganisationen gar nicht so recht. Oder noch schlimmer, sie verstehen sie womöglich nicht. Je weniger Staat, desto besser, das war schon immer ein amerikanisches Credo, es ist das Grundprinzip des recht wenig gezügelten US-Kapitalismus. Und je stärker das Individuum mit seinen persönlichen Präferenzen agieren kann, desto besser.

Die Logik dahinter geht in etwa so: Wenn man den Bürger direkt erreichen und zum Handeln ermächtigen kann, wozu braucht man dann noch demokratische Institutionen, die zwischen Bürgern vermitteln, und wozu eine Bürokratie, die den Volkswillen in Regeln zwingt und überwacht, dass diese auch eingehalten werden? Und es wäre doch auch zu schön, mag manch einer denken, das One-Klick-Shopping-Prinzip in die politische Welt übertragen zu können. Ganztagsschule und kostenlose Kita, Radwege überall, Grundeinkommen und die Polizei genau dort, wo es die anderen trifft – an alles ein Häkchen dran und fertig ist der Staat. Der Internet-Pionier Tim O'Reilly zum Beispiel wünscht sich so ein Plattform-Modell für Regierungen. Er kontrastiert es mit dem, was er Automaten-Modell nennt: eine Art Maschine, aus der die Bürger vorsortierte, abgepackte und zudem noch überteuerte Güter abrufen können, obwohl sie letztlich gerne etwas anderes hätten.[3] Aber ein »Wünsch dir was!« im Bürgerparadies – nun ja, genau das ist Demokratie nicht.

Das Internet kann ihr sogar gefährlich werden. Denn so wie die Plattform-Wirtschaft den Vermittler zwischen Produzenten und Konsumenten ausschaltet, räumt das Netz mit seinen direkten Möglichkeiten zur Kommunikation die demokratischen Meinungs- und Konsensbildungsprozesse zwischen Regierenden und Regierten ab.

Beim Online-Handel mag es zu verschmerzen sein, den Mittelsmann zu umgehen. In der Demokratie ist es das nicht. Denn die vermittelnden Prozesse und Institutionen sind ihr Kern, ihre Substanz. Das Internet schwächt die Institutionen, die die Demokratie unbedingt braucht.[4]

Eine der wichtigsten dieser Institutionen ist eine

unabhängige Justiz. Denn die Schöpfer des Systems der Gewaltenteilung wussten: Es ist Teil der menschlichen Natur, dass dem einen oder anderen Macht zu Kopf steigt, auch wenn sie jedem Präsidenten, jeder Kanzlerin nur vom Volk geliehen ist. Die Gerichtsbarkeit achtet darauf, dass sich auch Regierungschefs- und Chefinnen an Recht, Gesetz und die Verfassung halten.

Vor allem bietet der Rechtsstaat aber auch jenen Schutz, die anderen in irgendeiner Weise unbequem sind: den Menschen, die gegen Regeln verstoßen haben, die mit einer Institution in Konflikt geraten sind, ja auch solchen, die Verbrechen begangen haben. Im Rechtsstaat haben auch der Mörder und die Terroristin Anspruch auf ein faires Verfahren. Das mag manch einem gegen den Strich gehen. Würde man eine öffentlich Umfrage machen, ob ein Prozess wie jener gegen Beate Zschäpe zur Aufklärung der Taten des rechtsradikalen NSU wirklich die Millionen wert ist, die er kostet, sähen viele das Geld wohl lieber in den Ausbau von Schulen oder Straßen gesteckt. In einer Demokratie aber steht das Recht über allem – koste es, was es wolle.

Im Netz jedoch geht der Trend dahin, spontan und sofort zu urteilen. Ist ein Verbrechen geschehen und äußert jemand eine Vermutung über den potenziellen Täter, verbreiten sich entsprechende Meinungen über soziale Netzwerke wie Buschfeuer. Nicht selten wird dann der Falsche verfolgt, abgeurteilt, geächtet. Es ist schwer, die Spuren eines solchen Fehlalarms wieder aus der Datenwelt zu tilgen.

Starke Meinungen zünden im Netz, dem Konsumenten ist das antrainiert: Daumen hoch oder runter, fünf Sterne oder nur einer, gut oder böse? Schnelles Bekennen ist Übungssache. Auch wenn die Fakten nur halb gar sind oder falsch, finden sie ihre Leser. Die sind zuweilen zwar misstrauisch, wenn sie allzu krude Behauptungen lesen, aber ein Gefühl bleibt oft zurück: Irgendetwas werde schon dran sein.

Die österreichische Journalistin Ingrid Brodnig hat für ihr Buch »Lügen im Netz« eine Bürgerin befragt, ob es ihr nicht peinlich sei, ein – wie sich später herausstellte – gefälschtes Zitat zur Flüchtlingspolitik von Angela Merkel harsch kommentiert und weiterverbreitet zu haben. Demnach hatte die Bundeskanzlerin gesagt, sie hoffe auf zwölf Millionen Migranten. Die Frau zeigte sich uneinsichtig. Es habe zwar nicht gestimmt, aber schließlich könne es jederzeit passieren, dass Merkel so etwas denke und sage.[5]

Gegen die Übermacht solcher Gefühligkeit sind Gerichte Bollwerke, und sie haben es schwer. Sie müssen in mühevoller Arbeit Fakten destillieren und belegen. Das dauert. Bis der Prozess begonnen hat, ist die Meute in der schnelllebigen Welt der Meinungen längst weitergezogen. Das macht es für die Opfer von Verleumdungen und Falschbehauptungen schwer. Sie sind längst öffentlich abgeurteilt, ehe über sie Recht gesprochen wird. Das war früher zwar nicht sehr anders; Rufmord, Vorverurteilung, Gerüchte und Getuschel gab es schon immer. Ebenso wie Lügen und Halbwahrheiten, die man heute gerne »Fake News« nennt, keine Erfindung des Digital-Zeitalters sind. Nur wirkt in der Netz-Welt die schiere Macht der Masse. Und die kann erdrückend sein. Demokratie aber, das wird gerne vergessen, ist die Herrschaft des Volkes. Nicht die Herrschaft der Masse.

Freie Wahl – wie manipulierbar ist der Bürger?

Freie und geheime Wahlen sind der vornehmste Akt der Demokratie, eine unverzichtbare Institution. Das nehmen viele Bürger zwar nicht so wahr, wie man an der häufig geringen Wahlbeteiligung ablesen kann. Aber nirgendwo sonst im Alltag sind Menschen so gleich: Ob arm oder reich, klug oder einfältig, ob laut oder leise, engagiert oder bequem – jeder Bürger hat eine Stimme, jede Stimme wiegt gleich viel. Nach Abstimmungen wie jener über den Brexit lässt genau das so manch einen verzweifeln. Warum dürfen Menschen wählen, die den Zusammenhang zwischen Europa, der Freizügigkeit und dem wirtschaftlichen Wohlergehen Großbritanniens überhaupt nicht verstanden haben, fragten sich viele, die das Ergebnis der Abstimmung nicht kommen sehen hatten. Nun gut, man kann das so betrachten. Aber die Pro-Europäer haben ordentlich zu diesem Desaster beigetragen. Sie hätten sich stärker bekennen und wählen gehen sollen. Gerade weil Wahlen gleich, frei und geheim sind, rücken sie so manches Bild zurecht, dass sich die politische Klasse von ihrem Umfeld gemacht hat.

Was aber hat Digitalisierung mit Wahlen zu tun? Am wenigsten noch mit der Tatsache, dass Bürger womöglich irgendwann einmal ihre Stimme auf einem digitalen Gerät und nicht mehr in der Wahlkabine abgeben können werden. In Estland, dem Musterland der digitalisierten Bürokratie, wird das schon mit guten Erfahrungen praktiziert. Anderswo ist man skeptischer. Die Gefahr von Manipulation ist noch zu hoch. Das allerdings kann sich ändern.

Eine weitaus größere Bedrohung sind aber Manipulationen in den Köpfen. Denn sie finden statt, bevor der Bürger überhaupt zum Wahllokal aufgebrochen ist. Meinungsmache im Wahlkampf wird zwar letzten Endes immer noch von Menschen gesteuert. Aber immer mehr politische Akteure benutzen Bots, um Stimmungen zu verändern und Wähler in bestimmte Richtungen zu treiben. Solche Bots sind automatisch generierte Meldungen auf sozialen Netzwerken. Sie werden gezielt auf solche Nutzer angesetzt, die von Algorithmen als empfänglich für bestimmte Botschaften identifiziert worden sind. Das Ziel ist es, diese Gruppe von Bürgern aufzuhetzen und zu mobilisieren.

Wenige Tage vor den amerikanischen Präsidentschaftswahlen von 2016 veröffentlichten die Wissenschaftler Alessandro Bessi und Emilio Ferrara der University of Southern California einen im Nachhinein verstörenden Online-Artikel. 20 Prozent aller Tweets, die im Wahlkampf verschickt wurden, stammten demnach von Robotern, 75 Prozent von diesen unterstützten Donald Trump vehement.[6] Bots können zeitweise extrem aktiv sein, zum Beispiel 1.000 Nachrichten pro Stunde absetzen, und sie können menschliches Verhalten nachahmen. »Unsere Ergebnisse legen nahe, dass die Bots sozialer Netzwerke die demokratische politische Diskussion negativ beeinflussen statt sie zu verbessern. Das könnte die öffentliche Meinung verändern und die Integrität der Präsidentschaftswahl gefährden«, schrieben Bessi und Ferrara damals. Das Ergebnis ist bekannt.

Die Wahl selbst mag also noch frei und geheim sein, der Wahlkampf wird mehr und mehr von Botschaften bestimmt, deren Urheber im Dunkeln stehen. Nun wäre es falsch, den Sieg Donald Trumps allein auf manipulative Software und deren Urheber wie der Firma Cambridge Analytica zurückzuführen, eine Firma übrigens, deren Führungspersonal auch noch stolz auf die Kraft ihres Einflusses ist. Tatsächlich waren Teile der Wähler schwer unzufrieden mit der amtierenden Regierung und der Kandidatin der Demokraten, Hillary Clinton. Außerdem ist es schon immer der Sinn von Wahlkämpfen gewesen, Wähler zu beeinflussen. Und was die eine Partei kann – Bots einsetzen – kann die andere genauso. Auch das Clinton-Lager hat sich derer bedient.

Das wirkliche Problem ist aber die fehlende Transparenz. Niemand kann sagen, ob eine Kampagne von Russland oder, sagen wir, Mexiko aus gesteuert ist, ob sie vom politischen Gegner befeuert wird, von Netz-Söldnern, denen es ums Geldverdienen geht oder von Hackern, die irgendwem irgendetwas beweisen wollen. Mit Hilfe von Bots lassen sich hemmungslos Lügen verbreiten, bis die Bürger gar nicht mehr wissen, was falsch und was richtig, was echt oder Maschine ist. Und die Programme sind kraftvoll. Denn anders als Menschen werden sie nicht müde, verlieren nicht die Lust. Und weil Algorithmen die schlagzeilenträchtigsten Botschaften belohnen, verbreiten sich auch gerade Bots mit provozierenden oder skurrilen Hingucker-Inhalten besonders gut, weil Bürger sie gerne teilen. Wie sollen die Wähler da noch die Orientierung behalten?

Philip Howard, Forschungschef am *Oxford Internet Institute*, ist einer der Mahner auf diesem Feld. Er sieht die Demokratie durch Bots bedroht. Sehr oft würden die Angriffe der Meinungsroboter von Russland aus gesteuert, zum Beispiel auch beim Brexit.[7] Ziel sei es, die EU zu schwächen. Und die Aktionen werden technologisch ausgereifter. Konnte man früher ein paar Bots kaufen, um Dinge zu beeinflussen, werden heute ganze Twitter-Profile künstlich kreiert – und man kann sie für vergleichsweise wenig Geld mieten. Diese Pseudo-Köpfe wirken glaubwürdig, weil sie vermeintlich schon seit Jahren das Netzwerk nutzen, Hobbys angeben und von ihren Kindern schwärmen. Und dann versuchen die elektronischen Angreifer, Stimmung zu machen und ihre Opfer dazu zu animieren, Behauptungen zu retweeten und andere Nutzer aufzuhetzen. Wie gut das funktioniert, lässt sich mittlerweile mit Zahlen belegen. Im Oktober 2017 mussten Vertreter der großen Tech-Konzerne vor dem amerikanischen Kongress aussagen. Untersucht wurden mögliche Manipulationen im Präsidentschaftswahlkampf. Und manche Aussage konnte einen schaudern lassen. Inhalte, die aus Russland gesteuert wurden, seien demnach von 126 Millionen Amerikanern angeschaut worden, legte der Facebook-Repräsentant offen, es sei um 80.000 Posts gegangen. Die Medien-Expertin Emily Bell formuliert das so: »Ein kleines Büro russischer Trolle konnte 241 Jahre amerikanischer politischer Geschichte mit ein paar platten Memen und einem Anzeigenbudget aushebeln, das einem kaum eine Plakatwand in Brooklyn hätte kaufen können.«[8] Die Diskussion darüber, welche Verantwortung die Internet-Konzerne für solche Entwicklungen haben, hat gerade erst begonnen.

Was nützt also die Überwachung von Wahllokalen, die Privatsphäre in der Wahlkabine, die Sorgfalt der Wahlhelfer beim Auszählen, wenn die Manipulation schon lange vorher passiert ist? Howard schreibt auch den großen Internet-Portalen eine Verantwortung zu. Hätte man vor der US-Wahl Einblicke in die Such-Daten von Google bekommen, wäre man den Wahlumfragen womöglich skeptischer begegnet. Das hätte das Ergebnis nicht zwingend verändert, aber womöglich doch einige Demokraten mehr dazu animiert, zur Wahl zu gehen und Clinton doch ihre Stimme zu geben.

Howards Einwurf ist berechtigt, denn Suchhistorien geben deutlich mehr Wahres über Meinungen, Einstellungen und Verhalten preis als Meinungsumfragen, bei denen Menschen dazu neigen, sich in gutem Licht zu präsentieren. Dies hat zum Beispiel Seth Stevens-Davidowitz, Forscher, Autor und früherer Daten-Analyst bei Google, in einer großen Daten-Studie nachgewiesen. Er hatte dafür Google-Daten aus vier Jahren mit Meinungsumfragen abgeglichen und war zu dem Ergebnis gekommen, dass die Such-Maschine sehr viel realistischere Einschätzungen über Wünsche und Vorlieben der Bürger treffen kann als die Umfrage-Institute mit ihren ausgefeilten Methoden. »Ich bin überzeugt, dass Google-Suchen die wichtigste Datenbank sind, die es je über die menschliche Psyche gegeben hat«, schrieb er in einem Gastbeitrag im *Guardian*.[9]

Bürger sind allerdings weder williges Stimmvieh noch generell dumm. Schon jetzt zeichnet sich ab, dass das Vordringen der Bots die sozialen Netzwerke unglaubwürdiger macht. Und genau das könnte wichtig sein. Denn nur, wenn solche Praktiken ans Licht geholt werden, besteht die Chance, dass politische Institutionen entschieden gegen solche Bot-Angriffe vorgehen. Das wachsende Misstrauen der Bürger lässt sich belegen. Aus dem »Digital News Report 2017« des *Reuters Institute for the Study of Journalism* ging hervor: Nur 24 Prozent aller Befragten glauben, dass die sozialen Netzwerke einen guten Job machen, wenn es darum geht, Wahrheit von Lüge zu unterscheiden. Für die weltweit größte Studie dieser Art wurden 70.000 Internet-Nutzer aus 36 Ländern befragt.[10] Man kann das allerdings auch anders formulieren: Immerhin jeder Vierte glaubt an die Wahrheiten, die er in den sozialen Netzwerken präsentiert bekommt. Und dies Viertel kann leicht wahlentscheidend sein.

Aber was ist mit der weniger feindseligen Art, den Bürger zu beeinflussen, gar wenn es um eine gute Sache geht? Bereits bei früheren US-Wahlen hatte Facebook einen Test gemacht: Wie stark motiviert es Bürger, ihre Stimme abzugeben, wenn ihre Freunde in der Timeline mit der Aussage auftauchen, gerade im Wahllokal gewesen zu sein? Nach einer im Wissenschaftsmagazin *Nature* veröffentlichten Studie involvierte Facebook im November 2010 mehr als 60 Millionen Nutzer in ein Experiment. Ein Teil der Bürger fand in ihrem Feed eine Nachricht, die sie zum Wählen aufforderte. Ein weiterer Teil bekam die Köpfe von fünf Freunden zu sehen, die bekannten: »Ich habe gewählt«. Ein anderer Teil blieb von jeglicher Botschaft verschont. Der soziale Druck des Bekanntenkreises zeigte Wirkung. Etwa 340.000 Bürger seien zusätzlich an die Urne gegangen, so die Untersuchung.[11]

Nun ist es ein wenig fragwürdig und – wenn überhaupt – eher gut gemeint als gut gemacht, wenn Konzerne an Wahltagen mit Experimenten Ergebnisse beeinflussen. Streng genommen fällt auch das unter Manipulation. Natürlich könnte man es als grundsätzlich positiv betrachten, wenn Menschen dazu animiert werden, ihr demokratisches Recht wahrzunehmen. Außerdem hat es schon immer Versuche gegeben, Bürger zur Stimmabgabe zu schieben; zur Not holten Kampagnenhelfer sie daheim ab und kutschierten sie ins Wahllokal. Wie bei vielen von der Digitalisierung angeschobenen Prozessen spielt allerdings der Skaleneffekt eine große Rolle. Wählerverhalten kann über soziale Netzwerke eben nicht nur punktuell, sondern massenhaft beeinflusst werden, und die Beeinflussenden sitzen womöglich in einer Konzernzentrale. Demokratie stellt man sich anders vor.

Freiheit, die ich meine – Reden in der Blase?

Es sind weder besondere Arten von Nervenzellen noch Gehirnströme, noch ist es das Vorhandensein einer wie auch immer gearteten Seele, die den Menschen vom Tier unterscheidet, so viel ist für den Historiker Yuval Noah Harari klar. In seinem Bestseller »Homo Deus« stellt er eine einzige Eigenschaft heraus, die den Sapiens auszeichnet: die Fähigkeit, sich zu vernetzen, gemeinsam Pläne zu schmieden und umzusetzen.[12]

Was den Menschen einzigartig macht, ist also vor allem das: miteinander und gelegentlich auch über Grenzen und Kulturkreise hinweg zu kommunizieren, Kompromisse zu erarbeiten, bei denen jeder Zugeständnisse macht, und Regeln zu finden, die ein friedliches Zusammenleben möglich machen. Weil es die Menschheit geschafft hat, an vielen Stellen die Gesetze der Macht zu durchbrechen, nach denen es immer einen klaren Sieger und die Unterwerfung der Verlierer gibt, ist ihr Erstaunliches gelungen. Krankheiten wurden besiegt, Hunger wurde bekämpft, Armut eingedämmt. Segensreiche Erfindungen und Innovationen, die immer Gemeinschaftsarbeiten sind, wurden über die Welt verbreitet, darunter das Internet.

Für den Oxford-Professor Timothy Garton Ash ist die freie Rede die entscheidende Bedingung dafür, dass Menschen in einer globalisierten Welt friedlich nebeneinander, im Idealfall sogar miteinander leben. »Nur über freie Meinungsäußerung kann ich verstehen, was dich ausmacht. Nur mit Informationsfreiheit können wir öffentliche und private Macht kontrollieren. Und nur wenn wir unsere Unterschiede artikulieren können, sehen wir deutlich, worin sie bestehen«, schreibt er in seinem Buch »Free Speech – Ten Principles for a Connected World«.[13]

Anders als viele seiner Kollegen hat er es nicht bei einem klugen Buch und ein paar Vorträgen belassen. Ash hat 2011 an der Universität Oxford das Projekt »Freespeechdebate« ins Leben gerufen. Wissenschaftler aus aller Welt tragen dort in 13 Sprachen Beiträge zu den zehn Prinzipien zusammen, die es demnach in der vernetzten digitalen Welt zu beachten gilt. Der Schutz der Privatsphäre, Grenzen für staatliche und kommerzielle Macht, ein lebendiger Journalismus und der Respekt für Vielfalt und verschiedene Religionen sind nur ein paar von ihnen. Unter *freespeechdebate.com* ist so eine faszinierende Materialsammlung entstanden.

Ein Ziel des Projektes ist es auch, die westliche Welt darauf aufmerksam zu machen, dass nicht sie die alleinige Deutungshoheit darüber hat, was Freiheit ist. Die Debatte um die Verschleierung von muslimischen Frauen illustriert das Dilemma gut: Während es die einen zur persönlichen Freiheit einer jeden Frau erklären, sich zu verschleiern oder eben nicht, halten die anderen Verhüllung in all ihren Formen für ein sichtbares Zeichen von Unterdrückung und darum mit einer freiheitlichen Gesellschaft für unvereinbar.

Und genau an dieser Stelle offenbart sich ein Kernkonflikt über ein freies Internet. Erdacht und entwickelt wurde die Technologie von Menschen, die es für selbstverständlich hielten, dass Grund- und Menschenrechte weithin respektiert werden. Gäbe man nun den bislang Unterdrückten ein Instrument, mit dessen Hilfe sie ihre Meinungen kundtun, Gleichgesinnte finden und sich vernetzen können, werde sich Demokratie von selbst entwickeln, so die Logik, die sich als falsch erwiesen hat. Denn nicht nur die Unterdrückten fanden Gefallen an diesem Instrument, sondern auch die Unterdrücker und jene, die es schon immer gerne gewesen wären. Über das

Netz lässt sich ebenso viel menschenfeindliche Propaganda verbreiten, wie es eine Plattform ist, um gute Ideen zu teilen. Philosophie-Vorlesungen und Kinderpornografie sind im schlechten Fall nur ein paar Klicks voneinander entfernt. Damit hatten die Schöpfer des Netzes und seine frühen Fans nicht gerechnet. Und sie kalkulierten auch nicht mit dem Effekt, dass sich das Böse schneller verbreiten könnte als das Gute. Es ist eben genau nicht so, dass sich das Verhältnis der wohlmeinenden und der bösartigen Menschen aus der realen Welt eins zu eins in der Netzwelt spiegelt. Durch den in diesem Buch schon vielfach beschriebenen Lautsprecher-Effekt bekommen jene mit den bösen Absichten oft ungebührlich viel Gewicht.

Außerdem prallen im Netz Kulturen besonders stark aufeinander, weil Meinungen häufig aus dem Zusammenhang gerissen und verkürzt nebeneinanderstehen. Für sich betrachtet mag etwas radikal und menschenfeindlich wirken, was im Kontext der entsprechenden Kultur mit etwas Mühe zu verstehen, wenngleich womöglich nicht gutzuheißen wäre. Im Netzdorf kommt Anderssein schnell als etwas Feindliches herüber, das eliminiert oder wenigstens verdrängt werden muss.

Die Herausforderung ist es nun, die freie Meinungsäußerung zu fördern, ohne diejenigen zu Opfern zu machen, die von unbequemen, verletzenden oder radikalen Meinungen mit Macht getroffen werden. Denen, die im Netz Hass verbreiten, alle Rechte einzuräumen, würde bedeuten, die Ziele dieses Hasses ihrer Rechte zu berauben. Das kann niemand wollen. Schließlich ist ein Merkmal der Freiheit auch die Möglichkeit, leben und kommunizieren zu können, ohne sich ständig gegen Angriffe wehren zu müssen. So wie es in der physischen

Welt eine Freiheit ist, eine Straße entlangschlendern zu können, ohne befürchten zu müssen, überfallen zu werden – eine Freiheit, die man in diversen Ecken vieler Großstädte dieser Welt nicht hat. Wenn das Internet ein Tummelplatz für Pöbler und Giftverspritzer wird und sich die anderen entnervt ins Private zurückziehen, ist es als Kommunikationsraum tot.

Bisher sind Versuche, Hassrede im Netz einzuschränken, eher unglücklich verlaufen. Die Initiative des deutschen Justizministers Heiko Maas, die im »Netzwerkdurchsetzungsgesetz« mündete, ist hier bereits diskutiert worden. Es ist nicht optimal, wenn privatwirtschaftliche Konzerne entscheiden müssen, welche freie Rede gerade noch erlaubt ist und welche nicht. Entscheidungen, für die staatlich beauftragte Richter ein Jurastudium und sorgfältige Aktenanalyse brauchen, sollen angelernte Kräfte bei Facebook binnen Sekunden fällen. Das kann nicht gut gehen. Andererseits bedeutet Geschwindigkeit viel im Netz. Und Demokratie ist langsam.

Es ist aber wichtig, dass Gegner miteinander im Gespräch bleiben, damit sie nicht zu Feinden werden. Wer alles blockiert, was ihm nicht passt, schafft sich seine kleine überschaubare Welt, aber er wird in ihr schrumpfen, nicht wachsen. Es ist das Überlebensrezept autoritärer Machthaber aller Art und das Gegenteil von einer Demokratie, in der man gemeinsam wächst, weil man sich aneinander reibt.

Aber wie bleibt man im Gespräch? Einerseits ist da die Filterblase, über die schon viel geschrieben worden ist. Dieses Phänomen ist komplizierter, als es oft beschrieben wird. Es ist wahr, dass der Nachrichtenstrom zweier Menschen auf Facebook oder Twitter komplett unterschiedlich sein kann, je nachdem, mit welchen Freunden sie sich umgeben, welchen Medien sie folgen, welchen Interessen sie nachgehen. Kein Wunder in einer Welt, in der sich alles personalisieren lässt.

Der Harvard-Professor und frühere Obama-Berater Cass Sunstein warnt in seinem Buch »Republic« vor der zersetzenden Kraft sozialer Medien. Die heutige Informationsgesellschaft sei Alexander Hamiltons Alptraum, sagt Sunstein. Hamilton, einer der Gründerväter Amerikas, hatte die Auseinandersetzung zwischen Parteien als eine Grundbedingung für Demokratie herausgestellt. Sunstein, am bekanntesten für sein Buch »Nudge«, in dem es um sanfte Beeinflussung von Bürgern geht, ersinnt nun allerlei Instrumente, mit deren Hilfe man diesen Blasen und Echokammern entgegenwirken könnte.[14]

Allerdings lässt sich der Teil der Behauptung nicht wissenschaftlich aufrechterhalten, dass sich Menschen aus weniger Quellen informieren als früher. Tatsächlich haben Wissenschaftler der Universitäten Stanford und Brown festgestellt, dass die politische Polarisierung in jenen Teilen der amerikanischen Bevölkerung stärker ausgeprägt ist, die soziale Medien eher wenig nutzen.[15] Der Technologie-Journalist Will Oremus des Magazins *Slate* hat sogar mit Eli Pariser über diese Studie gesprochen; Pariser hatte den Begriff »Filter Bubble« mit seinem gleichnamigen Buch überhaupt erst geprägt. Pariser sagte, die Studie überrasche ihn nicht, der von ihm beschriebene Effekt sei womöglich immer etwas überzeichnet worden. Er vermutete aber, dass sich der Filterblasen- oder Echokammer-Effekt im Laufe der Jahre noch deutlicher bemerkbar machen wird.[16]

Auch die Wissenschaftler des *Reuters Instituts for the Study of Journalism* finden keine Belege für allzu starke Filter, im Gegenteil: Die Vielfalt des Angebots, aus denen sich der Konsument heute Nachrichten ziehe, sei eher gewachsen, belegen sie im »Digital News Report«. Wer früher nur eine Tageszeitung gelesen hat, befand sich also in einer stabileren Blase als derjenige, der seine Informationen über Twitter bezieht und dabei mehreren Zeitungen, Magazinen und Nachrichtensendungen folgt.

Das sagt allerdings nichts darüber aus, wie stark polarisiert das Angebot ist. Es ist ein Fakt, dass konservative Nutzer ganz anderen Quellen folgen als liberale oder linksorientierte. Und das Netz eröffnet den Zugang dazu. Früher mag man sich für radikale Ansichten geschämt haben, weil man sie womöglich für eine Verirrung hielt. Heute findet man mit Hilfe des Internets für alles Gleichgesinnte, zur Not am anderen Ende der Welt. Und wer für seine kruden Thesen Beifall bekommt, traut sich in der Regel, sie noch lauter und aggressiver zu vertreten.

Tatsächlich vernetzen sich rechte Bewegungen und deren Anhänger sehr stark international. Das hat das Forschungsprojekt »Networks of Outrage« ergeben, das Cornelius Puschmann für das *Alexander von Humboldt Institut für Internet und Gesellschaft* in Berlin geleitet hat.[17] Das wäre in Zeiten vor dem Internet logistisch deutlich schwieriger gewesen.

Außerdem macht den Menschen heute viel eher die Masse an Nachrichten, Quellen und Ablenkungsmöglichkeiten zu schaffen als ein Mangel an Vielfalt. Die Tatsache, dass der Tag nur 24 Stunden hat, von denen man erheblich viele arbeitend, schlafend oder essend zubringen sollte, zwingt einen dazu, viel stärker auszuwählen, welche Dinge man liest, schaut oder hört und für was keine Zeit bleibt. Früher las man eine größere Anzahl von Texten zu verschiedenen Themen in der abonnierten Tageszeitung oder versammelte sich vor dem Fernseher zur Tagesschau, dann blieb man bei irgendeiner TV-Sendung hängen, wandte sich wieder dem Alltag zu – oder einem guten Buch. Heute bombardiert einen das Netz mit so vielen Angeboten allein zu den eigenen Interessensgebieten, dass für anderes kaum noch Zeit bleibt. Und dann muss ja auch noch Freunden geantwortet, ein kluger Tweet oder Facebook-Kommentar verfasst oder ein Foto gepostet werden. Man stürzt sich also auf das, was verbindet, und ignoriert oder verdrängt das, was trennt. Für die Debattenkultur in der Demokratie ist das ein Nachteil.

Zudem ist der Ton allgemein rauer geworden. Nimmt man es schon in der E-Mail-Kommunikation nicht mehr so genau mit den Höflichkeitsformeln und verzichtet auf das »Sehr geehrter« und »mit freundlichen Grüßen«, verleiten die sozialen Netzwerke schon von ihrer Natur her zu bruchstückhafter Sprache und Verkürzungen. Der Sender drückt sich möglichst knapp aus, beschränkt sich auf das Nötigste, womöglich wegen unkomfortabler Tastaturen und Zeichenbeschränkungen. Der Empfänger kann die Botschaft aber leicht missverstehen. Die Emojis sind zwar erfunden worden, um diese Missverständnisse zu verhindern und als ein Versuch, Wörter zu sparen und Botschaften niedlich zu verpacken. Aber Kommunikation ist eben nun mal nicht nur, möglichst effizient das herüberzubringen, was man sagen will, sondern um richtig verstanden zu werden, kommt es ebenso sehr darauf an, wie man etwas sagt.

Es macht einen Unterschied, ob man sich mit seinem Gegner öffentlich auseinandersetzt in klarer Rede und mit guten Argumenten, oder ob man ihn mit einem Tweet abfertigt. Ein amerikanischer Präsident, der seinen Gefühlen auf 140 Zeichen offenbar unreflektiert freien Lauf lässt, dürfte eine gute Rechtfertigung für alle bislang noch im Stillen grummelnden Pöbler sein, es ihm nachzutun.

Etwas altmodisch könnte man sagen, das die digitale Welt Manieren braucht. Und sie braucht Respekt. Anstand, die innere Mahnung »Das tut man nicht«, muss auch eine Kategorie bei der Kommunikation in der Netzwelt sein. Was man vor allem nicht tut, ist die eigene Macht zum Schaden anderer auszuspielen. »Freiheit ist immer Freiheit des Andersdenkenden«, das sagte schon Rosa Luxemburg. Und die Andersdenkenden sind zuweilen unbequem. Aber sie können dabei helfen, eigene Denkschranken zu überwinden.

Die Rückkehr der Grenzen – der manipulierende Staat

Am 5. Juni 2017 schaffte es eine eher ungewöhnliche Meldung in die »Tagesschau«. Saudi Arabien, Bahrain, die Vereinigten Arabischen Emirate und Ägypten, hieß es da, hätten die Grenzen zum Nachbarstaat Katar geschlossen und diplomatische Kontakte abgebrochen. Flugzeuge blieben am Boden, die Börsen brachen ein. Katar unterstütze den Terrorismus und verbreite Propaganda, so begründete Saudi Arabien die Aktion. Nur wenige Wochen später wurde klar: Dem Schritt waren eine Reihe von Cyber-Attacken vorausgegangen. Angeblich steckten die Emirate dahinter, wie die *Washington Post* im Juli nach Informationen von US-Quellen berichtete. Hacker der dortigen Regierung hätten über die Nachrichtenagentur Katars falsche Meldungen platziert, die bei den Nachbarn Aggressionen geschürt hatten.

Cyber-Attacken dürften künftig häufiger und heftiger werden, und viele Staaten sind nicht ausreichend dagegen geschützt. Solche Angriffe kosten wenig und bergen für den Angreifer ein geringes Risiko. Deshalb wird derzeit überall auf der Welt digital aufgerüstet. »Die Schwierigkeiten, dem Verursacher etwas nachzuweisen, die Unklarheit internationalen Rechts in der digitalen Sphäre, die geringen Kosten der Angriffe und die Verletzlichkeit der Informationssysteme bestärken Staaten darin, eher Cyber-Attacken als andere aggressive Wege zu wählen«, schreibt Mariarosaria Taddeo, Wissenschaftlerin am *Digital Ethics Lab* des *Oxford Internet Institute* in einer Analyse für *Newsweek*.[18]

Andere Forscher des Internet Institutes haben Inventur gemacht. Sie erhoben für 28 Länder, welche Ressourcen sie einsetzen, um mit digitalen Mitteln Stimmung zu machen – man kann es auch Manipulation nennen. Und sie kommen zu dem Schluss: »Cyber-Armeen sind ein durchdringendes und globales Phänomen. Viele verschiedene Länder setzen viele Menschen und bedeutende Ressourcen ein, um öffentliche Meinung online zu managen und zu manipulieren, manchmal zielen sie auf die eigene Bevölkerung, manchmal auf die anderer Länder.«[19]

Während autoritäre Regime eher die eigene Bevölkerung beeinflussen wollten, richteten Demokratien ihre Anstrengungen eher auf andere Länder, so die Forscher aus Oxford. Beteiligt sei nicht nur das Militär; zunehmend beauftragten Regierungen private Firmen für strategische Kommunikation. Sie kommentierten in den sozialen Medien, setzten gefälschte Accounts ein, produzierten eigene Inhalte und zielten auf bestimmte Individuen. Die frühsten Versuche, auf digitalen Wegen Einfluss zu nehmen, seien übrigens von Demokratien unternommen worden. Schon lange bevor die Aktivitäten der amerikanischen NSA in Verruf geraten waren, hatte der Forscher und frühere Aktivist beim *Chaos*

Computer Club, Sandro Gaycken, als einer der Ersten in Deutschland immer wieder öffentlich darauf hingewiesen, dass digitale »information operations« beileibe keine Spezialität repressiver Regime sind. Tatsächlich wäre es eher verwunderlich, wenn die USA als Heimat der wichtigsten Tech-Schmieden und größte Militärmacht der Welt ausgerechnet die digitale Kriegsführung vernachlässigen würde.[20]

Es ist eine der Ironien der Digitalisierung. Während Cyber-Enthusiasten noch von einer im Wortsinne grenzenlosen Welt der Freiheit, Kommunikation und Entwicklungsmöglichkeiten träumten, bastelten Nationalstaaten bereits an Möglichkeiten, mit denen sie ihre Interessen auf noch perfidere Weise durchsetzen konnten. Möglichkeiten, für die man weder große Waffenarsenale noch Soldaten braucht. Ein paar Söldner mit entsprechendem Know How bringen einen schon recht weit. Der gebürtige Weißrusse Evgeny Morosov hat in seinem Internet-kritischen Buch »The Net Delusion« schon sehr früh vor dem Potential digitaler Mittel insbesondere für autoritäre Regime aller Art gewarnt.[21]

Bedrückend ist, dass Staaten die Potenz digitaler Waffen wieder vermehrt zur Expansion zu benutzen scheinen. Es geht ihnen nicht nur um ihre eigenen Interessen, sondern zunehmend darum, sie aggressiv jenseits ihrer Grenzen durchzusetzen. Weil dies nun nicht mehr zwingend mit Blutvergießen verbunden ist, halten es eine ganze Reihe von Regierungen offenbar für äußerst legitim, diese Form der Einflussnahme auszuüben. Und wenn sie schon Täter sind, müssen sie natürlich auch gleichzeitig dafür sorgen, nicht Opfer zu werden. Die digitale Verteidigung wird in den kommenden Jahren und Jahrzehnten immense Kräfte absorbieren. Das digitale

Wettrüsten hat längst begonnen.

Allerdings ist die Vorstellung, eine Welt ohne nationalstaatliche Grenzen sei freier als die gegenwärtige, ebenso naiv wie der Glaube, man könne nur prosperieren, wenn man eigene staatliche Interessen gegen alle anderen verteidigt, wie dies die Brexit-Befürworter im Sinn haben. Denn Grenzen bieten ihren Bürgern Schutz, und den braucht auch die Demokratie. Schon innerhalb der europäischen Union sieht man, wie verschieden die Mitgliedsländer Demokratie interpretieren, und das ist gut so. Ein starker oder schwacher Präsident, Mehrheits- oder Verhältniswahlrecht, Volksabstimmungen, veröffentlichte Steuererklärungen oder sogar eine Königin als Staatsoberhaupt eines demokratischen Gemeinwesens: Demokratie kann sehr unterschiedlich aussehen. Und um diese nationalen Eigenheiten zu schützen, braucht es zu einem gewissen Maß Grenzen.

Das sieht man auch an unterschiedlichen kulturellen Empfindlichkeiten. Während in den USA jedes Nacktbild als Pornografie klassifiziert wird, finden Deutsche nichts dabei, wenn zweijährige Mädchen auf Strandfotos keine Bikinioberteile tragen. In anderen Kulturkreisen gilt selbst das Zeigen von weiblichen Po-Rundungen als obszön. Freie Rede in den USA ist nicht gleich freie Rede in Deutschland. Und Symbole, die hierzulande verboten sind, weil sie Opfer nationalsozialistischer Herrschaft verhöhnen, gelten anderswo als skurrile Requisiten.

Es hat sich schon oft gezeigt, dass sich Gesellschaften nicht dadurch ändern, dass man ihnen fremde kulturelle Praktiken überstülpt. Modernisierung ist ein langwieriger Prozess der von innen kommen und von breiten Schichten der Bevölkerung getragen werden muss. Man sieht dies gut an der gänzlich undigitalen Rabenmutter-Diskussion, die sich in Deutschland nur langsam entschärft, während sie zum Beispiel in Frankreich oder den skandinavischen Ländern überhaupt nicht verstanden wird. Werden Veränderungen unter der Flagge der Macht durchgesetzt, gibt es Rückschläge. Die einen brandmarken dann Toleranz und Akzeptanz als »politische Korrektheit«, die anderen flüchten sich vor der als zu weit verstandenen Freiheit in starre Regeln und sektiererische Organisationen. Es ist deshalb nicht immer gleich Zensur oder ein Angriff auf die Freiheit, wenn Staaten Regeln für die Kommunikation im Netz aufstellen, um ihre Bürger vor diesem und jenem zu bewahren. Wer sich frei entfalten möchte, braucht geschützte Räume. Und wie diese Räume genau aussehen sollen, muss im demokratischen Prozess erstritten werden.

Die Zukunft der Demokratie – es geht um den Bürger

Bei all der Kritik an all den Problemen, die sich in den zurückliegenden Jahren herauskristallisiert haben, sollte aber eines nie in den Hintergrund geraten: Das Internet kann ein hervorragendes Werkzeug sein, wenn es um Bürgerbeteiligung, den Austausch von Informationen und Meinungen, um Transparenz und gesellschaftliches Engagement geht. Man muss dieses Instrument aber gestalten und darf es nicht einfach sich selbst überlassen. Insofern wäre es theoretisch wichtig, die Reihenfolge einzuhalten und vom Ende her zu denken: Erst gilt es, sich die Prinzipien der Demokratie zu vergegenwärtigen, dann sollte die Technologie ihnen angepasst werden – und nicht umgekehrt.

Natürlich läuft so etwas im richtigen Leben anders. Eine Technologie wird erfunden, entwickelt, erprobt, bewährt sich, und erst dann zeichnen sich ihre Nebenwirkungen ab, die bei der Digitalisierung allein wegen ihrer immensen Ausbreitung gewaltig sind. In diesem Fall hat das Ganze auch noch einen Geburtsfehler, denn die treibende Ideologie dahinter ist ein überzeichneter Individualismus, den man allzu leicht mit Demokratie verwechseln kann.

Das Gerede von Demokratisierung, das aus dem Silicon Valley über den Atlantik weht, kann schon seit einiger Zeit nicht mehr übertünchen, dass es den Antreibern des Netzes in erster Linie um Gewinnmaximierung und nicht um bürgerliche Freiheit, Fairness und Menschenrechte geht. Der radikale Freiheitsbegriff, der die amerikanischen Macher des Internets antreibt, habe nur noch wenig mit Menschen zu tun, schreibt SZ-Feuilletonchef Adrian Kreye, und deshalb auch wenig mit Politik und Demokratie. Kreye, der die Entwicklung des digitalen Lebens schon lange beobachtet, ist selbst enttäuscht darüber, welchen Weg sie genommen hat: »Aus der Maschine für gesellschaftlichen Wandel und Ideenaustausch wurde das geschlossene System eines Monopolkapitalismus, der längst keine Grenzen mehr kennt.«[22]

Alles, was den freien Warenverkehr und das Streben nach Gewinn einschränkt, um gesellschaftliche Interessen durchzusetzen, wird im Silicon Valley sehr häufig mit größtem Widerwillen betrachtet. Tim O'Reilly, der einst den Begriff Web 2.0 prägte und zu einem der Kritiker aus den eigenen Reihen geworden ist, fordert deshalb radikales Umdenken. Bislang optimierten Algorithmen die digitale Welt für Profite, sagte er in einem Gespräch. Es sei Zeit, dass Moral das Ziel werde, denn die Fähigkeit zum moralischen Handeln unterscheide den Menschen nicht nur von anderen Arten, sondern auch von Maschinen.

Aber Kritik an demokratisch entwickelter Politik wächst nicht nur da. Der Populismus keimt auch deswegen allerorten auf, weil die Bürger zunehmend desillusioniert über ihre Regierungen sind. Und dazu hat die Globalisierung beigetragen. Zunächst einmal ist die soziale Ungleichheit gewachsen. Unter dem Strich mögen die Armut gesunken, der Lebensstandard höher geworden sein – in welchem Ausmaß kann man an allerlei Statistiken des von Max Roser erfundenen und mittlerweile von der *Gates Foundation* geförderten Projekts »Our World in Data« eindrucksvoll ablesen.[23] Aber die Schere zwischen Arm und Reich öffnet sich besonders in den Industrieländern gewaltig. Die Verlierer von Globalisierung und Automatisierung sitzen häufig dort, wo früher eine Facharbeiter-Karriere ausreichte, um in einem Ballungsraum eine Familie zu ernähren, diese Option heute aber selbst Doppelverdiener-Familien nicht mehr offensteht.

Ein weiterer Faktor ist die Globalisierung der Information. Es ist ja, gemessen an materieller Ausstattung, nicht unbedingt so, dass es den Menschen in den entwickelten Gesellschaften dieser Tage schlechter geht als in den 60er oder 70er Jahren – Epochen, auf die sich die Unzufriedenen von heute oft berufen. Aber der Vergleich ist einfacher als früher, die Ansprüche sind gestiegen. Man sieht, wie es anderen geht und was alles möglich ist; genau da möchte man hin. Und man gibt sich nicht mehr so leicht zufrieden mit alten Rollenerwartungen und Klassengrenzen. Freiheit, Mitbestimmung, Wohlstand, Sicherheit – das sollte doch für alle gelten, nicht nur für die, die es sich leisten können.

Aus der Glücksforschung weiß man, dass es für die persönliche Zufriedenheit weniger entscheidend ist, was man in absoluten Werten besitzt, verdient oder nutzen kann, sondern wie sich das Eigene im Vergleich zum Nachbarn oder Freundeskreis verhält. Die Freude über eine

Gehaltserhöhung verebbt sofort, wenn man weiß, dass die Kollegen noch zehn Prozent mehr bekommen haben.

Wer sich also heute kein Auto, keinen (Zweit-)Urlaub leisten kann, den Kindern Markenkleidung versagen muss, kann sich deshalb durchaus arm fühlen, selbst wenn alle Familienmitglieder ein Smartphone besitzen und ein eigenes Zimmer haben, was in den 60er Jahren durchaus als Luxus gegolten hätte. Vor allem die unsicheren Perspektiven für die nächste Generation machen vielen zu schaffen. Die Gewissheit, den Kindern werde es einmal besser gehen als einem selbst, ist in den Mittelschichten westlicher Gesellschaften geschwunden. Und die großen Umbrüche auf dem Arbeitsmarkt stehen erst noch bevor. Die Schuldigen sind dann schnell ausgemacht: die Politiker, Staatsbediensteten, »die da oben«.

Samuel Greene, Direktor des *Russia Institute* am King's College in London, resümiert: »Sehr viele Wähler haben aufgehört, Regierungen als Werkzeug für die Produktion des Allgemeinwohls zu betrachten. Deshalb wenden sie sich Politikern und anderen zu, die ihnen wenigstens ein gutes Gefühl geben.«[24] Beim Medienkonsum gehe es deshalb genauso stark um Emotionen und Identität wie um Fakten.

Nur kann gute Politik eben nicht auf Emotionen aufbauen, sie muss sich an Fakten halten. Umso wichtiger ist es aber, den Bürgern auch mit Hilfe von Fakten das Gefühl zu geben, dass sie wichtig sind, mitbestimmen können, gehört werden. Die Digitalisierung kann wunderbar dabei helfen, Bürokratie besser zu organisieren, Anfragen schneller zu bearbeiten und Wünsche zu erfüllen. Und wenn Algorithmen Routineaufgaben übernehmen können, bleibt den Mitarbeitern »auf dem Amt« mehr Zeit, sich den Bürgern zu widmen, auch mal mit ihnen zu reden, ohne dass diese vorher stundenlang als Bittsteller in Warteschlangen ausharren müssen. Behörden müssen sich Transparenz verordnen und ihre Erfolgsbilanzen veröffentlichen. Elektronische Analytik arbeitet heute schnell heraus, wie lang Wartezeiten sind, wie viele Kunden bedient, wie viele Anträge bearbeitet worden sind. Warum dies nicht mal herausstellen und damit dem gefühlten »da geht gar nichts voran und niemand kümmert sich um mich« Fakten entgegensetzen. Behörden müssen Bürger so ernst nehmen, wie Firmen das mit ihren Premium-Kunden tun, ohne dass die Politik ihren Gestaltungsanspruch aufgibt.

Die Teilhabe an Planungsprozessen, zum Beispiel bei der Verteilung von öffentlichen Geldern, lässt sich sehr gut über digitale Kanäle verwirklichen. Auch Beteiligungs-Instrumente, die es schon lange vor der Digitalisierung gab, wie *participatory budgeting*, also Bürgerhaushalte, können über das Netz viel besser gemanagt werden. Dass nur sehr wenige Bürger solche Angebote tatsächlich nutzen, spielt dabei keine Rolle, aber es spielt sehr wohl eine, dass es sie gibt. Und auch die politischen Parteien können sich des Internets bedienen. Wenn Firmen es schaffen, mit Newslettern, Push-Mitteilungen oder über soziale Medien aggressiv um Kunden zu werben, können Parteien die eine oder andere dieser Methoden auch nutzen, um Bürger zum Engagement für Themen zu bewegen.

Denn das ist Voraussetzung für eine lebendige Demokratie: dass Bürger im Mittelpunkt stehen, nicht Maschinen. Das mag nicht jeder so sehen. Schon länger gibt es Gedankenspiele, dass Computersteuerung staatliches Handeln ersetzen könnte – sind Rechner doch viel effizienter und unparteiischer, als dies ein Bürokrat oder eine Politikerin je sein können. Adrian Lobe spricht sogar von der Möglichkeit eines computergestützten Kommunismus. In dieser perfektionierten Planwirtschaft sei jeder gleich, weil er auf seine Daten reduziert werde, meint Lobe. Die Herrschaft übe allerdings eine kleine Programmierelite aus.[25] Womit wir wieder beim Kern gelandet wären: Demokratie geht anders.

Die Kritik am Netz ist wichtig, um seine dunklen Seiten aufzudecken, aber sie ist erst der Anfang. Jetzt müssen Taten her. Und die können nur über jene Institutionen vermittelt werden, über die sich die Technologie-Konzerne gerne hinwegsetzen würden. Wie soll die digitale Welt gestaltet werden, so dass sie eine Welt für die Menschen ist? Diese Frage lässt sich in einer demokratischen Gesellschaft nicht mit Technologie beantworten. Das kann nur die Politik.

7 BEZIEHUNGEN –
ZIEMLICH VIELE FREUNDE

Um »ziemlich beste Freunde« geht es in der Welt der sozialen Medien nicht. Das ist zumindest der Eindruck, der sich einem aufdrängt. Wenn man den Erfolgsfilm mit dem gleichnamigen Titel zugrunde legt, bei dem sich ein querschnittsgelähmter reicher Franzose und sein Pfleger, ein schwarzer junger Mann aus dem Einwanderermilieu, gegenseitig in die Abgründe ihrer Leben schauen lassen, ist der durchschnittliche Facebook-Freund davon in etwa so weit entfernt wie ein Südseestrand von der Küste Großbritanniens. Auf Facebook und in anderen sozialen Netzwerken geht es vielen Nutzern augenfällig mehr um das Haben als um das Sein, um die Zahl derer also, mit denen man vernetzt ist, denen man seine Urlaubsbilder, die Fotos der Sprösslinge und ja, zuweilen auch mal ein paar Abgründe zeigen kann, aber weniger um die Tiefe einer Beziehung.

Das allein muss kein Problem sein. Denn es bedeutet nicht automatisch, dass Menschen, die viel im Netz unterwegs sind, keine besten Freunde in der realen Welt haben. Und es bedeutet schon gar nicht, dass sie beides nicht auseinanderhalten können. Man kann am Leben seiner tatsächlich besten Freunde über Facebook zumindest durch eine Art elektronischen Filter teilnehmen und raten, wie sie sich wohl fühlen mögen. Und die anderen, die flüchtigen Bekannten, kann man mit etwas Mühe ignorieren und hoffen, dass der Algorithmus die Nichtachtung kapiert. Dennoch verändert die digitale Welt Beziehungen, in Teilen zum Guten, in Teilen zum Schlechten.

Zum Guten, weil der ständige Echtzeit-Zugriff auf die eigenen Netzwerke die Möglichkeit eröffnet, sich mit viel mehr Bekannten – ob privat oder geschäftlich – auszutauschen und mehr Freundschaften zu pflegen als je zuvor. Man kann Entfernungen überbrücken und Personen kennenlernen, denen man offline nie begegnet wäre. Nicht selten trifft man sich irgendwann persönlich, wenn man online Gemeinsamkeiten entdeckt, Vertrauen gefasst oder zumindest berufliche Berührungspunkte gefunden hat. Es kostet deutlich weniger Überwindung, jemandem mal schnell eine Mail zu schreiben oder ihn unverbindlich auf LinkedIn oder Facebook anzufunken, als zum Telefonhörer zu greifen. Im Berufsleben kommt man, wenn man Kontakt zu höher angesiedelten Funktionsträgern sucht, auf diese Weise sehr viel häufiger als früher am gefürchteten Vorzimmer vorbei.

Und genau das ist der tiefere Sinn der »sozialen« Netzwerke: Die englische Bezeichnung »social network« meint mit »social« ja nicht, was das deutsche Wort »sozial« umschreibt. In der korrekten Übersetzung bezeichnet es geselliges Zusammensein in Gemeinschaft. »Soziale Netzwerke« in der Online-Welt sollen Verbindungen stiften und Menschen zusammenbringen (und dabei Profit generieren, diesen Aspekt sollte man nie vergessen). »Kontakte sind das Kapital der digitalen Ära«, so hat es einmal die Management- und Tech-Expertin Nilofer Merchant formuliert. Sie zum Beispiel hält ihr exklusives Netzwerk von ungefähr 500 Frauen, denen sie nach eigenem Bekunden vertraut, für die wichtigste Innovation in ihrem Leben.[1]

Aber Beziehungen verändern sich auch zum Schlechten. Das hat einerseits mit der schieren Menge an Kontakten zu tun, die man weder theoretisch noch praktisch sorgfältig pflegen kann. Andererseits aber sind auch hier die diversen Mechanismen der von Algorithmen getriebenen Welt am Werk, die in diesem

Buch an vielen Stellen erläutert worden sind. Das Thema Beziehungen eignet sich gut dafür, sie noch einmal zu rekapitulieren: Algorithmen belohnen Aufmerksamkeit. Derjenige, der sich im Bekanntenkreis besonders witzig, klug, ausgefallen, zeitgeistig präsentiert, wird viele Kontakte knüpfen; wer sich bedeckter hält, kann durchs Raster fallen. Das animiert viele Nutzer dazu, sich entsprechend darzustellen. Dem einen oder anderen liegt das, andere verspüren einen Druck zur Perfektion, der Einsamkeitsgefühle verstärkt. Wenn alle anderen scheinbar so klug, witzig, originell, schlagfertig sind, ist dann in dieser Welt noch ein Platz für mich? Für Bilder von verregneten Urlauben mit Familienknatsch gibt es auf Facebook oder Instagram keinen Markt. Für Langeweile schon gar nicht.

Zum anderen ist für den Algorithmus ein Mehr an Engagement immer mehr wert. Nutzer sollen schließlich möglichst viel Zeit in den Netzwerken verbringen, um dort viele Daten zu hinterlassen und Werbung vorgespielt zu bekommen. Das heißt auch, dass offline verbrachte Stunden bestraft, online verbrachte belohnt werden. Hinzu kommt der schon beschriebene Suchtcharakter der Geräte. Läuft eine neue Nachricht ein, ist die Sogwirkung gewaltig. Hat der Empfänger die Signaltöne auf seinem digitalen Gerät nicht deaktiviert, wird er, wenn es »Ping« macht, früher oder später kontrollieren wollen, wer etwas gepostet hat.

Man kann die Folge dieser ständigen »Rufbereitschaft« in Restaurants beobachten, in der U-Bahn und an vielen anderen öffentlichen Orten: Melden sich Bekannte und Freunde online über die WhatsApp-Gruppe, auf Facebook oder andere Kanäle, werden sie bevorzugt behandelt. Derjenige, der physisch bei einem sitzt und vielleicht gerade etwas Wichtiges erzählen wollte, muss zurückstehen. Das versetzt Freunde, Ehepartner, Kinder häufig in Alarmhaltung. Wenn man weiß, dass das Ping im Smartphone des anderen ein Gespräch jederzeit unterbrechen kann, wagt man sich nicht ganz so weit vor. Oder man wendet sich vom Freund oder Geliebten ab und seinem eigenen Gerät zu. Womöglich gibt es da schließlich Wichtigeres zu entdecken. Zum Beispiel eine neue Liebe?

Liebe im Zeitalter des Algorithmus

Als ein paar junge Männer um Sean Rad, Jonathan Badeen und Justin Mateen herum 2012 an der University of California die Verkuppelungs-App Tinder erfanden, war diese eigentlich als Kontakthilfe für Schüchterne gedacht. Wer die Ortungsfunktion auf seinem Telefon eingeschaltet und sich zuvor bei Tinder registriert hat, bekommt eine Auswahl von Menschen angezeigt, die sich in der Nähe aufhalten und zu Gesprächen oder mehr bereit wären. Je nachdem, ob sie einem zusagen oder nicht, wischt man deren Bilder nach rechts (gefällt mir) oder links (gefällt mir nicht). Wenn zwei sich gegenseitig sympathisch finden, steht der Kontaktaufnahme nicht mehr viel im Wege.

Heute ist Tinder mit 50 Millionen Nutzern weltweit die erfolgreichste Partnersuche-App, bei Millenials, also den nach dem Jahr 2000 geborenen jungen Menschen, führt sie mit weitem Abstand vor den gediegeneren und teureren Angeboten. Und für manch einen kommt sie dem Weltuntergang ziemlich nahe. »Ich nenne es Dating-Apokalypse«, wurde eine 29-Jährige in einem viel diskutierten Feature des amerikanischen Magazins *Vanity Fair* zitiert, das aus diesem Schreckensbild gleich die Überschrift der Story generierte.[2] Eine App, die das Liebesleben neuerdings so prägt wie der Wegwerf-Becher den Kaffee-Kult, kann das gut gehen für sensible Psychen im Besonderen und die Gesellschaft im Allgemeinen?

Einerseits ist es kein Wunder, dass ein Magazin-Artikel über Sex aus dem digitalen Selbstbedienungsladen ohne Bindung und Versprechen im prüden Amerika eine große Debatte auslöst. Der Jugend wird der Dating-Burnout vorhergesagt, Beziehungen und Bindungen seien im Zeitalter des nach rechts und links Wischens womöglich Auslaufmodelle, wird spekuliert. Andererseits gab es diese Debatte schon öfter. Und ein Trend lässt sich nicht ablesen. Denn auch die Gegenbewegung ist stark.

Es wird aufwändig und pompös geheiratet wie selten zuvor, Frauen nehmen in der Regel wieder stolz den Namen des Mannes an, als Jungfrau in die Ehe zu gehen ist nicht mehr unbedingt todpeinlich, und Sex auch nicht mehr das, was er mal war. Mehreren Studien der Fachzeitschrift *Archives of Sexual Behaviour* zufolge haben zum Beispiel junge Amerikaner tatsächlich weniger davon als alle Generationen zuvor in den vergangenen 30 Jahren. Wissenschaftler der San Diego State University hatten für diese Untersuchung fast 27.000 junge und ältere Erwachsene befragt. Ist das ein Widerspruch, oder hat das eine mit dem anderen womöglich etwas zu tun?[3]

Wissenschaftler meinen: Ja, es hat. Zunächst einmal verbringen junge Leute sehr viel Zeit vor dem Smartphone, die sie früher womöglich einem Partner gewidmet hätten. Überspitzt gesagt: Aus Langeweile muss niemand mehr Sex haben. Die Tatsache, dass Online-Pornografie leicht zugänglich ist, mag die eine oder den anderen abstoßen, andere aber genügsamer werden lassen, vermuten Forscher. Man kann sich ja alles jederzeit anschauen. Zur Statistik trägt außerdem bei, dass später geheiratet wird oder man (Mann?) zumindest die feste Bindung hinauszögert. Es könnte sich schließlich noch, siehe Tinder, etwas Besseres finden. Und Menschen in festen Partnerschaften sind nun einmal in Summe sexuell aktiver als Alleinstehende, auch wenn das Bild vom aufregenden Single-Dasein etwas anderes suggeriert.

Bieten Partnersuche-Apps also die technische Grundlage für die Vollendung jener sexuelle Revolution, von der die 68er Generation nie geträumt hat? Ja, endet zu viel Freiheit womöglich immer im Überdruss? Klar ist, dass die elektronischen Kennenlern-Helfer heute aus dem Leben von Singles nicht mehr wegzudenken sind. Sie gehören zu den am häufigsten eingeschlagenen Wegen, um einen Partner für eine Nacht, ein paar Jahre oder das Leben zu finden – oder, wenn man das will, einen Zweitpartner. Und die großen Portale wie Parship oder Match haben auch immer ein paar Psychologen parat, die darlegen können, dass Beziehungen, die mit Hilfe des Abgleichs von Daten gestiftet wurden, länger halten und stabiler sind als solche zwischen Menschen, die sich zufällig im Offline-Leben ineinander verliebt haben.

Selbst in Gesellschaften wie Indien, wo weiterhin sehr häufig traditionell die Eltern ihren Kindern die Partner suchen, vertrauen Mütter und Väter lieber auf Algorithmen als auf die eigene Menschenkenntnis. Und warum auch nicht. Die Auswahl ist einfach größer, und weil die Suchenden registriert sind und sich mit Fotos präsentieren müssen, ist womöglich auch die Zahl der unliebsamen Überraschungen kleiner.

Wissenschaftler sind allerdings in dem einen oder anderen Punkt skeptisch. Forscher der Universität

Wisconsin in Madison zum Beispiel ließen zwei Gruppen von jungen Studenten nach Partnern Ausschau halten. Die eine Gruppe bekam eine große Anzahl vorgeführt, die andere eine eher kleine Selektion. Das Ergebnis: Je größer die Auswahl an potenziellen Partnern war, desto unzufriedener die Suchenden und desto weniger haltbar die Beziehung.[4] Nicht nur werden Menschen über die Maßen wählerisch, wenn das Angebot groß ist, sondern sie geben auch nachgewiesen schneller auf, so ihr Resümee. Warum lange und mit Mühe an einer Beziehung arbeiten, wenn man weiß, dass es andere potenzielle Partner gleich um die Ecke gibt? Und wer weiß, vielleicht findet man ja doch noch Mr. oder Ms. Perfect.

Wer als solcher oder solche gilt, darüber wissen Wissenschaftler übrigens heute mehr, den Daten von Partnerbörsen sei Dank. Eine besonders hohe Kreditwürdigkeit – in den USA gemessen als *credit score* – ist bei der Wahl von potenziellen Liebespartnern Auswahlkriterium Nummer eins, wie mehrere Studien ergaben.[5] In einer Umfrage rangierte finanzielles Verantwortungsbewusstsein noch vor Humor, Attraktivität, Ehrgeiz, Mut und Bescheidenheit.

Die von Algorithmen getriebene Partnersuche beeinflusst aber nicht nur das persönliche Liebes- und Beziehungsleben des Einzelnen. Sie hat auch gesellschaftliche Auswirkungen, vor allem finanzieller Art. Denn Omas Weisheit, dass sich Gegensätze anziehen, wird durch die Online-Anbahnung noch stärker ausgehebelt, als dies zuvor schon der Fall war. Software schaufelt den Suchenden praktisch immer Partner zu, die sich von Status und Herkunft her ähneln. Schon in der Offline-Welt geht der Trend in diese Richtung: War Arzt-Krankenschwester früher noch eine beliebte Paarkombination, ist heute Arzt-Ärztin die deutlich häufigere Variante.

Das hat den Vorteil, dass kluge Frauen auf dem Partnermarkt nicht mehr als schwer vermittelbar gelten. (Weniger kluge Männer dagegen schon eher.) Außerdem gelten Verbindungen als dauerhafter, in denen beide Partner aus einem ähnlichen gesellschaftlichen Umfeld kommen. Wissenschaftler haben dies allerdings als eine Entwicklung ausgemacht, die finanzielle Ungleichheiten in bisher so nicht gekannter Art zementiert. Denn auf diese Weise verbünden sich jeweils Menschen, die in etwa denselben sozialen Schichten entstammen. Auf der einen Seite wachsen so Vermögen und Wohlstand, auf der anderen kommen Paare finanziell nicht aus dem Tal heraus.[6] Die Klassengesellschaft festigt sich.

Womöglich wird Partnerschaft künftig aber weniger wichtig, und das könnte die radikalere Auswirkung der neuen Technologien sein. Schließlich kreist vieles in der ständig vernetzten On-Demand-Welt so stark um die eigenen Bedürfnisse und Vorlieben, dass manch einer es als eher lästig empfinden könnte, sich mit den Bedürfnissen eines oder einer Geliebten auseinanderzusetzen. Die Ehe als Versorgungsgemeinschaft hat in vielen Gesellschaften schon ausgedient, und die Ansprüche aneinander wachsen. Bevor man sich mit dem Dritt- oder Viertbesten abgibt, bleibt man lieber alleine, umgibt sich mit liebevoll zugewandten Freunden oder interessanten Bekanntschaften und lässt den Druck an sich abperlen, auf jeden Fall den Mann oder die Frau fürs Leben finden zu müssen.

Es könnte sogar sein, dass der eine oder andere künftig einen Roboter als angenehmen Lebenspartner erleben wird, auch und vielleicht sogar vor allem für den Sex. Bei der Vorstellung mag es manch einen schütteln, aber so weit hergeholt ist das nicht. Es wird schon intensiv gearbeitet an allerlei Modellen, die sich ansprechend warm anfühlen, über Sensoren auf Berührung reagieren und Orgasmen simulieren. Sie haben Namen wie »Suzie Software«, »Harry Harddrive«, oder für den zarter besaiteten Menschen schlicht »Harmony«. Mit einer Investition zwischen 5.000 und 15.000 Dollar – also irgendwo zwischen Luxus-E-Bike und Kleinwagen – ist man dabei.

Wissenschaftler von der *Foundation for Responsible Robotics* haben in einer Studie festgestellt, dass viele Menschen durchaus offen dafür wären, sich von einem Roboter befriedigen zu lassen – vor allem, wenn er oder sie einem Menschen nachempfunden ist.[7] Umfragen dazu ergäben zwar stark unterschiedliche Werte und seien deshalb nur begrenzt aussagefähig, so die Autoren, aber sie wiesen zumindest auf einen robusten Markt hin. Die Forscher zitieren eine Befragung von 1.002 Briten, nach der 17 Prozent mit einem Roboter auf ein Date gehen würden und sogar 26 Prozent, wenn dieser genau wie ein Mensch aussähe. Sex mit Robotern können sich vor allem Männer vorstellen.

Eröffnen solche mit Gummi umhüllten Sex-Maschinen ganz neue Freiheiten? Die Wissenschaftler sehen das so, zumindest teilweise. Menschen, die als Sexualpartner nicht so gefragt sind oder keine Gelegenheiten haben, sie zu finden, weil sie zum Beispiel in Heimen leben, sehr alt, behindert oder dement sind, könnten auf diese Weise körperliche Befriedigung empfinden. Die Mensch-Maschinen wären also Therapie-Werkzeuge. Auch würden möglicherweise weniger Männer zu Prostituierten gehen; Roboter-Bordelle sind vorstellbar. Allerdings, und das ist die negative Interpretation, wird Sex dadurch endgültig zu einem Konsumartikel, einem Verlangen, auf dessen Erfüllung man ein Anrecht hat.

Man könne eine noble Absicht in die Produktion von
Sex-Robotern hineininterpretieren, sagt die *Guardian-*

Kolumnistin Suzanne Moore, zumindest dann, wenn man sexuelle Erfüllung als ein Menschenrecht betrachte. Die Realität sei aber ernüchternder. Denn die meisten Sex-Puppen seien Frauen nachempfunden, die von Männern gekauft werden sollen.[8] Die dienende, anspruchslose Silizium-Frau, die je nach Wunsch in blond oder brünett mit großen oder kleinen Brüsten geliefert werden kann, ist schließlich das Sex-Objekt schlechthin. Warum sich noch mit komplexen weiblichen Bedürfnissen beschäftigen, wenn die Puppe einem doch zeigt, dass es offenbar ganz einfach geht? Es gehört nicht viel Fantasie dazu sich auszumalen, dass sich Geschlechter-Stereotype auf diese Weise vertiefen und es Männern und Frauen schwer machen, noch mit echten Menschen des anderen Geschlechts und all ihren Eigenheiten umzugehen.

Außerdem dürfte zuweilen die große Ernüchterung folgen. So wie sich der eine trotz 500 Facebook-Freunden einsam fühlen kann, mag der andere nach dem Sex mit dem Roboter erst recht eine Leere verspüren. Konsumforscher erklären schon lange, dass Selbstbedienung nicht zufrieden macht. Wer alles hat oder ohne Anstrengung jederzeit bekommen kann, verliert sich leicht im Überdruss. Hinzu kommt ein anderer Aspekt: Der Mensch wird betrogen, und tief drinnen weiß er das. Denn natürlich kann der Humanoid nichts fühlen, er kann es aber vortäuschen, wenn er entsprechend programmiert ist. Der Mensch mag sich also der Illusion hingeben, eine verständnisvolle Partnerin gefunden zu haben. Aber in Wahrheit ist er nicht mehr als ein Nutzer, allein wie eh und je.»Sex mit Robotern könnte oder wird zu sozialer Isolation führen«, schreiben die Forscher der *Foundation for Responsible Robotics*.

Gleichzeitig besteht wie überall, wo Menschen und Maschinen interagieren, die Gefahr, dass Daten über

Verhaltensweisen dorthin gelangen, wo sie nichts zu suchen haben. Sexualität gehört zu den intimsten und deshalb schutzwürdigsten Bereichen menschlicher Existenz. In Umfragen wird selten so viel gelogen wie bei diesem Thema. Und das ist gut. Denn wer wann wie mit wem auch immer verkehrt, geht niemanden etwas an, solange keine physische oder psychische Gewalt im Spiel ist. Sex-Roboter sind aber wie jedes andere digitale Gerät transparent, was die Vorlieben und Praktiken ihrer Nutzer angeht. Forscher mögen sich über neue Datenschätze zur Erforschung menschlicher Sexualität freuen, es ist jedoch eine Sache der Würde, sie nicht zu erheben.

Ob Sex-Roboter die Welt sicherer machen könnten, weil sie potenzielle Gewaltverbrecher von Vergewaltigung oder Missbrauch abhalten, ist unter Wissenschaftlern umstritten. Einerseits könnten sie womöglich Bedürfnisse befriedigen, andererseits aber auch erst recht Verlangen wecken und die Hemmschwelle für Taten in der realen Welt senken. Eine hochbrisante Frage ist zum Beispiel: Dürften Sex-Roboter wie Kinder aussehen? Ein Kunde in Neufundland hatte eine solche Puppe aus Japan geordert – dort werden sie offensichtlich ohne Probleme produziert –, der kanadische Zoll konfiszierte sie. Im Sommer 2017 lag der Fall vor den Richtern. Es ist eine weitere der vielen ethischen Fragen, über die Diskussionen gerade erst begonnen haben.

Eltern und Kinder – voneinander lernen

Wer Kinder großzieht, dem kann in der digitalisierten Gegenwart schon schwindlig werden. Einerseits dann, wenn man seine Teenager dabei beobachtet, wie sie mit größter Selbstverständlichkeit Videos schneiden, hier noch ein Intro, da noch einen Effekt hinzufügen, endlos in die Kamera quatschen und das Ganze dann mit dem Selbstbewusstsein eines Star-Regisseurs auf YouTube hochladen, mal sehen, ob dieses Mal ein Blockbuster draus wird – 50 Likes reichen manch einem schon, damit sich das so anfühlt. Andererseits kann es einem auch ganz anders werden, wenn man sich all die Literatur anschaut, die einen davor warnt, den Jungen und Jüngsten zu viel Bildschirmzeit zu gestatten.

Das Smartphone beziehungsweise die überwiegend darauf genutzten Apps machten unglücklich, zerstörten die Kreativität, komplexes Denken und begünstigten Unselbstständigkeit und Einzelgängertum. Ständiger Zugang zu Pornografie und Gewalt in Bild und Ton lasse Kinder und Jugendliche im besten Fall abstumpfen, im schlechtesten blieben sie traumatisiert zurück, und die Eltern merkten das noch nicht einmal. Dass Tech-Größen wie einst Steve Jobs und seine Zeitgenossen ihre eigenen Kinder angeblich von den selbst geschaffenen Geräten fernhielten und -halten – zumindest wird das immer wieder so kolportiert –, verstärkt das ungute Gefühl, das vor allem die gebildeteren unter den modernen Eltern verfolgt.

So werden also Internet-Sperren installiert, Bildschirm-Zeiten vereinbart und gebrochen, es wird über Flatrates und neue Handys gestritten. Und immer wieder gibt es dann ein Buch oder ein Essay, das den Erwachsenen Argumentationshilfen liefert. »Have Smartphones Destroyed a Generation?«, fragte die Psychologin Jean Twenge im September 2017 in dem für seine starken Essays bekannten amerikanischen Magazin *The Atlantic*, und das Fragezeichen im Titel kann man eher als stilistisches Mittel werten, denn natürlich kommt Twenge zu dem Schluss: Sie haben.[9]

Twenges Forschung fördert interessante und beunruhigende Erkenntnisse zutage. Sie erforsche seit 25 Jahren Unterschiede zwischen den Generationen und normalerweise zeichneten sich Veränderungen graduell ab, schreibt sie. Aber um 2012 herum, also dem Zeitpunkt, als mehr als die Hälfte aller Amerikaner ein Smartphone besaßen, hätten sich die Werte radikal verändert. Die heutigen Teenager lebten physisch sicherer als je zuvor. Sie verunglückten seltener mit dem Auto, tränken weniger Alkohol und würden seltener ungewollt schwanger als die Generationen zuvor. Psychologisch seien sie aber viel verletzlicher als noch die Millenials. Die Fälle von Depressionen und Selbstmord unter Teenagern seien drastisch angestiegen. »Es ist keine Übertreibung, die iGen am Rand der schlimmsten psychischen Krise seit Jahrzehnten zu beschreiben. Viel davon lässt sich auf ihre Telefone zurückführen«, schreibt Twenge.

Alles Unsinn, widersprechen andere, Twenge bilde Korrelationen, wo keine seien, und zitiere nur die Forschung, die ihr in den Kram passe. Wirkliche Belege, dass Smartphone die Psyche schädigten, gäbe es nicht. »Ich schätze, die Kids werden in Ordnung sein«, schreibt die Psychologin Sarah Cavanagh.[10] Und auch Danah Boyd, Forscherin bei Microsoft, in Harvard und an der New York University ist entspannter. »It's Complicated«, es ist kompliziert, nennt sie ihre große Recherche über das Leben vernetzter Teenager, in der – was selten genug geschieht – die Besprochenen selbst zu Wort kommen. Sie hat für ihr Buch 166 Interviews mit amerikanischen Jugendlichen aus verschiedensten Gegenden und sozialen Umfeldern des Landes geführt.[11] »Im Großen und Ganzen« seien die Kids in Ordnung und resilient, schreibt sie als Fazit. Sie benutzten die Technologie eher, um ihre

Ziele und Wünsche zu verwirklichen, als sich von ihr vereinnahmen zu lassen.

Aber auch wenn man die Entwarnung so stehen lässt, verändern Smartphones das Verhältnis von Eltern zu Kindern drastischer, als es der Einzug des Desktops in Wohn-, Schlaf- oder häusliche Arbeitszimmer getan hat. Man muss nur an einem x-beliebigen Nachmittag durch die Straßen streifen und Kinderwagen schiebende Mütter und Väter sehen. Eine Hand am Wagen, womöglich das jüngste Kind vor den Bauch geschnallt, den Blick auf das Telefon gerichtet – dieses Bild bietet sich einem dieser Tage häufiger als das einer Mutter, die mit ihrem noch sprachlosen Säugling auf diese unnachahmliche Weise ins Gespräch vertieft zu sein scheint. Und ja, man erinnert sich, Tage mit Babys können sich hinziehen wie Kaugummis, sie können erschöpfend und einsam sein. Wie schön, wenn einem da das Mobiltelefon einen Draht zur Außenwelt bietet und ein paar intellektuelle Impulse bereithält.

Die MIT-Psychologin Sherry Turkle warnt jedoch vor diesen Situationen, in denen Eltern anwesend und doch abwesend sind. Kinder lernen über den Blickkontakt zu Eltern, Gesichtsausdrücke zu lesen, Stimmungen wahrzunehmen und Empathie zu entwickeln. Wenn Mutter oder Vater auf den Bildschirm starren statt auf ihr Kind zu reagieren, werde sich auch das Kind abwenden, sagt Turkle. Und es wird dann möglicherweise später im Leben Schwierigkeiten damit haben, Gesichtsausdrücke von anderen zu deuten. Lieber kürzer auf den Spielplatz gehen, empfiehlt sie, und dafür das Telefon daheim lassen.

Gleichzeitig sind die Beziehungen zwischen Eltern und Kindern viel häufiger von übertriebener Fürsorge geprägt als früher. Das Wort Helikopter-Eltern gehört mittlerweile zum allgemeinen Sprachgebrauch. Die Möglichkeit, ständig mit dem Sprössling verbunden zu sein heißt auch, dass die meisten Eltern sie nutzen. Sie werden unruhig, sobald der Kontakt auch nur stundenweise abreißt, wollen ständig über alles informiert werden, an allem einen Anteil haben. Kinder können heute ihren Eltern gegenüber genauso verschwiegen sein wie früher. Aber es ist ein Leichtes für Mütter und Väter, je nach Vorliebe auf Youtube, Instagram oder Facebook nachzuvollziehen, was das Kind treibt und was es beschäftigt, womöglich auch, mit welchen Freunden es sich umgibt. Teenager mögen für ein Auslandsschuljahr ans andere Ende der Welt ziehen; das in vielen Fällen beiderseitige Bedürfnis, sich ständig einander in Text, Bild und Ton zu vergewissern, bleibt.

Ob die Beziehungen zwischen Eltern und Kindern im Großen und Ganzen inniger werden, wenn der Abnabelungsprozess sich hinzieht oder gar ausfällt? Ob die Vernetzung die Familienbande eher stärkt? Gut möglich, aber dazu kann es noch keine Erkenntnisse geben. Eines scheint sich aber herauszukristallisieren: Mit dem Gefühl, alles per Knopfdruck regeln und sich jederzeit Hilfe holen zu können, sinkt die Risikofreude. Kaum taucht ein Problem auf, werden Mama oder Papa angefunkt, gerne auch mitten in der Nacht. Hat man früher seinen Eltern so manches Abenteuer aus guten Gründen verschwiegen, werden die Erwachsenen jetzt ohne weiteres einbezogen – was man natürlich als Vertrauensbeweis werten kann.

Allerdings: Junge Menschen wachsen an der Erfahrung, Schwierigkeiten aus eigener Kraft gemeistert zu haben. Je häufiger sie das erleben, desto stärker reift ihr Selbstvertrauen. Es macht sie fit für die nächste Herausforderung, sie werden mehr wagen. Wer es gewöhnt ist, immer die Mutter oder mindestens eine App zur Hand zu haben, wenn eine Frage oder Hürde auftaucht, wird dieses Gefühl nicht entwickeln können. Umgekehrt ist es auch für Eltern wichtig, sich von ihren Kindern abzunabeln. Wer erlebt, wie sein Kind voller Selbstvertrauen ins Leben hinausgeht, wird ruhiger schlafen und sich nach der Familienphase auch wieder vergnügt eigenen Interessen zuwenden können. Das tut in der Regel mindestens einem selbst und der Partnerschaft gut, manchmal auch den Organisationen oder Projekten, denen man seine Energie nun wieder stärker widmen kann.

Zumal die ständige Vernetzung von Eltern und Kindern nicht unbedingt bedeutet, dass man auch emotional stärker miteinander verbunden, intensiver im Gespräch miteinander ist. Im Zeitalter der Apps lebten Eltern und Kinder häufig vor allem nebeneinander her, ein jeder mit seinem Telefon beschäftigt, glauben die Psychologen Howard Gardner und Katie Davis, die umfangreich zu dem Thema geforscht und für ihr lobenswert abwägendes Buch über die »App Generation« zusätzlich viele Studien ausgewertet haben.[12] Das mag allerdings immer noch besser sein, als in Familien aufzuwachsen, die von Dominanz und Unterdrückung geprägt sind, denn auch das gibt es noch reichlich.

Gardner und Davis haben sich vor allem damit beschäftigt, wie die neue Welt die Identität, die Nähe in Beziehungen und die Kreativität von Kindern und Jugendlichen beeinflusst. Ihr Urteil ist differenziert. Apps – für sie der Oberbegriff für digitale Lösungswege – könnten sowohl ermächtigen als auch abhängig machen, schreiben sie, es komme ganz auf den Charakter an. »Wir glauben aber, dass mehr und mehr junge Leute App-abhängig als durch Apps ermächtigt sind.« Auf Erwachsene trifft das ebenso zu, möchte man hinzufügen. Denn oft sind es die Eltern, die am Esstisch das Telefon hervorziehen, um diese und jene Frage noch schnell zu klären. Noch einmal sei hier Sherry Turkle zitiert, die als sehr praktikable Technik empfiehlt, »heilige Orte« wie die Küche, das Auto oder den Essplatz zu schaffen, an denen die Gadgets keinesfalls benutzt werden dürfen. Die nächste spannende Frage ist allerdings, wie sich Kinder entwickeln, wenn sie von klein auf mit Robotern aufwachsen. »Was wird es mit Kindern machen, wenn sie digitale Diener haben, die sie herumkommandieren können?«, fragt Rachel Metz in der *MIT Technology Review*.[13] Sie beobachtet ihre vierjährige Nichte Hannah dabei, die Amazons Sprachassistenten Alexa in ihrem Kinderzimmer hat und ihm jederzeit auftragen kann, ihr Lieblingskinderlied abzuspielen. Davon abgesehen, dass Kleinkinder nicht zur Geheimhaltung neigen und Menschen auf diese Weise von den ersten Atemzügen an mit einer Abhörwanze erster Klasse aufwachsen: Wie wird es das Sozialverhalten beeinflussen, wenn immer jemand da ist, der Wünsche erfüllt? Macht es unselbstständig, verleitet es dazu, andere zu terrorisieren?

Es könnte aber auch disziplinierend wirken, wenn man den Roboter freundlich ansprechen muss, um das Gewünschte zu bekommen. Vor allem kleine Kinder neigen Forschern zufolge dazu, den Geräten Gefühle zuzuschreiben, wie sie das schon von jeher mit ihren Puppen oder Stofftieren gemacht haben. Vielleicht verhalten sich die Kinder, die mit elektronischen Dienstboten aufwachsen, also generell höflicher, lernen wieder jene Kommunikationsformen, die uns im Whatsapp-Zeitalter gerade abhandenkommen. Und vielleicht werden sie insgesamt davon abgehalten, sich danebenzubenehmen, wenn sie sich unbeobachtet fühlen. Denn de facto werden sie das nie mehr sein.

Womöglich entspannen Roboter auch das Verhältnis zwischen Eltern und Kindern. Denn die digitalen Assistenten können jede Menge Zeugs erledigen, für das früher Mutter, Vater oder Oma bemüht wurden. Skeptiker könnten nun sagen, dass es genau diese Aushandlungsprozesse sind, in denen Kinder lernen, Grenzen wahrzunehmen und Wege zu finden, wie man sie ein Stückchen zu seinen eigenen Gunsten verschiebt, ohne die andere Seite dabei zu sehr zu verletzen. Man nennt das Erziehung. Aber Erziehung, das wissen alle Eltern, raubt oft auch unendlich viel Kraft, die man lieber in schöne gemeinsame Erfahrungen stecken würde. Ganz sicher lassen sich Roboter allerdings irgendwann je nach bevorzugtem Erziehungsstil programmieren. Die Geräte sind schließlich immer nur so gut oder böse wie die Menschen, die ihnen die Codes verpassen.

Was für Eltern heutzutage positiv ist, wenn sie es denn zulassen: Sie können sehr früh von ihren Kindern lernen. War das Verhältnis zwischen den Generationen früher klar, weil die Älteren den Jüngeren oft bis weit hinein ins Teenageralter eine Menge an Erfahrung voraushatten, können die Kinder ihren Eltern und Großeltern nun sehr häufig das eine oder andere beibringen. Sei es, weil sie die Hardware intuitiv verstehen, weil sie eine neue, superpraktische App gefunden haben oder weil sie im Netz in Windeseile Lösungen für Probleme finden. Es tut beiden Seiten gut, wenn die Machtverteilung zwischen Lehrenden und Lernenden sich gelegentlich umkehrt. Die einen üben Verantwortung, die anderen das Loslassen und das Annehmen von Neuem.

Das trifft übrigens auch für Schulen, Universitäten und am Arbeitsplatz zu. Lehrer, Professoren, Chefinnen und Chefs müssen sich darauf einstellen, dass die nachwachsende Generation in einigen Bereichen mehr weiß als man selbst. Wohl dem, der souverän genug ist, das nicht nur auszuhalten und sich daran zu freuen, sondern es auch zu nutzen. Die Zeiten, in denen man Autorität allein durch Seniorität erwarb, hat es möglicherweise nie gegeben. Sie sind aber nun endgültig vergangen.

Wer wird noch Chef? – Führen und geführt werden in der digitalen Welt

Über Führungskultur in der digitalen Welt gibt es tonnenweise Literatur, praktisch jeder Coach versucht sich an einem Vortrag oder Buch dazu. Und das Thema verspricht Aufmerksamkeit. Den Alltag in einer Firma kennt schließlich fast jeder; nicht wenige wollen in Unternehmen Karriere machen und fragen sich, wie sie das anstellen sollen. Die Hierarchie sei tot, lesen sie dann, Verantwortung werde geteilt, projektweise verliehen, Statussymbole verlören ihre Legitimation und ihren Reiz. Und wer möchte das nicht sein: die Chefin oder der Chef neuen Typs, die kollegial führt, Hierarchien abbaut, auf alle Unwägbarkeiten souverän reagiert und auch mit den angeblich so anspruchsvollen Millenials gelassen umgehen kann.

Ein knappes Jahrhundert nach Erfindung der Mitbestimmung – die Einrichtung von Betriebsräten wurde 1919 in der Weimarer Reichsverfassung verankert – hat zumindest Mitsprache wieder Konjunktur. In Firmen wie Haufe Umantis, einem Personalmanagment-Software-Spezialisten, wählen die Mitarbeiter sogar ihre Chefs – und im Zweifel wieder ab. Ein Buch mit dem Titel »Das demokratische Unternehmen«, zusammengestellt nach einer gleichnamigen Konferenz an der sonst eher konservativen und technikorientierten TU

München, wurde 2015 sogar zum Wirtschaftsbuch des Jahres gekürt.[14] Stellt die Digitalisierung also wirklich die Beziehungen zwischen Mitarbeitern und ihren Führungskräften auf den Kopf? Man kann skeptisch sein. Zunächst einmal teilt schon von jeher ein bemerkenswerter Graben die Welt des Managements in Theorie und Praxis. Seit Jahrzehnten arbeiten sich Wissenschaftler an der Frage ab, wie gute Führung aussieht, und sie kommen zu eindeutigen Ergebnissen. Unternehmen mit Chefs und Chefinnen, die zuhören können, das eigene Ego zugunsten einer Überzeugung und Strategie zurückstellen, bescheiden im Auftreten und eher weniger charismatisch sind, schneiden in Langzeitvergleichen regelmäßig besser ab als solche, die von mitreißenden, eher selbstbezogenen CEOs geführt werden.[15] Soweit die Theorie.

Aber wenn es um die Besetzung von Top-Jobs geht, tappen die Entscheidungsgremien immer wieder in die gleiche Falle. Genommen wird derjenige, und es ist bekanntlich in den allermeisten Fällen ein Er, der sich nach jahrzehntelang gepflegten Standardkriterien am überzeugendsten präsentieren kann. Es ist kaum vorstellbar, dass sich dies in einer Welt ändern wird, in der die eigene Marke poliert werden muss wie ein Sportwagen, damit man in der Masse wahrgenommen wird. Zu oft misslingt solchen »klassischen« Kandidaten dann ein Entwicklungsschritt, den jede gute Führungskraft gehen muss: jener vom Chefwerden zum Chefsein – zwei Zustände, die in der gegenwärtig bevorzugten Führungskultur sehr unterschiedliche Verhaltensweisen und Eigenschaften erfordern.

Muss man beim Chefwerden vor allem selbst glänzen, um auf sich aufmerksam zu machen (fleißig herausragende Arbeit abzuliefern hat bekanntlich noch nie gereicht), bedeutet Chefsein vor allem, Beziehungen zu managen. Und das gilt ganz besonders für Führung in der digitalen Welt. Denn tatsächlich fordert die Digitalisierung ausgerechnet jene Eigenschaften, die beim Top-Personal alter Schule häufig besonders schwach ausgeprägt sind. Man kann sie unter dem Begriff soziale Intelligenz zusammenfassen. Warum ist das so?

Verschiedene Trends werden den Alltag in Firmen künftig stärker prägen als in der Industriegesellschaft, die von Arbeitsteilung, Hierarchien und Effizienz dominiert war und ist. Der wichtigste ist: Technologien und Märkte verändern sich rasant; das erfordert höchste Flexibilität aller Seiten, aber auch Kreativität, denn die Veränderungen wollen erkannt werden. Flexibilität ist bekanntermaßen anstrengend, für Kreativität braucht man Freiheit. Chefinnen und Chefs müssen ihren Mitarbeitern deshalb vor allem eines bieten: Sie müssen ihnen Halt und eine sichere Basis sein, damit sie sich nicht inmitten all des Wandels verloren fühlen, und sie müssen ihnen die Freiheit lassen, etwas auszuprobieren, Verantwortung zu übernehmen, ja auch Fehler zu machen und zu scheitern. Und wenn das passiert, muss die Führungskraft hinter ihnen stehen.

Das fällt so manch einem Manager schwer, der es sich bequem in hierarchischen Räumen und Ritualen eingerichtet hat. Denn wenn Prozesse ständig in Frage gestellt werden, muss man sich womöglich zuweilen selbst in Frage stellen. Und wenn man viel Verantwortung wegdelegiert, könnte die unangenehme Frage auftauchen, ob das eigene Top-Gehalt dann noch gerechtfertigt ist. Verlustängste treiben nicht wenige um, die sich an Statussymbole gewöhnt haben – ja die ihnen womöglich ein Anreiz waren, sich für die Karriere so richtig ins Zeug zu legen. Außerdem kommt es unter verstärkter Unsicherheit erheblich darauf an, seine Mitarbeiter mehr als Menschen denn als reine Funktionsträger zu sehen mit all ihren Ängsten und Bedürfnissen nach Wertschätzung, aber auch mit ihrem Potenzial.

Nun war das noch nie ein Fehler, im Gegenteil, es hat schon immer zu guter Führung gehört. Aber gute, also menschliche Führung ist nicht zwingend notwendig, wenn es einfach darum geht, auf definierten Wegen von A nach B zu kommen. In Zeiten, die von Volatilität und Anpassungsdruck geprägt sind und dennoch häufig radikal neue Antworten erfordern, ist sie Voraussetzung. Wir erinnern uns an das erste Kapitel in diesem Buch: In der digitalen Welt brauchen Menschen besonderen Halt und Orientierung, speziell an Werten, wenn sie Freiheit als positiv und nicht als ein schwarzes Loch erleben sollen, in dem man sich verlieren kann.

Die Gefahr besteht jedoch, dass der Graben zwischen Führungs-Theorie und Führungs-Praxis auch in der digitalisierten Welt bestehen bleiben, sich womöglich sogar noch vertiefen wird. Dann nämlich, wenn Unternehmenslenker und -lenkerinnen, Bereichs- und Abteilungsleiter all jene Werkzeuge, die ihnen nun zur Verfügung stehen, nutzen, um Effizienz und Kontrolle zu steigern, statt damit ihre Mitarbeiter zu ermächtigen. Denn natürlich wird es künftig ein Leichtes sein, jegliche Tätigkeit oder Untätigkeit des Beschäftigten sekundengenau zu erfassen.

Die vermeintlich große Freiheit im Homeoffice ist schon heute vielerorts keine, weil Firmen sehr gut kontrollieren können, wer sich wann und wo einloggt und was dann dabei herauskommt. Statt an der längeren Leine werden *remote worker*, wie sie auf Englisch heißen, auf diese Weise an einer sehr kurzen Leine geführt

– und das Wort ist bezeichnend, denn die *remote control* ist bekanntlich die Fernbedienung.

Aber diese Fernbedienung kann nicht erfassen, welche Produktivität in einer Unterhaltung in der Kaffeeküche oder auf dem Weg zum Lunch steckt. Welche Ideen Mitarbeiter beim Lesen eines Romans entwickeln, oder was ihnen einfällt, wenn sie durch die Landschaft joggen, Kühe betrachten, ehrenamtlich arbeiten oder einfach nur beim Bahnfahren aus dem Fenster schauen. Auch in der digitalen Welt wird noch lange nicht alles messbar sein, zumindest nicht in Zahlen. Denn manchmal sind jene Beschäftigten, die ein Team mit guter Laune motivieren, genauso wertvoll wie die geschickten Handwerker oder die Visionäre. Jeder Fußballtrainer weiß das: Zu einer echten Spitzenmannschaft gehören sehr unterschiedliche Charaktere mit verschiedenen Stärken, da mögen Sportjournalisten noch so gerne von Laufwegen in Kilometern und Anzahl der Torschüsse reden, wenn sie flaue Phasen bei Fußballübertragungen zu überbrücken haben. Und ohne eine gute Mannschaft ist auch in der Geschäftswelt vieles nichts.

So manch ein findiger Unternehmer mag das nicht glauben wollen. Und die Möglichkeiten, Aufgaben in Scheibchen an externe Einzelkämpfer zu delegieren, sind ausgereift wie nie zuvor. Das berühmte Outsourcing gibt es schon länger; die Buchhaltung wird in Osteuropa erledigt, das Call Center von Indien oder Australien aus betrieben, der Motor dort produziert, hier eingebaut und dann nach drüben verschifft. Aber es kann mit Hilfe der Digitalisierung auf die Spitze getrieben werden. Praktisch alle Prozesse lassen sich in winzige Teile zerlegen, delegieren und wieder zusammenfügen. Ein großer Teil dieser Prozesselemente wird künftig von künstlicher Intelligenz erledigt werden. Wer sich der Versuchung hingibt, allein der Effizienz zu huldigen und es nicht schafft, ein Netzwerk an Talenten aufzubauen, die den Laden vorantreiben, wird den Laden nicht sehr lange haben.

Allerdings, und das ist im Arbeitsleben nicht anders als im Privaten, steigen die Ansprüche der einzelnen Teammitglieder. Die im ersten Kapitel aufgeführten Trends bei den menschlichen Bedürfnissen lassen sich leicht in Herausforderungen umwandeln, vor denen Führungskräfte stehen. Mitarbeiter wollen mit ihren individuellen Wünschen und Anforderungen wahrgenommen werden, sie wollen mitbestimmen, erwarten schnelles Feedback und Belohnung, möchten ihre Kräfte sinnvoll einsetzen und brauchen Orientierung.

Von Personalverantwortlichen hört man immer wieder: Noch nie gierte eine Generation so nach ständiger Bestätigung wie die Millenials, ein Phänomen, das Howard Gardner und Katie Davis im bereits zitierten Buch »The App Generation« trefflich beschrieben haben. »Die App Mentalität kann man als eine algorithmische Art des Denkens betrachten: Jegliche Frage oder jegliches Verlangen, das man verspürt, sollte sofort und definitiv befriedigt werden. Es gibt wenig Raum für Ambiguität oder eine Zeit der Unsicherheit, die man aushalten muss, bevor es eine Entscheidung oder Einsicht gibt«, so Gardner und Davis.

Allerdings sollte man nicht so tun, als seien vorangegangene Generationen immun gegen dieses Phänomen. So wie man schnell verlernen kann, sich ohne Navigationsgerät und nur mit Stadtplan oder Landkarte durch die Welt zu bewegen, so schnell kann man auch vergessen, wie es sich anfühlte, in der Zeit vor Google Fragen einfach mal offenlassen zu müssen. Andersherum gibt es zunehmend wissenschaftliche Erkenntnisse darüber, dass Millienials auch nicht viel anders ticken als vorangegangene Generationen in deren Alter. Auch der Begriff *digital natives* beschreibe einen Mythos, heißt es. Kinder, die von klein auf vollen Zugriff auf digitale Technologien haben, seien weder generell technikaffiner, noch könnten sie besser multitasken, schreiben zum Beispiel Paul Kirschner und Pedro De Bruyckere.[16] Abgesehen davon, dass die Jüngeren erwiesenermaßen eher auf visuelle Angebote als auf das geschriebene Wort reagieren, bleiben die menschlichen Grundbedürfnisse gleich.

Vieles spricht dafür, dass alle Generationen auf ähnliche Weise Halt und Ermutigung brauchen, weil sie dem rasanten Wandel in der Arbeits- und Lebenswelt gleichermaßen unterworfen sind – nur stehen junge Menschen eben erst am Anfang ihrer beruflichen Laufbahn, während die älteren ihre Strecke und ihr Tempo schon einigermaßen gefunden haben und die noch älteren sich im Stillen ausrechnen können, wie viele Jahre sie noch bis zur Rente durchhalten müssen. Kein Wunder, dass die Berufsanfänger von Ängsten und Unsicherheiten geplagt sind, alles richtig machen wollen und Orientierung suchen.

Zumal diejenigen, die selbstsicherer sind, sich oft gar nicht in die Obhut von großen Organisationen und deren Managementstrukturen begeben. Die Möglichkeiten, ein eigenes Unternehmen zu gründen, sind heute besser als je zuvor, da es leichter ist, die Dinge allein mit einer Idee und wenig Kapital ins Rollen zu bringen. Noch nie waren Informationen so einfach zugänglich, konnten Erfahrungen so schnell mit anderen geteilt und Beziehungen geknüpft werden. *Coworking spaces*, also Orte, an denen sich viele Einzelkämpfer zumindest am Anfang ihres selbstständigen Abenteuers einnisten und sich gegenseitig stärken und bestärken, sind ein Modell mit Potenzial. Hier entstehen Beziehungen, die nicht nur virtuell gepflegt werden können. Das Internet hat die

Bedingungen für unternehmerische Freiheit verbessert. Dass all diese Gründungen erfolgreich werden, ist allerdings unwahrscheinlich wie eh und je.

Spannend ist: Wächst unter diesen Bedingungen eine neue Generation von Führungskräften heran, die menschlicher und verständnisvoller ist als der Patriarch mit Vorzimmer früherer Chef-Generationen, der sich mit Claqueuren umgibt und niemals eine E-Mail selbst beantwortet hätte? So groß sollten die Hoffnungen nicht sein. Denn ein großes Missverständnis existiert nach wie vor: dass man Führen nicht lernen muss. In Zeiten, in denen das Führen im oben beschriebenen Sinne wichtiger wird, könnte das zum Problem werden.

Noch immer landen sehr häufig Menschen auf Chefsesseln, die dort nicht sitzen, weil sie im Chefsein brilliert haben, sondern weil sie eine starke Idee hatten oder in ihrem Fachgebiet große Klasse sind. Das gilt für alle Branchen und Professionen, es gilt für leidenschaftliche Gründer ebenso wie für Konzern-Karrieristen. Menschen werden für das befördert, was sie geleistet haben, und nicht für das ausgebildet, was sie künftig leisten sollen. Oder sie finden sich als Selbstständige in Verantwortung wieder, ohne sich darauf vorbereitet zu haben.

Berater können viel davon berichten, wie gerade auch in Startups subtiles Dominanzstreben so manch einem das Arbeitsleben zu einer täglichen Nervenprobe werden lässt. Gerade wo man Hierarchien leugnet, sich duzt und nächtelang über Pizzakartons gemeinsam über die Zukunft brütet, sind die indirekten Hackordnungen oft ausgeprägt. Viele schmeißen dann irgendwann hin, was aber nicht weiter auffällt, denn häufiger Jobwechsel ist in der Szene nicht so stigmatisierend wie im Konzernleben. Es heißt dann gerne, die Chemie habe nicht gestimmt, dabei haben in Wahrheit die Strukturen nicht gestimmt.

Ein wenig mehr Demut gegenüber Führungsaufgaben und der Verantwortung, die damit einhergeht, wäre schon immer eine kluge Herangehensweise gewesen. Nur fallen solche Defizite stärker ins Gewicht, wenn die Mitarbeiter anspruchsvoller werden. Das gilt besonders dann, wenn Talente nicht mehr bereit sind, sich schlecht behandeln zu lassen. Sie mögen dann trotzdem bleiben, aber ihre Energie und Leidenschaft werden es nicht. Beides kann man nicht messen. Aber man kann es am Ergebnis spüren. All das bedeutet aber, dass in der vernetzten und schnelllebigen Welt eher mehr Führung notwendig ist als früher. Mitarbeiter wollen mitbestimmen, das heißt aber nicht, dass jeder machen können sollte, was er will. Denn dann gilt automatisch das Recht des Stärkeren. Mitsprache kann jedoch ebenso wenig allein darin bestehen, große Umfragen zu machen, alle Mails persönlich zu beantworten, mit jedem nett zu plaudern und dann doch alles zu ignorieren und sein Ding durchzuziehen. Wer sein Team, seine Beschäftigten nach Feedback fragt, muss auch die Konsequenzen daraus ziehen. Sonst fühlen sich die Befragten benutzt statt wertgeschätzt. Symbolpolitik ist manchmal schlechter als gar keine Politik.

Manche Firmen haben gute Erfahrungen mit 360 Grad Feedback gemacht, bei dem die Mitarbeiter ihre Chefinnen und Chefs ebenso bewerten, wie sie selbst bewertet werden. In anderen Unternehmen werden die Vorgesetzten sogar gewählt. Das kann funktionieren, muss es aber nicht. Einerseits birgt es die Gefahr, dass sich Menschen mit Ambitionen im ständigen Wahlkampfmodus bewegen. Wer die Verantwortung trägt, muss aber auch mal harte Entscheidungen treffen können, die nicht allen gefallen. Außerdem ist es schwer, auf diese Weise Vielfalt in Führungsgremien zu bekommen. Bei Haufe Umantis, wo die Chefs gewählt werden, entspricht die Führungsmannschaft im Großen und Ganzen den klassischen Stereotypen: Gewählt werden jugendlich und dynamisch wirkende, zweifellos kluge Männer; eben solche, wie man sie auch für einen Film casten würde.

Zum »Ende des Managements«, wie es der Management-Professor Gary Hamel seit einem Jahrzehnt auszurufen versucht, wird es jedenfalls nicht kommen.[17] Aber Hamel meint es auch eher als Provokation, wenn er alle Manager abschaffen und sämtliche Macht in die Hände der Beschäftigten legen möchte. Ein wenig muss er sich fühlen wie ein Verkehrspolitiker, der sich nach jahrelangem Predigen für das Drei-Liter-Auto von Geländewagen umzingelt sieht: Statt weniger Bürokratie beobachtet Hamel immer mehr Bürokratie in den Unternehmen. Und das verwundert dann ja eigentlich auch nicht: Die Digitalisierung verfeinert die Möglichkeiten zur Kontrolle in allen Lebenslagen.

Zieht mit den flacheren Hierarchien und dezentralen Unternehmungen mehr Demokratie in die Privatwirtschaft ein? Vielleicht. Aber Demokratie benötigt Regeln, Strukturen, Institutionen und gute Führung. Sonst wird sie zur Anarchie. Die kann auch in Unternehmen niemand brauchen.

KLEINE PHILOSOPHIE DER FREIHEIT IN DER DIGITALEN WELT – DAS GUTE LEBEN

Der weißhaarige Mann heißt Thomas, er ist gerade Witwer geworden und kämpft mit dem Alleinleben. Seine erwachsenen Kinder meinen es gut mit ihm, sie haben ihm eine *smart fork*, also eine mit dem Internet verbundene Gabel, einen ebenso schlauen Gehstock und ein Smartphone gekauft. Das elektronische Ensemble zeichnet auf, was Thomas zu sich nimmt, wie viele Schritte er geht, wann er schläft – und funkt alle Informationen an seinen abwesenden Sohn. Zuerst macht Thomas willig mit. Wenn der Stock Bewegung befiehlt, wandert der Rentner um seinen Fernseher, wenn er zu viel Speck isst oder zu spät ins Bett geht, lässt er sich elektronisch maßregeln. Aber bald geht Thomas das alles auf den Geist. Er schiebt mit der klugen Gabel ein wenig Gemüse hin und her, während er sich auf einem anderen Teller vor Fett triefende Bratkartoffeln genehmigt, spendiert einem Teenager eine Dose Bier, damit dieser den klugen Gehstock spazieren führt und beschwert zur Schlafenszeit sein Bett mit Büchern, damit er in Ruhe fernsehen kann. Der Sohn ist zufrieden, Thomas auch.

In dem kurzen Video mit dem Titel »Uninvited Guests«, das 2017 in der Ausstellung »Hello, Robot.« im Museum für Angewandte Kunst in Wien gezeigt wurde, offenbart sich das ganze Dilemma der Freiheit. Denn das Bedürfnis des Sohnes, der sich um seinen Vater kümmern und ihm ein längeres Leben verschaffen will, kollidiert mit der Freiheit von Thomas, der lieber genießt, als auf seine Gesundheit zu achten, auch wenn ihn das ein paar Jahre kosten mag. Wessen Wünsche zählen hier mehr? Und hat nicht auch die Gesellschaft ein Recht darauf, von allzu leichtsinnigen Mitgliedern verschont zu werden, weil sie die Kosten für alle in die Höhe treiben?

Auch an diesem Beispiel wird deutlich: Freiheit muss immer ausgehandelt werden, sie ist ein Prozess, in dem es um das Respektieren von Wünschen und der Grenzen anderer und ums Lernen geht. Ein Prozess ist sie deshalb, weil Thomas irgendwann auch einsehen könnte, dass Bewegung gut für ihn ist, wenn ihn sein Sohn davon überzeugt. Freiheit bewahren heißt, dafür zu sorgen, dass solche Prozesse stattfinden können. Die Demokratie hat politische Mechanismen entwickelt, um Konsens zu bilden, Konflikte zu verarbeiten und Lernen zu ermöglichen. Ohne Demokratie gibt es keine Freiheit, sondern nur Diktatur oder Anarchie.

Es ist ein wiederkehrendes Thema dieses Buches: Die Freiheit des einen hört dort auf, wo die Freiheit des anderen beginnt. Aber in einer Welt, in der alles messbar, vernetzt und kontrollierbar ist, könnte der Punkt, in dem beide Freiheiten aufeinandertreffen, nicht mehr verhandelbar sein. Denn wo gemessen wird, entsteht ein Wert, und in der technologischen Logik hat jeder Wert eine Bedeutung. Der Stand der Wissenschaft definiert, wie viele Fettkalorien oder Schritte pro Tag für einen Menschen bestimmter Größe gesund sind (auch wenn sie das im nächsten Jahr anders sehen mag). Beurteilt und gemessen wird, wie der Einzelne im Verhältnis zu dieser Idealgröße abschneidet. Das Besondere an der Freiheit ist aber, dass man sie nicht messen kann. Man kann sie nur fühlen.

Unfrei fühlt sich, wer ständig an Grenzen stößt. Wenn er diese Grenzen nicht spürt, heißt das aber nicht, dass es sie nicht gibt. Man konnte im West-Berlin der

70er Jahre unbeschwert aufwachsen und sich frei fühlen, obwohl die Stadt von einer Mauer umgeben war. Sie spielte im Kinderalltag einfach keine Rolle. Auch Menschen in autoritären Staaten mögen sich frei fühlen, solange sie nicht mit der Staatsmacht in Berührung kommen. Viele Bürger der DDR sehnten sich nach dem Mauerfall nach dem fürsorglichen Staat, in dem sie sich freier gefühlt hatten als in den theoretisch freieren, aber fordernderen Strukturen des Kapitalismus. Jeder Mensch braucht oder erträgt Freiheit in ganz unterschiedlichem Maße; Prägung, Erziehung und Gene spielen eine wichtige Rolle.

Außerdem geben unterschiedliche Kulturen unterschiedlichen Freiheiten ein ganz verschiedenes Gewicht. Was darf man sagen und schreiben, ohne mit dem Gesetz in Konflikt zu geraten, was mit nationalen Symbolen wie Flaggen anstellen? Gehört es zur persönlichen Freiheit, eine Waffe tragen zu dürfen, auf der Autobahn 220 Stundenkilometer zu fahren oder Kaugummis überall hinzuspucken (was in Singapur als Einschränkung der Freiheit anderer gewertet wird)? Und zählt die Geheimhaltung medizinischer Daten, von Bewegungsprofilen und des Inhalts von Briefen zu dem Schutzbereich, der in einem Land nicht verhandelbar ist? Immer wird das individuelle Gut gegen das öffentliche Gut abgewogen.

Weil jede Gesellschaft dies etwas anders sieht – in Schweden sind sogar Steuererklärungen öffentlich –, gibt es die Grundrechte. Sie sollen dem Einzelnen ein Mindestmaß an Freiheit garantieren, selbst wenn sein Verhalten gegen gesellschaftliche Normen verstößt. So darf man noch immer in der eigenen Wohnung oder im eigenen Auto rauchen oder ohne Sonnenschutz am Strand braten, auch wenn Dermatologen dagegen wettern. Der eigene Körper, die Intimsphäre und die eigene

Wohnung gehören zumindest in Demokratien zu den Bereichen, in denen weder der Staat noch andere Eindringlinge etwas zu suchen haben.

Die schlechte Nachricht ist: In der digitalen Welt werden all diese Errungenschaften schwer zu verteidigen sein. Denn wenn künftig vom eigenen Körper, dem Verhalten und den Gedanken über das Haus bis hin zum Auto alles aufgezeichnet, vermessen und mit allem anderen verknüpft wird, um Algorithmen zu füttern, gilt das Konzept persönlicher Autonomie nicht mehr. Der Mensch ist dann nur noch Datenproduzent, Teil einer Sphäre aus Informationen, eines sich selbst fütternden und erhaltenden Systems. Es wäre das Ende des Humanismus, das Ende der Philosophie. Je mehr Erkenntnisse die Neurowissenschaften über die Funktionsweise des Gehirns zutage fördern, desto intensiver diskutieren Hirnforscher darüber, ob sich das Konzept des freien Willens überhaupt halten lässt.

Aber wenn Freiheit ein Gefühl ist, sind wir dann nicht frei, wenn wir sagen: Wir wollen das alles so? Wir schätzen es, dass jemand für uns Kalorien zählt, uns nie schneller als mit der zulässigen Höchstgeschwindigkeit spazieren fährt, uns neue Milch bestellt, wenn wir das vergessen haben, und die Jalousien schließt, damit wir an Sommerabenden nicht in eine überhitzte Wohnung zurückkommen. Schließlich können wir ein so bequemes Leben führen wie keine Generation zuvor, wenn uns elektronische Helfer lästige Arbeiten abnehmen, unsere Wünsche erraten und uns einfach das Gefühl geben, dass wir rundum gut versorgt sind. Weil wir alles um uns herum versorgen: mit unseren Daten, die diese Bequemlichkeit erst möglich machen.

Yuval Noah Harari beschreibt im letzten Kapitel seines Buches »Homo Deus« etwas, das er die Datenreligion nennt. Ihre Anhänger, so Harari, halten den homo sapiens für eine veraltete Technologie, einen überflüssigen Algorithmus. Menschen seien aus dieser Perspektive nur dafür da, das Internet aller Dinge zu kreieren. Jahrhundertelang hätten die Ideen von Freiheit, Gleichheit und Brüderlichkeit keine Konkurrenz bekommen, schreibt er, nun tauche die Freiheit der Information als neues Leitmotiv auf. Harari: »Im 18. Jahrhundert hat der Humanismus Gott an den Rand gedrängt, in dem er eine menschliche anstelle einer göttlichen Sicht auf die Welt entwickelt hat. Im 21. Jahrhundert könnte der Dataismus die Menschen an den Rand drängen und Daten statt Menschen in den Mittelpunkt stellen.«[1] Der Historiker will das nicht als Wertung verstanden wissen, sein Buch endet mit Fragen.

Der Sinn der menschlichen Existenz wäre es aus dieser Perspektive, Daten zu produzieren und dem möglichst viel abzugewinnen. So wie der Baum, die Qualle oder der Löwe, deren Lebensaufgabe weitgehend darin besteht, das ökologische System am Laufen zu halten. Der Mensch würde sich auf diese Weise nicht abschaffen, aber einer höheren Ordnung unterwerfen, deren Sinn er womöglich nicht einmal versteht. Und möglicherweise fühlt er sich gut dabei.

Aber für all diejenigen, die an den Menschen glauben, sind Freiheit, Gleichheit und Brüderlichkeit immer noch ein guter Ausgangspunkt. Denn wie keinem anderen Lebewesen ist es ihm gegeben, über sich hinauszuwachsen, sei es auf großartige oder grausige Weise. Menschen können über kulturelle Schranken hinweg Gemeinschaften bilden, Hunger, Armut und Krankheiten bekämpfen, das eigene Leben einsetzen, um anderes zu retten. Sie können aber auch die absurdesten Tötungsmethoden ersinnen, Terrorpläne schmieden und sich die

Erde zu ihrem Schaden untertan machen, so wie dies kein Tier vermögen würde.

All diese Möglichkeiten stehen dem Menschen offen, weil er frei ist. Weil er an jeder beliebigen Weggabelung entscheiden kann, ob er rechts oder links abbiegt. Manchmal kann das die Welt bedeuten, wie das der amerikanische Poet Robert Frost in seinem berühmten Gedicht »The Road Not Taken« beschreibt.[2] Algorithmen werden noch lange brauchen, um den Kern menschlicher Dilemmata so schlicht und elegant zu formulieren, wie Frost das konnte. Vielleicht feiern seine Zeilen nicht die Freiheit, sondern rücken menschliches Zaudern und das späte Bedauern verpasster Chancen in den Mittelpunkt. Aber es ist auch eine Freiheit, Fehler machen zu können. Man muss dann eben mit den Konsequenzen leben. Und weil der Mensch ein Meister der kognitiven Dissonanz ist, sich die Dinge also gedanklich zurechtbiegen kann, interpretiert er manch einen Fehler später sogar als glückliche Fügung.

Pragmatisch formuliert es Professor Kia Nobre, Neurowissenschaftlerin und Direktorin des *Department of Experimental Psychology* an der University of Oxford. Der Mensch möge keinen gänzlich freien Willen haben, sagte sie in einem Gespräch, weil viele Entscheidungen und Reaktionen durch elektrochemische Impulse aus der gebündelten Erfahrung heraus getroffen werden. Das Prinzip ist dem von Software-Algorithmen ähnlich. Aber dafür gäbe es eine Lösung: »Selbst wenn wir glauben, dass wir nicht über alles Kontrolle haben, sollten wir so leben, als könnten wir die Dinge immer beeinflussen.«[3]

Wie also beeinflussen wir das Leben und erhalten unsere Freiheit in einer digitalen Welt, die nach einem anderen Freiheitskonzept funktioniert und schon sehr konkrete Formen angenommen hat? Eine Welt, in der

Reinhard Kardinal Marx manchmal von einem Albtraum, womöglich einer Ahnung heimgesucht wird, von der er auf der Digital-Konferenz DLD berichtete: »Vielleicht ist die freie Gesellschaft nur eine Episode der Menschheitsgeschichte gewesen.«[4] Aus den vorangegangenen Kapiteln lassen sich ein paar Empfehlungen ableiten.

1. Lasst uns Bürger sein statt Konsumenten!

Natürlich kann der einzelne Mensch zum Freiheitskämpfer werden, wenn er spürt, dass ihm sein Bewegungsraum genommen wird. Aber das mag eine Weile dauern, denn Bequemlichkeit ist auch eine Form von Freiheit. Und wenn die digitale Welt einen mit einem ganz spezifischen Freiheitsgefühl einlullt, ist es das des bequemen Konsums. So sind sich viele Verbraucher durchaus dessen bewusst, dass mit ihren Daten Missbrauch getrieben werden könnte, und sie glauben noch nicht einmal daran, dass sich das grundlegend verbessern wird. Dennoch wollen sie auf die vielen Annehmlichkeiten des digital vernetzten Lebens nicht mehr verzichten. Dies ist eines der wichtigsten Erkenntnisse aus einer Pew-Studie zum Vertrauen in die Online-Welt.[5]

Im kapitalistischen Wirtschaftssystem bedeutet Freiheit in erster Linie, sich am Markt ohne Einschränkungen bewegen zu können. Wenn das jeder nach Kräften tun kann, bringt das unter dem Strich Wohlstand für alle, und Wohlstand bedeutet Freiheit und Glück, so die Gleichung dahinter. Die Industriegesellschaft baut darauf, dass alle Menschen die Ökonomie aus freien Stücken am Laufen halten. Diese Rechnung geht so nicht auf, das ist hinreichend bewiesen. Denn das Glück durch den Konsum ist flüchtig, im Zweifel weckt es das Bedürfnis nach mehr. Das wiederum macht den Menschen unfrei, bedürftig, zu einem Getriebenen. Oder es macht ihn allzu satt und bequem.

Konsum ist Haben statt Sein. Dabei geht es nicht nur um Dinge. Fast alles, was man früher einfach so unternahm, wird heute mit dem Wort »Erlebnis« neu verpackt als besondere Geschäftsidee. Von der Hüttentour über den Kochkurs in der Schlossküche bis zum Digital Detox im Kloster hält die Eventindustrie alles für die hungrige Seele bereit. Auch die Mindfulness-Bewegung, eine Anpassung von Meditationstechniken für den Hausgebrauch und unter gestressten Managern des Silicon Valley stark nachgefragt, könnte nichts weiter sein als eine weitere Konsumtechnik frei nach dem Motto: »Ich kaufe mir mal ein bisschen Freiheit für Zwischendurch.«[6] Danach geht es dann weiter auf dem Leistungsparcours.

In seinem Buch »Ästhetischer Kapitalismus« beschreibt Gernot Böhme den Hunger nach Erlebnissen als ein Bedürfnis, das lediglich die nächste Stufe des Kapitalismus einläutet. Bedürfnisse würden dann zu »Begehrnissen«. Die Wirtschaft brauche diese, um weiter Wachstum generieren zu können, auch wenn die materiellen Grundbedürfnisse der Menschen erfüllt sind.[7] »Der ästhetische Kapitalismus qua ästhetische Ökonomie ist dafür verantwortlich, dass der Mensch auch im Überfluss nie zufrieden ist und sein ganzes Dasein unter dem Gesichtspunkt von Leistung sieht«, schreibt Böhme. Die Inszenierung von Lebensstilen, die Suche nach Followern in den sozialen Netzwerken, das Bedürfnis, begehrt werden zu wollen, zählt er dazu.

Frei sein aber ist das Gegenteil von bedürftig sein. Wer frei ist, kann seine Impulse hinterfragen, entscheiden und zuweilen auch Nein sagen. Er kann auch mal einfach gar nichts tun, ohne sich sofort abgehängt zu fühlen, hoffentlich sogar im wahren Sinne des Wortes dann und wann noch abschalten. Das wäre dann ein stiller Boykott des Jobs als Prosumer, des Datenproduzenten, den jeder mit dem Unterzeichnen der vielfältigen Geschäftsbedingungen der im Netz engagierten Unternehmen stillschweigend übernimmt. Wer einmal nichts teilt, liked, kommentiert, verwahrt sich dagegen, von der Sammelindustrie vereinnahmt zu werden. Bürger bleibt er trotzdem.

Die Freiheit des Bürgers ist eine andere als die des Konsumenten. Bei den bürgerlichen Freiheiten geht es immer um etwas Größeres als um einen selbst. Es geht um Mitsprache, Ideen, die Arbeit an einer besseren Welt, das Basteln an einer für alle erträglichen Gesellschaftsordnung. Das Streben nach Idealen unterscheidet die Freiheit des Bürgers erheblich von der des Nutzers. Das gilt auch, wenn diese Freiheit nur delegiert wird, zum Beispiel bei Wahlen. Mit seiner Stimme vertraut man politischen Repräsentanten die Aufgabe an, seine Kommune, sein Land, die Gesellschaft weiterzuentwickeln.

Nicht immer bekommt man, was man gewählt hat. Aber Freiheit in diesem Sinne heißt nicht, alle Wünsche verwirklicht zu bekommen, schon gar nicht sofort. Nelson Mandela hat 27 Jahre lang im Gefängnis darauf gewartet, seine Ideale in Freiheit umsetzen zu können, Jahre, in denen er sich seine innere Freiheit bewahrt hat, wie es manch einer bei einem Acht-Stunden-Tag im Büro nicht schafft. Ein Zitat Mandelas aus seiner Biographie wurde bei seinem Tod immer wieder herausgehoben: »Frei sein heißt nicht nur, seine eigenen Ketten abzustreifen, sondern so zu leben, dass man die Freiheit anderer respektiert und fördert.«[8] Es geht um das über sich Hinauswachsen.

Nun muss nicht jeder ein Mandela werden; die Geschichte hat wenige Ausnahmepersönlichkeiten wie ihn hervorgebracht. Niemand sollte sich Illusionen machen: Freiheit kann anstrengend, unbequem, voller lästiger Pflichten und voller Widersprüche sein. Und damit ist sie das Gegenteil von Amazon Prime oder Netflix, die Belohnung sofort versprechen. Aber die bürgerliche Freiheit ist etwas, für das es sich zu kämpfen lohnt. Das merkt man häufig erst, wenn sie einem genommen wird. Und wohl dem, der es dann merkt.

2. Es lebe gutes Design – und gute Politik!

Nun wäre es der Größe des Themas nicht angemessen, die Verantwortung für Freiheit in der digitalen Welt allein dem Bürger oder Konsumenten zuzuschieben, der sich gegen die Totalvernetzung erheben und einfach mal mit sich selbst zufrieden sein soll. Zumal er den Rückzug vom Netz gar nicht mehr schaffen dürfte, ohne ein von der Welt abgeschnittener Außenseiter und sozialer Outcast zu werden. Es ist kaum denkbar, dass es in einigen Jahrzehnten noch Behördenleistungen, Gesundheitsfürsorge, Finanzdienstleistungen, Bildung oder simple Informationen außerhalb der Internet-Sphäre geben wird. Ganz davon abgesehen, dass es nicht unbedingt erstrebenswert ist. Schließlich kann man das offline-Zeitalter beim besten Willen nicht als generell bürgerfreundlich beschreiben.

Natürlich liegen die größten ethischen Aufgaben der Digitalisierung darum bei denen, die entscheiden, welche Technologien auf die Nutzer losgelassen werden und welche Gesetze gelten: bei den Konzernen, die über die Daten verfügen, und bei der Politik. Es ist schließlich nicht naturgegeben, dass Mobiltelefone Suchtreflexe wecken, Algorithmen Stereotypen verbreiten oder Roboter zwangsläufig zu Killermaschinen werden, wenn sie begreifen, dass Menschen ihnen als Rechenmaschinen unterlegen sind. Die Technologie ist immer so gut oder schlecht wie die Menschen, die sie erschaffen haben und sie anwenden.

Der Silicon Valley-Unternehmer Elon Musk zählt zu denjenigen im Tal der Zukunftsschaffenden, der weiß, dass man Grenzen ziehen muss, wenn man Freiheit bewahren will. Programmierer sollten nach seiner Ansicht einen Ethik-Kodex unterzeichnen müssen, Killer-Roboter grundsätzlich verboten werden. Er gehörte federführend zu den 116 Gründern von Firmen, die Roboter und künstliche Intelligenz entwickeln, die im August 2017 einen entsprechenden Aufruf an die UN unterzeichneten.[9] Der Streit zwischen Musk und Mark Zuckerberg hat dabei schon fast Unterhaltungswert. So unterstellte der Tesla-Gründer dem Facebook-Chef auf Twitter; dessen Verständnis von künstlicher Intelligenz sei »begrenzt«. Wie Musk denken immer mehr Top-Manager und Gründer an dem Ort, wo die Technologien entstehen – zumindest sagen sie es.

Jaan Tallinn, Mitgründer von Skype, beschrieb das auf dem *World Forum for Ethics in Business* so: Vergliche man künstliche Intelligenz mit einem Raumschiff, hätte das Boarding schon begonnen, obwohl die Konstruktion noch andauere. »Und das Problem ist: Niemand baut eine Steuerung. Das haben sie vergessen.« Die Menschheit habe 50 Jahre verstreichen lassen, in denen sie an den Risiken der künstlichen Intelligenz hätte arbeiten können. »Der Tag, an dem ein Haus-Roboter eine Katze kochen wird, wird ein sehr schlechter Tag für die künstliche Intelligenz sein«, sagte Tallinn.[10]

Der Verleger Tim O'Reilly, der das Konzept der Open Source Software und den Begriff Web 2.0 populär gemacht hat, hält die Debatte um Fake News für einen Wendepunkt in der Entwicklung des Internets. Er spricht von einem »Facebook Moment«, es sei Zeit zum Umdenken. Facebook solle seine Algorithmen nicht länger für Profite optimieren, sondern für Wahrheit, schlägt er vor. Andere Unternehmen seien keinen Deut besser, sie müssten folgen.[11] »Künstliche Intelligenz ist ein Spiegel unserer Werte«, sagt O'Reilly, und das Gute daran sei: Werte ließen sich ändern.

Es ist also die Stunde des Designs. Der Philosoph Luciano Floridi spricht sogar von einem Zeitalter des Designs, denn mit Hilfe der Digitalisierung ließen sich alle Prozesse in ihre Einzelteile zerlegen und wieder zusammenfügen. Auf dem *World Forum for Ethics in Business* mahnte er: »Es sollte das Zeitalter des guten Designs sein.«

Der Grundsatz, die Form folgt der Funktion, muss auch in der digitalen Welt gelten. Das bedeutet: Software wird so entwickelt, dass sie die Ziele erreicht, die man vorher definiert und nicht um ihrer selbst willen. Denn natürlich ist es möglich, Software und Geräte so zu gestalten, dass sie zum Beispiel persönliche Daten schützen. »Privacy by design« könnte und sollte ein Grundsatz der modernen digitalen Welt sein. Ob er es wird, ist eine andere Frage, denn die Geschäftsmodelle dieser Welt beruhen ja gerade darauf, dass Daten erhoben werden können. Die künstliche Intelligenz braucht schließlich ständig Nachschub, Algorithmen wollen gefüttert werden.

Aber zu spät kann es nicht sein. Denn viele digitale Anwendungen und Programme sind noch lange nicht so weit, dass sie den Menschen ablösen könnten. Roboter scheitern an simpelsten Aufgaben, die man selbst mit Augenmaß, räumlichem Vorstellungsvermögen und Antizipation mühelos erledigt, ohne darüber nachzudenken. »Bringen Sie mal einen Roboter dazu, ein Ikea-Regal zusammenzubauen«, sagt Floridi gerne, wenn er erklären will, warum sich die Menschheit keinesfalls vor der Singularity fürchten sollte, also einer Welt, in der Roboter die Herrschaft übernehmen. Algorithmen sind flexibel veränderbare Aufgabenketten, und Programmierer haben das Zeug dazu, sie anzupassen.

In der Tech-Szene wird die Blockchain-Technologie als eine der vielversprechenden Designs der digitalen Welt gefeiert. Sie ist eine Methode für sichere, digitale, dezentrale Transaktionen und zum Beispiel die Grundlage der künstlichen Währung Bitcoin. Man muss sie sich vorstellen wie eine Kette von Rechnern, die verknüpft sind; eine Aktion an einer Stelle setzt deshalb eine Kettenreaktion an allen verbundenen Rechnern in Gang. Der Vorteil des Blockchain-Systems ist, dass es nach bisheriger Erkenntnis nicht von Menschen manipulierbar ist, also auch nicht von Hackern. Prozesse laufen vollautomatisch ab und sind trotzdem zweifelsfrei zuzuordnen. Es gibt keine zentrale Instanz, die Geschäfte überwacht. Aber wenn etwas nicht manipulierbar ist, lässt es sich auch nicht positiv beeinflussen. Deshalb ist sehr genau abzuwägen, welche Prozesse dieser Technologie anvertraut werden können und welche nicht.

Denn was für alle Technologien gilt, gilt auch für die Welt der künstlichen Intelligenz und der digitalen Geräte: Sie lässt sich gestalten. Und diese Aufgabe darf sich der Mensch 4.0 nicht aus der Hand nehmen lassen. Tatsächlich wird diese Welt sekündlich irgendwo auf der Welt ein Stückchen weitergebaut, wenn eine Programmiererin oder ein Programmierer in die Tasten greifen.

Man muss sich das wie eine große Lego-Landschaft vorstellen. Und die Gestaltung muss Menschen mit einem ethischen Grundgerüst anvertraut werden. Sonst fällt sie kommerziellen oder autoritären Interessen anheim. Eine freie Welt ist keine perfekte Welt, sie kann es nicht sein. Denn Freiheit lebt durch den Kompromiss. Diese Kompromisse sind politisch auszuhandeln. Deshalb muss die politische Logik herrschen, nicht die technologische, in der es angeblich immer eine perfekte Lösung gibt. Es wird Zeit, dass sich diejenigen in die Gestaltung der digitalen Welt einmischen, die etwas von politischer Logik verstehen – und von Freiheit. Schließlich ist die Demokratie eine Meisterleistung guten Designs.

3. Für eine Ökonomie der Freiheit

Natürlich eröffnet die künstliche Intelligenz der Menschheit ungeahnte Möglichkeiten, sich zu entwickeln. Das Mantra, die Digitalisierung mache die Welt zu einem besseren Ort, ist nicht grundsätzlich falsch, nur weil sie – wie auch jedes potente Medikament – Risiken und Nebenwirkungen hat. Vor allem die Fortschritte in der Gesundheitsvorsorge und bei der Bildung werden bahnbrechend sein. Schließlich kann künftig alles auf individuelle Prägungen, Bedürfnisse und Fähigkeiten abgestimmt werden. Die Rundum-Vernetzung und die dabei gewonnenen Daten werden dabei helfen, Krankheiten zu bekämpfen, Hilfe dort einzusetzen, wo sie gebraucht wird, Energie effizienter zu produzieren und Ressourcen optimal zu nutzen. Der Einzelne profitiert immens, denn künftig werden seine Bedürfnisse, Prägungen und Fähigkeiten im Mittelpunkt jeder Therapie und jedes Lernangebots stehen.

Zudem wird künstliche Intelligenz Menschen von stupider, kräftezehrender Arbeit befreien. Sie können ihre Energien dann für wichtigere Dinge einsetzen. Man wird im Auto lesen und sich weiterbilden können, statt stundenlang am Steuer den Verkehr zu beachten, mit den Kindern spielen, statt Supermärkte abzuklappern oder über der Steuererklärung zu brüten. Schließlich gibt es dann elektronische Assistenten und Roboter, die auf Kommando Einkäufe organisieren und sich mit den lästigen Dingen des Alltags beschäftigen werden. Entscheidend ist, wie die Menschen die frei gewordene Zeit nutzen. Engagieren sie sich in der Nachbarschaftshilfe oder in der Politik, pflegen sie Freundschaften oder familiäre Beziehungen, lernen sie, wagen sie und tauchen sie tiefer ein in die Abenteuer, die diese Welt zu bieten hat? Oder lassen sie sich die Sinne vernebeln von jenem Konsumenten-Paradies, das schon Adam und Eva nicht gut bekommen ist?

Die Gesellschaft muss allerdings auch intelligente Antworten für eine Ökonomie finden, in der einfache Arbeiten nicht mehr von Menschen erledigt werden müssen. Und diese Antworten dürfen sich nicht darin erschöpfen, allen pünktlich ein Grundeinkommen auszuzahlen. Es kann nicht das Ziel sein, Bürger nur materiell ruhigzustellen, damit sie dem Staat keinen Ärger bereiten. Diejenigen, die Verantwortung für andere übernehmen, müssen vom Wirtschaftssystem anders behandelt und belohnt werden als jene *free rider*, die sich darauf ausruhen, dass andere das Ding schon schaukeln werden.

Dazu gehört vor allem, dass Fürsorge-Arbeit anerkannt wird, also das Erziehen von Kindern, die Pflege von Angehörigen oder die Betreuung von Nachbarn. Es gilt, die unterbelichtete Seite des Kapitalismus zu erhellen, den vernachlässigten Teil im Spannungsfeld zwischen Wettbewerb und Fürsorge (*competition and care*), wie es die amerikanische Politikwissenschaftlerin Anne-Marie Slaughter beschreibt.[12]

Der Segen und Fluch digitaler Technologien ist es, dass sich die überbordende Bürokratie, mit deren Hilfe solche Anerkennung verwaltet wird, durch Maschinen erheblich vereinfachen lassen wird. Segen, weil Behördengänge, die Abhängigkeit von wohlmeinenden Sachbearbeitern und das Ausfüllen komplizierter Formulare irgendwann nicht mehr nötig sein werden. Fluch, weil alles gemessen und erfasst und Engagement damit sichtbar gemacht werden wird. Setzt sich jemand für seine Mitmenschen ein oder verbringt er seine Zeit zwischen Netflix und Spotify? Das lässt sich künftig feststellen. Befürworter des bedingungslosen Grundeinkommens plädieren aus diesem Grund dafür, alle Menschen ökonomisch gleich zu behandeln; dies verhindere Überwachung und Gängelei. Aber ein Staat, der auf Anreizsysteme verzichtet, verzichtet auch auf Gestaltungsmöglichkeiten.

Generell gilt: Menschen wollen gebraucht werden, sich wertgeschätzt fühlen, etwas beitragen – und dann und wann über sich hinauswachsen. Sie wollen mehr als bloße Datenproduzenten und Konsumenten sein, um die Wirtschaft als selbsterhaltendes System am Laufen zu halten. Leben muss einen Sinn haben. Und dieser Sinn steckt ganz maßgeblich in der Pflege von Beziehungen: in der Familie, von Freundschaften, in der Nachbarschaft, beim Ideenaustausch mit Gleichgesinnten. Geborgenheit und sich gebraucht fühlen in Teams, ob im Privatleben, im Beruf, beim politischen oder gemeinschaftlichen Engagement, geben jene innere Sicherheit, die ein erfülltes Leben ausmacht.

Digitale Technologien können Menschen sehr gut dabei unterstützen, »ihre« Teams zu pflegen und auszubauen. Kommunikation per WhatsApp, Messanger, LinkedIn oder andere Netzwerke ist perfekt für den losen Kontakt, das schnelle Teilen von Ideen, die kurze Information darüber, wo man gerade ist. Solche Dienste können aber auch davon ablenken, sich wirklich auf andere einzulassen, wenn sie zu aufdringlich sind und den Empfänger mit einer Flut von Angeboten überwältigen. Das geschieht vor allem dann, wenn sie persönliche Gespräche stören oder verhindern, jene Kulturtechnik also, die Empathie ausbildet. Wie schon die MIT-Psychologin Sherry Turkle fordert: Wir müssen uns das Gespräch zurückerobern.

4. Eine lernende Gesellschaft werden

Das Schlagwort von der »Wissensgesellschaft« verteidigt immer noch seinen Platz im Management-Jargon, trifft aber im Google-Zeitalter nicht mehr den Kern. Die neue Gesellschaft wird eine ewig lernende sein. Denn schon längst geht es nicht mehr darum, Wissen anzuhäufen. Schließlich ist das jederzeit und überall abrufbar. Das bedeutet nicht, dass Wissen wertlos geworden ist. Aber in der digitalen Welt ist die Fähigkeit, Fragen stellen zu können, wichtiger als jene, immer die passende Antwort parat zu haben. Zumal Wissen nicht mehr eine Ansammlung von wohlformulierten Fakten ist, die man statisch in einen »Brockhaus« presst. Mit dem exponentiell wachsenden Datenschatz verändern sich wissenschaftliche Erkenntnisse permanent; was heute als gesichert gilt, kann morgen überholt sein. Das atmende Online-Lexikon »Wikipedia« ist eine Antwort auf diese Entwicklung.

Auch das Lernen verändert sich. Die Alten wissen nicht mehr notwendigerweise mehr als die Jungen, die Vielen helfen sich gegenseitig, kein Experte kann mehr alles überblicken. Der permanente Fakten-Check wird zur Routine, denn ohne geht es kaum noch. Die Möglichkeit, Nachrichten, Bilder und Töne nach Belieben zu manipulieren und das Produkt über soziale Netzwerke zu verbreiten, macht es immer schwieriger, Wahres von Falschem zu unterscheiden. *Fake News* untergraben das Vertrauen in Nachrichten generell. Der Mensch 4.0 wird misstrauischer werden, wenn er besonders skurrile Bilder, schräge Zitate, politisch zugespitzte Statements oder reißerische Überschriften sieht. Kann das wirklich stimmen? Diese Frage begleitet einen schon jetzt beim Scannen des ewigen Meldungsstroms. Mit dem verstärkten Einsatz von virtueller Realität dürfte sich das Problem noch verschärfen. Denn irgendwann könnte das Gehirn damit überfordert sein, wirklich von virtuell zu unterscheiden.

Wie prüft man zuverlässig und schnell, ob etwas stimmen kann – entsprechendes Handwerkszeug wird wichtiger Bestandteil digitaler Bildung. Das kann eine Chance für starke Medienmarken sein, wenn sie ihre Verantwortung ernst nehmen und es schaffen, Vertrauen zu gewinnen. Und wenn sie ein Rezept gegen den Überdruss finden. Schon jetzt verzichtet ungefähr jeder Dritte auf Informationen über das Weltgeschehen, ergab der »Digital News Report 2017« des *Reuters Institutes for the Study of Journalism*. Hauptgrund: Nachrichten machten schlechte Laune.

Aber auch der Umgang mit digitalen Technologien muss erlernt werden; und jede technologische Neuerung verlangt nach einer Auffrischung der Erkenntnisse. Was machen Smartphones oder ein Sprachassistent mit einem, welche kommerziellen Interessen treiben das Netz, wie wehrt man sich gegen Manipulationen, schützt seine Privatsphäre und bleibt Herr im digitalen Haus? Solche Einsichten lassen sich nicht in einem Vormittagskurs vermitteln.

Zudem dürften Daten künftig reichlich Einblicke in das eigene Verhalten und den eigenen Körper liefern, die nicht immer leicht zu verarbeiten sind. Der Mensch ist ein Geschichtenerzähler, und am liebsten erzählt er sich gute Geschichten über sich selbst. Das Gehirn komponiert permanent an der Symphonie des Lebens, bis die Melodien harmonisch werden. Totale Transparenz wäre für die meisten Menschen das Grauen und würde ein Zusammenleben unmöglich machen. Manch ein Gedanke sollte lieber geheim bleiben, manch eine Diagnose besser verschwiegen werden. Was sollten wir wissen und was nicht? Das herauszufinden ist auch ein Lernprozess.

Ein bedeutendes Lernziel muss es sein, Empathie zu entwickeln. Im Zeitalter der Algorithmen könnten wir irgendwann in einer Welt aufwachen, die nur noch den jeweils einen richtigen Weg kennt, denn die Rechenoperationen optimieren, aber kein Mensch ist optimal. Wie wir miteinander umgehen, mit den Stärken und Schwächen des anderen, auch das muss erlernt werden. Empathie kann man trainieren wie Klavierspielen oder eine Sportart, glauben Neurowissenschaftler wie Professor Tania Singer vom *Max Planck Institut* in Leipzig, die dazu ein großes Experiment initiiert hat. Besonders für Programmierer sollte eine Ausbildung in Empathie und Ethik Pflicht werden, denn ihr Code bestimmt das tägliche Leben.

Müssen wir alle selbst programmieren lernen? Die

Meinungen darüber gehen auseinander. Während die

eine Denkschule Kenntnisse in den Naturwissenschaften und der Mathematik als Schlüssel zum Erfolg betrachtet und am liebsten alle zu Programmierern ausbilden lassen will, geht die gegenläufige Sichtweise so: In einer Welt, die von Technik und Maschinen getrieben wird, haben gerade die Geisteswissenschaften und Schönen Künste eine zentrale Aufgabe. Denn wie soll guter Code entstehen, wenn er nicht von all dem gespeist wird, was den Menschen ausmacht? Literatur, Musik, Geschichte, Architektur – ein Verständnis für die reichen Schöpfungen der Menschheit, die Völker verbinden, Menschen über Kulturen hinweg begeistern, verstören, zu Tränen rühren, in ihren Bann ziehen ist zentral, um an einer gemeinsamen Erzählung weiterzuschreiben. Auch Philosophen sind wieder schwer gefragt, wenn es um die Zukunft unserer Art auf diesem Planeten geht. Algorithmen, die Vielfalt einebnen und nur noch Blockbuster produzieren werden die Welt ärmer machen.

Tatsächlich geht es hier aber nicht um ein Entweder/Oder: Kinder sollten in der Schule zumindest die Mechanismen des Programmierens verstehen und einfache Programme selbst schreiben lernen. Das wird ihnen später in allen Lebensbereichen helfen. In der digitalen Welt bedeutet es Freiheit, Code selbst entwickeln zu können. Aber ebenso sollten Schüler weiterhin Einblicke in die Welt- und Ideengeschichte der Menschheit bekommen, je nach Kulturkreis mal mit einem Gedicht von Goethe, einer Symphonie von Mozart, oder einem Gemälde von Picasso konfrontiert werden. Und sie sollten lernen, dass der Petersdom, die Golden Gate Bridge oder die Sagrada Familia mehr sind als schöne Motive für Instagram, die man mit allerlei hübschen Filtern verfremden kann.

5. Das Effizienz-Diktat brechen

Eine Kernthese dieses Buches muss hier noch einmal wiederholt werden: Wenn die Menschheit sich dem Diktat der Effizienz unterwirft, schafft sie sich selber ab. Denn bei dem Versuch, Ressourcen möglichst optimal einzusetzen, werden wir nicht mehr lange mit Maschinen mithalten können, ja wir können es in vielen Bereichen schon jetzt nicht mehr. Roboter werden Situationen stets schneller und auf der Grundlage von viel mehr Informationen berechnen können, als ein Mensch das je vermag. Sie werden nicht müde, sind nicht launisch und lassen sich nicht ablenken, wenn man das nicht will. Auch wenn sie menschenähnlich gestaltet werden sollten, womöglich sogar Musikstücke komponieren oder moderne Kunst fabrizieren können, sind Roboter Anti-Menschen.

Als Mensch frei sein heißt: abweichen können von vorgezeichneten Pfaden, sich Auszeiten und Reflexion gönnen, Langeweile aushalten und Müßiggang üben, im Überschwang der Ideen Zeit und Raum vergessen. Menschen können mit Inbrunst lieben, mit Leidenschaft kämpfen, aus der Tiefe des Herzens hassen. Sie machen Fehler, bereuen, erfinden sich neu. Nichts davon würde ein Roboter zulassen, der nur einen Weg kennt: geradeaus auf das Ziel zu, das ihm vorgegeben ist, selbst wenn Algorithmen diese Ziele immer wieder anpassen.

Hätte allein Effizienz die Menschheit geprägt und nicht zuweilen auch Größenwahn oder Schönheitsliebe, gäbe es all die Stätten nicht, zu denen Menschen heute pilgern, um sie zu bestaunen: die ägyptischen Pyramiden, die chinesische Mauer, die Kultstätten der Maja. Der Reichtum menschlicher Schöpfungskraft liegt im Überfluss, in der Redundanz, im Zufall und manchmal in den kleinen Dingen. Zufälle zählen, deshalb muss man sie zulassen.

Es ist eine Ironie, dass die Symbole der Freiheit des menschlichen Geistes, seiner Vorstellungskraft und des Begehrens, Grenzen zu überwinden, meist reichlich Opfer gekostet haben. Eliten nahmen das Leid, gar die Versklavung vieler in Kauf, um spektakuläre Bauten zu errichten, Verkehrswege durch die Wildnis zu bahnen, ihre Ideen durchzusetzen. Aber kann man sich eine Menschheit vorstellen, die sich damit zufrieden gibt, satt auf dem Sofa zu verweilen und sich per Sprach-Assistent das Leben inklusive virtueller Realität organisieren zu lassen?

Die Effizienz der Roboter lässt sich nutzen, denn sie hilft Menschen dabei, zu planen und informierte Entscheidungen zu treffen. Aber es muss möglich bleiben zu ignorieren, was der digitale Assistent einem vorschlägt. So wie man im Auto das Navigationsgerät ausschalten und vom kürzesten Weg abweichen kann, um Umwege über beschauliche Dörfer, entlang spektakulärer Schluchten oder zu verlassenen Stränden zu machen. Ob autonome Fahrzeuge das zulassen werden? Womöglich lassen sie uns nur Abstecher machen, die Portale wie TripAdvisor als besonders sehenswert empfohlen haben. Überraschungen sind im Leben des Mensch 4.0 nicht mehr vorgesehen, es sei denn, jemand hat sie als Event orchestriert.

Natur allerdings, auch das muss wiederholt werden, ist nicht effizient. Und sie wird den vernetzten, von Algorithmen beeinflussten, gar gesteuerten Menschen testen. Denn noch ist es trotz aller Datenerfassung zum Beispiel so gut wie unmöglich, eine Vielzahl von Naturkatastrophen korrekt zu prognostizieren oder deren Verlauf zu beeinflussen. Erdbeben und Erdrutsche brechen ohne Vorwarnung über Menschen herein, Hurrikane kann man zwar beobachten, aber nicht verhindern. Menschen, die in allen Lebenslagen ihr Google nach Lösungen fragen, stehen manchmal sprichwörtlich im Regen, wenn den Geräten der Strom ausgeht. Wohl dem, der dann noch einen Orientierungssinn, eine Landkarte im Auto und Bargeld in der Tasche hat. Flexibilität und Anpassungsfähigkeit sind ein Privileg des freien Menschen, der für sich selbst denken kann. Von Elektrizität sind wir schon jetzt so abhängig wie ein Auto vom Kraftstoff. Menschen, die mit dem Kabel in der Hand nach einer Steckdose suchen, sind ein vertrautes Bild auf Flughäfen oder bei Konferenzen. In der neuen Welt könnte der Strom die Muttermilch der Menschheit werden. Fehlt der Saft, verkümmert der total vernetzte Mensch.

6. Dezentral ist zentral

Eines der schönsten Versprechen des Internets war und ist die Stärkung des Einzelnen. *Empowerment* heißt das im Englischen, was deutlich kraftvoller und weniger militärisch klingt als die wörtliche Übersetzung Ermächtigung. Der Zugang des Menschen zum großen Kommunikationsnetzwerk wurde als Freiheitsinstrument schlechthin gefeiert. Und tatsächlich könnte die Digitalisierung das sein, wenn sich der Gedanke der dezentralisierten Macht wirklich durchsetzen ließe.

Entwickelt hat sich unglücklicherweise das Gegenteil. Der Anschluss an das weltweite Netz hat Großmächten aus Wirtschaft und Politik das Tor zur totalen Kontrolle und Zentralisierung geöffnet. Freiheit zurückerobern hieße, Konzern-Monopole aufzubrechen und die Privatsphäre des Bürgers vor staatlichen Eingriffen zu schützen, wo immer dies möglich ist.

In autoritären Staaten wissen Regimekritiker schon jetzt den Rohstoff Papier wieder zu schätzen. Bei einem echten Buch kann niemand kontrollieren, wer wie viel davon gelesen hat. Schon möglich, dass auch das Flugblatt, Bargeld, der Fahrkartenautomat und der Stadtplan eine Renaissance erleben werden. Es sind Instrumente der Freiheit, mit deren Gebrauch man sich in einer digital vernetzten Welt verdächtig machen könnte. Sei es drum. Wo der Bürger hingeht und was er lernt und genießt, geht in einem freien Land niemanden etwas an.

Umso schöner ist es, dass der Gedanke der Dezentralisierung lebt. Im August 2017 gab die britische BBC ihre größte Expansion seit 70 Jahren bekannt: Dank digitaler Möglichkeiten wird der große Sender in zwölf zusätzlichen Sprachen und Dialekten in aller Welt publizieren – zusätzlich zu den 28 Sprachen, in denen das Funkhaus schon sendet. Ernster kann man kulturelle Vielfalt nicht nehmen. Ohnehin profitiert der Journalismus davon, dass man keine Druckerei, tonnenschwere Papierrollen und eine ausgefeilte Lkw-Logistik mehr braucht, um Informationen an die Abnehmer zu bringen. Eine Reihe von lokalen oder auf Nischen spezialisierte Publikationen gibt es nur, weil sich die Anfangsinvestitionen in Grenzen halten.

Und was für die Medien gilt, gilt für lebenswichtige Infrastruktur erst recht. Dank der Digitalisierung können Menschen von überall aus Zugriff auf Ärzte oder Finanzdienstleistungen haben, sich über den Online-Handel größere Abnehmerkreise erschließen und an Wissen gelangen, das ihnen vorher verschlossen war. Diese Entwicklungen sind ein Segen.

Zu all diesen potenziellen Freiheiten passt aber nicht, dass sich wirtschaftliche Macht und die Kontrolle über die Daten in einigen wenigen Händen konzentriert. Die Wettbewerbshüter tun gut daran, den großen Konzernen genau dabei zuzuschauen, wie sie den Bürgern Informationen entlocken und was sie damit anstellen. Die vom Wettbewerb vieler Akteure getriebene Marktwirtschaft und die liberale Demokratie mit ihrem Wettbewerb an Ideen sind schon immer zwei Seiten der Medaille gewesen, die man Freiheit nennt. Es ist für die Welt am besten, wenn Macht auf viele Köpfe verteilt ist.

7. Am Ende ist Schluss

Ray Kurzweil, Zukunftsforscher und Google-Ingenieur, ist nicht der Einzige im Silicon Valley, der das ewige Leben zum Ziel aller technologischen Innovationen erklärt, aber er ist der prominenteste. Schon 2013 prognostizierte er in einem Interview des *New York Times Magazine*, dass menschliche Sterblichkeit überwunden werden kann.[13] In den vergangenen Jahren wurde er konkreter: Im Jahr 2029 werde der technologische Fortschritt einen Punkt erreicht haben, von dem an man sein Leben jedes Jahr um ein weiteres Jahr verlängern können werde. Er stellt sich unter anderem Nano Bots vor, die im Körper kreisen, um die Immunabwehr zu stärken und Krankheiten zu bekämpfen.

Nun gilt Kurzweil, Vertreter der Theorie des Transhumanismus, manchen als ein Spinner; schließlich hat er auch vorhergesagt, dass 2045 das Stadium der Singularität erreicht sein werde. Das ist der Moment, in dem Mensch und Computer endgültig verschmelzen und als superpotente Maschinen die Weltherrschaft übernehmen würden. Aber der Glaube daran, den Tod ausrotten zu können, beflügelt im Silicon Valley mitnichten nur ihn. Risikokapitalgeber wie Peter Thiel investieren bereits Milliarden in Biotech- und andere Technologie-Unternehmen, die das Versprechen der Unsterblichkeit in konkrete Projekte umsetzen.[14] Nicht wenige Tech-Größen unterstützen die Versuche, dem Tod eine lange Nase zu zeigen, denn der menschliche Verfall wird gerade von den Mächtigen dieser Welt als ultimative Kränkung empfunden. Mussten sie doch alle mitansehen, dass selbst der große Steve Jobs dagegen nicht immun war.

Aber unabhängig davon, wie groß die Fortschritte in der Medizin und Biotechnologie tatsächlich sein werden, ist eine ganz andere Frage interessant: Was macht es mit dem Menschen, wenn er Aussichten aufs ewige Leben hat? Bislang ist der Lauf der Natur mit ihrem großen Bogen von der Geburt über die Reproduktion bis zum Tod nicht für jeden eine rundum schreckliche Vorstellung. Es kann auch beruhigend sein, die Chancen und Möglichkeiten jeder Lebensphase auszukosten und dann, wenn die Energie nachlässt, bestimmte Aufgaben an die nächste Generation abzugeben. Viel menschliches Handeln wird schließlich von dem Gefühl angetrieben, dass man nicht jede Idee, jedes Projekt und jeden Plan ewig aufschieben kann. Frauen hören die »tickende Uhr« meist viel deutlicher als Männer, die ihre Karriere- und Familienphase zumindest theoretisch besser entzerren können.

Die praktischen Folgen sind allerdings gar nicht so schlecht. Die meisten Menschen rappeln sich irgendwann in ihren 20ern oder allerspätestens 30ern dazu auf, erwachsen zu werden, Verantwortung zu übernehmen und sich für andere einzusetzen, statt ewig im hedonistischen Teenager-Gefühl zu verharren. Andere müssen dies gezwungenermaßen noch viel früher tun. Die Vorstellung, seinen Kindern eine bessere Welt zu hinterlassen, hat Generationen von Eltern beflügelt, etwas zu wagen, womöglich in andere Länder zu gehen, in die Zukunft zu investieren. Würde man jeden Morgen aufstehen und an die Arbeit gehen, wenn man wüsste, alles hätte ewig Zeit?

Davon abgesehen muss erst noch ein Wirtschaftssystem erfunden werden, das ein ewiges Leben finanzieren kann. Wer davon ausgeht, dass es ohnehin irgendwann keine Erwerbsarbeit mehr geben wird und Roboter für unser Auskommen sorgen, sieht darin kein Problem. Aber wie würde sich eine Welt als Rentnerparadies anfühlen, insbesondere für die Jungen? Auch wenn man den agilen Alten ihre Jahre womöglich nicht ansehen würde, dürfte die Unwucht in der Alterspyramide zum Problem werden, sie ist es ja jetzt schon. Nicht nur bei der Abstimmung zum Brexit hat man gesehen, dass die Präferenzen und Einstellungen von jungen und alten Wählern oft erheblich auseinandergehen.

Und natürlich hat im Silicon Valley niemand Interesse daran, jedem das ewige Leben zu ermöglichen. Wären diejenigen ehrlich, die Projekte zur Unsterblichkeit vorantreiben, würden sie wohl zugeben, dass sie dabei vor allem an die wohlhabende Schicht anständiger Bürger, die – in ihren Augen – Leistungsklasse, denken. Die Debatte über wertes und unwertes Leben dürfte genau dort beginnen. Wer hat sich das ewige Leben verdient, und auf welche Mitglieder der Gesellschaft könnte man doch ganz gut verzichten? Was die Kirche über das Aussieben in Himmel- und Hölle-Kandidaten löst, bräuchte in der realen Welt ein anderes Rezept. Kämen nur die Reichen in den Himmel, die sich teure Therapien und Lebensweisen leisten können?

Außerdem dürfte vermutlich selbst das beste Tech-Unternehmen keine Wunderwaffen gegen Unfälle, Selbsttötungen und Morde entwickeln können. Ein früher Tod wäre womöglich umso schrecklicher, wenn er an der Perspektive ewigen Lebens gemessen wird. Das Konzept des Schicksals spielt eine große Rolle dabei, wenn Menschen versuchen, mit den harten Schlägen des Lebens fertigzuwerden. Sie werden kaum zu ertragen sein in einer Welt, die suggeriert, dass alles möglich ist, wenn man nur genug investiert.

Und dann gibt es noch all jene Überlegungen, Verstorbene als elektronische Avatare weiterleben zu lassen, indem man ihre digitalen Hinterlassenschaften auswertet. Sie könnten dann – gespeist aus Informationen ihrer Verhaltensweisen als Lebende – sogar weiterhin in den sozialen Netzwerken aktiv sein. Carl Öhman und Luciano Floridi vom *Oxford Internet Institute* haben sich in einem Artikel mit der »Digital Afterlife Industrie« auseinandergesetzt, dem gerade entstehenden Wirtschaftszweig, der aus den Daten Verstorbener Kapital schlagen möchte.[15] Sie plädieren für Regulierung: Die Würde des Toten solle auch im digitalen Raum geschützt werden. Aber das geht nur in einer Gesellschaft, die den Tod als Teil des Lebens akzeptiert.

Die einen mögen es als die ultimative Freiheit betrachten, sich von dem bedrückenden Wissen lösen zu können, dass das Lebensende unweigerlich kommt. Die meisten Religionen bieten Lösungen für entsprechende Ängste an. Die anderen hingegen mögen die Vorstellung eines ewigen Lebens als belastend, gar als bedrohlich empfinden. Das Bild des Himmels im Christentum ist ausreichend diffus, um keine Sorgen darüber aufkommen zu lassen, wie ein ewiger Alltag aussehen könnte.

Tatsächlich tut es uns Menschen aber gut, wenn wir unsere Perspektive über den puren Eigennutz hinaus weiten. Wenn wir danach streben, etwas an folgende Generationen weiterzugeben. In der Natur hat Endlichkeit einen Sinn, sie schafft Raum für Neues. Die digitale Welt kennt diesen Sinn nicht. Der Mensch 4.0 wird sich irgendwo dazwischen behaupten. Die Freiheit muss er sich nehmen.

ANMERKUNGEN

Einleitung: Alarm aus der Tasche

1. Thierry Backes, Wolfgang Jaschensky, Katrin Langhans, Hannes Munzinger, Benedict Witzenberger, Vanessa Wormer, »Timeline der Panik«, *Süddeutsche Zeitung*, 30. September 2016
2. Marshall McLuhan, »Understanding Media: the extensions of man«, McGraw Hill, 1964

1 Wir sind immer »online« – Digitalisierung verstehen

1. internetworldstats.com, Stichtag 31. März 2017: 49,6 Prozent der Weltbevölkerung haben Zugang zum Netz.
2. Tim Berners-Lee: »I invented the web. Here are three things we need to change to save it«, *The Guardian*, 12. März 2017
3. Nilofer Merchant, »The Power of Onlyness – Make your wild ideas mighty enough to dent the world«, New York 2017; außerdem persönliches Gespräch für Interview, »Jane Bond of Innovation«, *Süddeutsche Zeitung Plan W*, September 2016
4. Mark O'Connell, »To Be a Machine: Adventures Among Cyborgs, Utopians, Hackers, and the Futurists Solving the Modest Problem of Death«, New York 2017
5. Carlo Strenger, »Abenteuer Freiheit«, Frankfurt a.M. 2017
6. Dave Eggers, »The Circle«, New York 2013
7. Walter Mischel, »The Marshmallow Test: Understanding self-control and how to master it«, New York 2014, zuerst erschienen in *Review of General Psychology*, 2002
8. Zum permanenten Online-Sein auch aufschlussreich die Dissertation von Sarah Genner, »On/Off – Risks and Rewards of the Anytime-Anywhere Internet«, Zürich 2017
9. Gut nachzulesen zwei Jahre nach dem Ereignis: Jon Ronson, »How one stupid tweet blew up Justine Sacco's Life«, *The New York Times Magazine*, 12. Februar 2015
10. Steven Hill, München 2017, Originalausgabe: »Raw Deal: How the Uber Economy and Runaway Capitalism are Screwing American Workers«, New York 2015
11. Alexandra Borchardt, »Lob der Überregulierung«, *Süddeutsche Zeitung*, 6. September 2014
12. Christiane Benner (Hrsg.), »Crowdwork – Zurück in die Zukunft?«, Frankfurt a.M. 2014
13. Michael Braungart, William McDonnough, Intelligente Verschwendung: The Upcycle – Auf dem Weg in eine neue Überflussgesellschaft, München 2014

2 Die Technologie verstehen – Wer bestimmt hier eigentlich?

1. Thomas H. Davenport, Julia Kirby, »Only Humans Need Apply: Winners & Losers in the Age of Smart Machines«, New York 2016, S. 28.
2. www.futureoflife.org/ai-principles/
3. Lee Raine und Janna Anderson, »Code-Dependent: Pros and Cons of the Algorithm Age«, Washington, D.C. 2017

4 Cathy O'Neil, »Weapons of Math Destruction – How Big Data Increases Inequality and Threatens Democracy«, New York 2016 (Deutsch »Angriff der Algorithmen«, München 2017)

5 Kai Strittmatter, »Schuld und Sühne«, *Süddeutsche Zeitung*, 20. Mai 2016

6 Gideon Mann, Cathy O'Neil, »Hiring Algorithms are not neutral«, *Harvard Business Review*, 9. Dezember 2016

7 Rainie, Anderson, S. 51

8 O'Neil, S. 65

9 Katja Grace, John Salvatier, Allan Dafoe, Baobao Zhang, Owain Evans, »When Will AI Exceed Human Performance? Evidence from AI Experts«, *Arrive*, 30. Mai 2017

10 ITF-Studie, vorgestellt auf dem Weltverkehrsforum in Leipzig, Mai 2017

11 Anita Elberse, »Blockbusters: Why big Hits – and big Risks – are the Future of the Entertainment Business«, London 2013

12 Rainie, Anderson, S. 10

13 Eli Pariser, »The Filter Bubble – What the Internet is hiding from you«, New York 2011 (Deutsch: »Filter Bubble – Wie wir im Internet entmündigt werden«, München 2012)

14 Reuters Institute for The Study of Journalism, Digital News Report 2017, University of Oxford

15 Rainie, Anderson, S. 19

16 David Streitfeld, »The Internet Is Broken«: @ev Is Trying to Salvage It«, *The New York Times*, 20. Mai 2017

17 Rainie, Anderson, S. 52

18 Rainie, Anderson, S. 47

19 Ulrich Ladurner, »Stadt der Lügner«, *Die Zeit*, Nr. 52, 18. Dezember 2016

20 Rainie, Anderson, S. 43

21 Alexandra Borchardt, »Welche Welt wollen wir?«, Interview mit Luciano Floridi, *Süddeutsche Zeitung*, 29. April 2016

22 Nick Bostrom, »Superintelligence – Path, Dangers, Strategies«, Oxford University Press 2013 (Deutsch »Superintelligenz«, Frankfurt a.M. 2014)

23 Alexandra Borchardt, »Wenn der Hass postet«, *Süddeutsche Zeitung*, 13. Oktober 2016 und persönliches Gespräch

24 Iris Bohnet, persönliches Gespräch für ein Porträt in *Süddeutsche Zeitung Plan W*, Dezember 2016

25 Satya Nadella, »The Partnership of the future«, *Slate*, 28. Juni 2016

26 Ben Shneiderman, Vorlesung »Algorithmic Accountability« am Alan Turing Institute, 30. Mai 2017

27 Rainie, Anderson, S. 38

28 Emanuel Derman, Paul Wilmott, »The Financial Modeler's Manifesto«, 8. Januar 2009

3 Was ist los in unserem Kopf – Dichtung und Wahrheit

1 Alexandra Borchardt, Interview mit Sherry Turkle: »Das Leben ist keine App«, erschienen in *Süddeutsche Zeitung*, 29. Januar 2016

2 Sherry Turkle, »Reclaiming Conversation – The Power of Talk in the Digital Age«, New York 2015

3 Tristan Harris, »How Technology Hijacks People's Minds – from a Magician and Google's Design Ethicist«, persönliche Website, 19. Mai 2016

4 Matt Richtel, »Are Teenagers Replacing Drugs With Smartphones?«, *The New York Times*, 13. März 2017

5   Kati Krause, »Facebooks Mental Health Problem«, 11. Dezember 2015
     www.katikrause.com/writer/2016/1/14/facebooks-mental-health
6   Sherry Turkle, »Alone together«, New York 2011 (Deutsch »Verloren unter
     100 Freunden«, München 2012)
7   Zitiert von Amy Williams, »How Do Smartphones Affect Childhood
     Psychology?«, PsychCentral, 17. Mai 2016; Originalstudie: Jenny Radesky,
     Janya Schumacher, Barry Zuckerman, »Mobile and Interactive Media Use
     by Young Children: The Good, the Bad, and the Unknown«, Pediatrics,
     Januar 2015
8   Betsy Sparrow, Jenny Liu, Daniel Wegner, »Google Effects on Memory:
     Cognitive Consequences of Having Information at Our Fingertips«, Science,
     5. August 2011
9   Nicholas Carr, »The Shallows – What the Internet is Doing to Our Brains«,
     New York 2011 (Deutsch »Wer bin ich, wenn ich online bin – und was macht
     mein Gehirn solange«, München 2011)
10   Nathaniel Barr, Gordon Pennycook, Jennifer A. Stolz, Jonathan A. Fugel-
     sang, »The brain in your pocket: Evidence that Smartphones are used to
     supplant thinking«, Computers in Human Behavior 48, 2015
11   Zitiert von Markham Heid, »You Asked: Is My Smartphone Making Me
     Dumber?«, Time Health, 8. Februar 2017
12   Manfred Spitzer, »Digitale Demenz: Wie wir uns und unsere Kinder um
     den Verstand bringen«, München 2014; Kevin Kelly, »The Inevitable – Un-
     derstanding the 12 Technological Forces that will Shape our Future«, New
     York 2016
13   Andrew Prybylski, Netta Weinstein, »A Large-Scale Test of the Goldilocks
     Hypothesis«, Psychological Science, Februar 2017. Zitiert von Laura Sanders,
     »Smartphones may be changing the way we think«, ScienceNews, 17. März
     2017
14   Persönliches Gespräch
15   Hannes Grassegger, Till Krause, »Im Netz des Bösen«, Süddeutsche 15. De-
     zember 2016
16   Viktor Mayer-Schönberger, »Delete. Die Tugend des Vergessens in digitalen
     Zeiten«, Berlin 2010
17   Oliver Dimbath, Peter Wehling (Hrsg.), »Soziologie des Vergessens«, Kon-
     stanz 2011
18   Zitiert von Stuart Dredge, »Three really real questions about the future of
     virtual reality«, The Guardian, 7. Januar 2016
19   Zitiert von Monica Kim, »The Good and the Bad of Escaping to Virtual Rea-
     lity«, The Atlantic, 18. Februar 2015, aus: Jim Blascovic, Jeremy Bailensen,
     »Infinite Reality: Avatars, Eternal Life, New Worlds, and the Dawn of the
     Virtual Revolution«, New York 2011

4   Privatsphäre – Was gehört uns noch?

1   Der Fall wurde erstmals geschildert von Charles Duhigg, »How Companies
     learn your secrets«, The New York Times Magazin, 16. Februar 2012
2   Kevin Kelly, »The Inevitable«, besonders das Kapitel über das Filtern
3   Fälle und Fakten zum Thema Cybermobbing auf der Website www.nobul-
     lying.com
4   Susanne Klein, »Tränen, Angst, Scham«, Süddeutsche Zeitung, 12. Juni 2017
5   Alexandra Borchardt, »Cybermobbing trifft vor allem Frauen«, Süddeutsche
     Zeitung, 29. April 2015

6 Jessica Valenti, »Insults and rape threats. Writers shouldn't have to deal with that«, *The Guardian*, 14. April 2016

7 Alexandra Borchardt, »Wenn der Hass postet«, *Süddeutsche Zeitung*, 13. Oktober 2016

8 Ganze Serie: Jannis Brühl, Vanessa Wormer, Das Internet der Dinge ist kaputt«, süddeutsche.de, Reportage: Johannes Boie, Vanessa Wormer, Catharina Felke, »Wo das Internet zerbrochen ist«, *Süddeutsche Zeitung*, 26. November 2016

9 »Die Abhörwanze von IM Alexa«, taz.de, 5. November 2016

10 Mathew Wall, »Ebola: Can big data analytics help contain its spread?«, *BBC News*, 15. Oktober 2014

11 Bernard Mark, »How Big Data Is Changing Healthcare«, *Forbes*, 21. April 2015

12 experian.com, »Third Annual 2016 Data Breach Industry Forecast«, und: Jim Finkle, »Exclusive: FBI warns Healthcare Sector vulnerable to cyber attacks«, *Reuters*, 23. April 2014

13 Olivia Solon, »Facebook has 60 people working on how to read your mind«, *The Guardian*, 19. April 2017

5 Wirtschaften – Die neue Klassengesellschaft

1 Valentina Zarya, »Venture Capital's Funding Gender Gap Is Actually Getting Worse«, *Fortune MPW*, 13. März, 2017

2 Alexandra Borchardt, »Jane Bond der Innovation«, *Süddeutsche Zeitung Plan W*, 21. Oktober 2016

3 visualcapitalist.com, »Chart: Here's How 5 Tech Giants Make Their Billions«, 12. Mai 2017

4 Scott Galloway, »The big 4 have created enormous wealth by tapping into our most basic instincts«, Business Insider Video, 21. April 2017

5 Alexandra Borchardt, »Großartige Journalistin, schlechte Managerin«, *Süddeutsche Zeitung*, 29. Mai 2017

6 Claus Hulverscheidt, »Google drängt in die Klassenzimmer«, *Süddeutsche Zeitung*, 16. Juni 2017

7 Andrew Keen, »The Internet is not the Answer«, London 2015

8 DIVSI, »Zahlungsbereitschaft für Datenschutz steigt«, 6. November 2015

9 Isaiah Berlin, »Freiheit – Vier Versuche«, Frankfurt a.M. 2006

10 Jeremy Rifkin, »The Age of Access – The New Culture of Hypercapitalism Where All of Life is a Paid-for Experience«, London 2000, (Deutsch »Access – Das Verschwinden des Eigentums«, Frankfurt a.M. 2007)

11 Wolf Lotter, »Sein und Haben«, *Brand eins*, 05/2013

12 Carl Benedikt Frey, Michael Osborne, »The Future of Employment«, Oxford 2013

13 Derek Thomson, »So, Where are all those Robots?«, *The Atlantic*, 31. Mai 2017

14 Alexandra Borchardt, »Märchenhaft«, *Süddeutsche Zeitung*, 31. Dezember 2016

15 Gute Analyse: Evgeny Morozov, »Silicon Valley talks a good game on ›basic income‹, but its words are empty«, *The Guardian*, 28. Februar 2016

16 Alexandra Borchardt, Interview mit Robert Reich, »Wir haben ein sehr löcheriges Sozialsystem«, *Süddeutsche Zeitung*, 1. Juni 2016

17 Organisation for Economic Cooperation and Development OECD, »Better Life Index 2016« (wird ständig fortgeschrieben)

18 Kevin J. Delaney, »The robot that takes your job should pay taxes, says Bill Gates«, *Quartz*, 17. Februar 2017

19 Dani Rodrik, »From Welfare State to Innovation State«, *Project Syndicate*, 14. Januar 2015

20 Henning Meyer, »Arbeitgeber der letzten Instanz: Das bedingungslose Grundeinkommen ist keine Antwort auf die Digitalisierung«, *Süddeutsche Zeitung*, 30. Mai 2017

6 Demokratie – das Ringen der Kulturen

1   Lance Bennett, Alexandra Segerberg, »The Logic of Connective Action«, Cambridge, Mass. 2013

2   Mancur Olson, »The Logic of Collective Action«, Cambridge, Mass. 1965

3   Interview mit Tim O'Reilly, 24. Oktober 2017 in Oxford

4   Alexandra Borchardt, »Das Internet zwischen Diktatur und Anarchie: Zehn Thesen zur Demokratisierung der digitalen Welt«, *Süddeutsche Zeitung* Edition Streitschrift, 2015

5   Ingrid Brodnig, »Lügen im Netz. Wie Fake News, Populisten und unkontrollierte Technik uns manipulieren«, Wien 2017

6   Alessandro Bessi, Emilio Ferrara, »Social Bots distort the 2016 Presidential election online discussion«, *First Monday*, 6. November 2016, auch dazu: Bench Kollaniy, Philip Howard und Samuel Woolley, »Bots and Automation over Twitter during the US Election«, *Comprop Data Memo*, 17. November 2016

7   Olivia Gordon, »Social media bots endanger democracy, warns Oxford internet research chief«, *Oxford Today*, 6. März 2017; persönliches Gespräch mit Philip Howard im Juli 2017

8   Emily Bell, »Silicon Valley helped Russia sway the US election. So now what?«, *The Guardian*, 29. Oktober 2017

9   Seth Stevens-Davidowitz, »Everybody Lies: Big Data, New Data, and What the Internet Can Tell Us About Who We Really Are«, New York 2017; Zitat aus »Everbody lies: how Google search reveals our darkest secrets«, einem Gastbeitrag des Autors in *The Guardian* vom 9. Juli 2017

10 Reuters Institut for the Study of Journalism, »Digital News Report 2017«, University of Oxford

11 Zoe Corbyn, »Facebook experiment boosts US voter turnout: Mass social-network study shows that influence of close friends raises participation«, *Nature*, 12. September 2012

12 Yuval Noah Harari, »Homo Deus: A Brief History of Tomorrow«, New York 2015 (Deutsch »Homo Deus – Eine Geschichte von Morgen«, München 2017)

13 Timothy Garton Ash, »Free Speech: Ten Principles for a Connected World«, London 2016 (Deutsch »Redefreiheit«, München 2016)

14 Cass Sunstein, »#Republic: Divided Democracy in the Age of Social Media«, Princeton, New Jersey 2017

15 Levi Boxell, Matthew Gentzkow, Jesse M. Shapiro, »Is the internet causing political polarization? Evidence from demographics«, Paper der Universitäten Stanford, Brown, NBER, März 2017

16 Will Oremus, »The Filter Bubble Revisited: A new study suggests online media aren't to blame for political polarization – yet«, *Slate* 5. April 2017

17 Persönliches Gespräch, eingeflossen in: Alexandra Borchardt, »Wenn der Hass postet«, *Süddeutsche Zeitung*, 13. Oktober 2016

18 Mariarosaria Taddeo, »Qatar Crisis: Lessons to Learn in the Age of Cyber Attacks«, *Newsweek*, 22. Juli 2017
19 Samantha Bradshaw, Philip N. Howard, »Troops, Trolls and Troublemakers: A Global Inventory of Organized Social Media Manipulation«, *Computational Propaganda Research Projekt*, Working Paper no. 2017.12
20 Sandro Gaycken, »Cyberwar – Das Wettrüsten hat längst begonnen«, München 2012
21 Evgeny Morosov, »The Net Delusion: How not to Liberate the World«, New York 2011
22 Andrian Kreye, »Globales Netzwerk? Monopolkapitalismus!«, *Süddeutsche Zeitung*, 4. Juli 2017
23 www.ourworldindata.org
24 Zitiert von Thomas B. Edsall, »Democracy, Disrupted«, *The New York Times*, 2. März 2017
25 Adrian Lobe, »Der Staat als Maschine«, *Süddeutsche Zeitung*, 14. Juli 2017

7 Beziehungen – Ziemlich viele Freunde

1 Persönliches Gespräch
2 Nancy Jo Sales, »Tinder and the Dawn of the ›Dating Apocalypse‹«, *Vanity Fair*, 6. August 2015
3 Jean Twenge, Ryne A. Sherman, Brooke E. Wells, »Declines in Sexual Frequency among American Adults, 1989–2014«, *Archives of Sexual Behavior*, März 2017, auch August 2016
4 Jonathan D. D'Angelo, Catalina L. Toma, »There Are Plenty of Fish in the Sea: The Effects of Choice Overload and Reversibility on Online Daters' Satisfaction With Selected Partners«, *Media Psychology*, Vol. 20, 2017
5 Suzanne Woolley, »Your Credit Score Could Make or Break Your Love Life«, *Bloomberg*, 2017
6 Greenwood, Jeremy, Nexih Guner, Georgi Kocharkov, Cezar Santos, »Marry Your Like: Assortative Mating and Income Inequality«, Population Studies Center, University of Pennsylvania. PSC Working Paper Series, 2014
7 Noel Sharkey, Aimee van Wynsberghe, Scott Robbins, Eleanor Hancock, »Our Sexual Future with Robots.« The Hague, Netherlands: Foundation for Responsible Robotics, 2017
8 Suzanne Moore, »Sex robots: innovation driven by male masturbatory fantasy is not a revolution«, *The Guardian*, 5. Juli 2017
9 Jean Twenge, »Have Smartphones destroyed a Generation?«, *The Atlantic*, September 2017
10 Sarah Rose Cavanagh, »Smartphones are Not Destroying a Generation – The kids are gonna be all right«, *Psychology Today*, 6. August 2017
11 Danah Boyd, »It's Complicated. The Social Lives of Networked Teens«, New Haven, Connecticut 2014
12 Howard Gardner, Katie Davis, »The App Generation – How Today's Youth Navigate Identity, Intimacy, and Imagination in a Digital World«, New Haven, Connecticut 2014
13 Rachel Metz, »Growing Up with Alexa – What will it do to kids to have digital butlers they can boss around?«, *MIT Technology Review*, 2017
14 Thomas Sattelberger, Isabell Welpe, Andreas Boes, »Das demokratische Unternehmen: Neue Arbeits- und Führungskulturen im Zeitalter digitaler Wirtschaft«, Freiburg i.Br. 2015

15 Zum Beispiel Jim Collins,»Good to Great«, New York 2001, oder aktueller Elena Lytkina Botelho, Kim Rosenkoetter Powell, Stephen Kincaid, Dina Wang,»What Sets Successful CEOs Apart«, *Harvard Business Review*, Mai-Juni 2017

16 Paul A. Kirschner und Pedro De Bruyckere,»The myths of the digital native and the multitasker«, *Teaching and Teacher Education*, Oktober 2017

17 Gary Hamel,»The Future of Management«, Brighton, Massachusetts 2007 (Deutsch»Das Ende des Managements«, Berlin 2008)

8 Kleine Philosophie der Freiheit in der digitalen Welt – Das gute Leben

1   Yuval Noah Harari,»Homo Deus«, S. 454 (englische Originalausgabe, meine Übersetzung)

2   Robert Frost,»The Road not Taken«, 1916. Das Gedicht endet mit dem Satz:»Two roads diverged in a wood, and I – / took the one less traveled by, / And that has made all the difference.«

3   Kia Nobre, Gespräch in Oxford am 25. August 2016, eingeflossen in das Interview mit Kia Nobre und Luciano Floridi:»Mrs. Brain liebt Master Mind«, *Süddeutsche Zeitung Plan W*, 3. Dezember 2016

4   Reinhard Kardinal Marx auf der DLD Konferenz in München, zitiert von Alexandra Borchardt,»Menschenmögliches«, *Süddeutsche Zeitung*, 17. Januar 2017

5   Lee Rainie and Janna Anderson,»The Fate of Online Trust in the Next Decade«, *Pew Research*, 10. August 2017

6   Robert Wright,»Is Mindfulness a Capitalist Tool or a Path to Enlightenment?«, *Wired*, 12. August 2017

7   Gernot Böhme,»Ästhetischer Kapitalismus«, Frankfurt a.M. 2016

8   Nelson Mandela,»Long Walk to Freedom«, Boston, Massachusetts 1994

9   Jamie Smyth,»Tech Founders warn on ›killer robots‹ as UN talks delayed«, *Financial Times*, 21. August 2017

10 The Munich Conference Series on Ethics in Innovation, World Forum for Ethics in Business, München, 26. und 27. Juni 2017.

11 Interview mit Tim O'Reilly am 24. Oktober 2017 in Oxford. Siehe auch sein Buch:»What's The Future And Why It Is Up To Us«, New York Oktober 2017

12 Anne-Marie Slaughter,»Unfinished Business: Women, Men, Work, Family«, New York 2015

13 Andrew Goldman,»Ray Kurzweil Says We're Going to Live Forever«, *The New York Times Magazine*, 25. Januar 2013

14 Tad Friend,»Silicon Valley's Quest to Live Forever: Can billions of dollars' worth of high-tech research succeed in making death optional?«, *The New Yorker*, 3. April 2017

15 Carl Öhman, Luciano Floridi,»The Political Economy of Death in the Age of Information: A Critical Approach to the Digital Afterlife Industrie«, *Minds & Machines*, 22. August 2017

Bibliografische Information der Deutschen Nationalbibliothek
Die Deutsche Nationalbibliothek verzeichnet diese Publikation
in der Deutschen Nationalbibliografie; detaillierte bibliografische
Daten sind im Internet über https://portal.dnb.de abrufbar.

klimaneutral
powered by ClimatePartner°

Druck | ID 12559-1708-1001

FSC
www.fsc.org

MIX

Papier aus ver-
antwortungsvollen
Quellen

FSC° C014496

Verlagsgruppe Random House FSC® N001967

Copyright © 2018 by Alexandra Borchardt
1. Auflage
Copyright Deutsche Erstausgabe © 2018 by Gütersloher Verlagshaus, Gütersloh,
Verlagsgruppe Random House GmbH, Neumarkter Str. 28, 81673 München
Dieses Werk wurde vermittelt durch die Michael Meller Literary Agency GmbH,
München.

Umschlaggestaltung: Gute Botschafter GmbH, Haltern am See
Umschlagmotiv: © donskarpo/shutterstock.com
Druck und Bindung: GGP Media GmbH, Pößneck
Printed in Germany
ISBN 978-3-579-08692-7

www.gtvh.de